GALICIEN & JAKOBSWEG

Tobias Büscher

GALICIEN & JAKOBSWEG

Inhalt

LAND & LEUTE

Spaniens lebhafter Norden

Pilger, einsame Strände und keltisches Erbe	14
Steckbrief Jakobsweg & Galicien	15
Landschaften und Naturraum	17
Von den Pyrenäen bis zum ›Ende der Welt‹	17
Pyrenäentäler und Weinfelder	17
Unendliche Weiten – die kastilische Hochebene	18
Grüner Nordwesten	19
Thema: Miesmuschelzucht am Atlantik	20
Wirtschaft und Umwelt	21
Landwirtschaft, Fischerei & Co.	21
Wachstumsbranche Tourismus	22
Erfolgreiches Modedesign	22
Ökoprobleme	22
Geschichte im Überblick	24
Thema: Jakob – eine Erfolgsstory	26

Kultur und Leben

Nordspanische Lebensart	32
Fernab von Don Juan und Flamenco	32
Sozialer Alltag	32
Familie und Sozialgefüge	33
Sprachen und Dialekte im Norden	34
Religion	35
Katholische Tradition und Naturgeister	35
Thema: Interview mit einer galicischen Hexe	36
Feste und Veranstaltungen	39
Kulinarische Fiestas	40
Musik	40

Inhalt

Mittelalterliches Repertoire	40
Moderne keltische Balladen	41
Kunst und Kultur	42
Nordspanische Baukunst	42
Im Zeichen der Muschel	42
Rätselhafte Keltendörfer	42
Römisches Erbe	42
Romanische Kunst	43
Spitze Bögen, filigranes Dekor	44
Maisspeicher und Wegkreuze	44
Moderne Architektur	45
Essen und Trinken	46
Regionale Spezialitäten	46
Auf jeder Speisekarte: Navarras Forellen	46
La Rioja: Mehr als nur Rotweine	47
Kastiliens Schinken und Spanferkel	47
Galicien: Frisches vom Atlantik	48
Getränke	48
Top-Weine aus dem Norden	48
Tresterschnäpse	49
Essgewohnheiten	49

Tipps für Ihren Urlaub

Der Jakobsweg und Galicien als Reiseziel	52
Besondere Highlights	52
Pauschal oder individuell?	52
Als Pilger unterwegs	52
Urlaub mit Kindern	53
Unterkünfte mit Charme	53
Die schönsten Strände	53
Nachtleben	55
Urlaubsaktivitäten	55
Angeln	55
Golf	55

Inhalt

Radfahren	56
Reiten	56
Sprachschulen	56
Wandern	56
Wassersport	57
Rundreisevorschlag	57
Klima und Reisezeit	57

UNTERWEGS AUF DEM JAKOBSWEG UND IN GALICIEN

Der Jakobsweg

Von den Pyrenäen bis Burgos	62
Der Aragón-Weg	62
Jaca	63
San Juan de la Peña	65
Die Täler Hecho und Ansó	67
Leyre-Kloster und Sangüesa	68
Der Navarra-Weg	68
Roncesvalles	69
Pamplona und Umgebung	70
Thema: Sanfermines – Open-Air-Festival der Stierhatz	74
Abstecher nach Olite	76
Santa María de Eunate	76
Puente la Reina	77
Cirauqui	77
Estella	78
Richtung La Rioja	79
Logroño	80
Burgruine Clavijo	81
Thema: Rioja-Weine	82
Abstecher von Logroño nach Bilbao	83

Inhalt

Briones	85
Najéra	86
Ausflug nach San Millán de Cogolla	87
Santo Domingo de la Calzada	87
Burgos	88
Die Stadt des Cid	89
Die Kathedrale	90
Stadtrundgang	93
Klöster außerhalb der Stadt	94
Von Frómista bis Santiago	96
Frómista	96
Palencia	96
In der Umgebung von Palencia	97
Carrión de los Condes	98
Sahagún	98
León	100
Geschichte	100
Orientierung	101
Rundgang durch das Zentrum	102
San Isidro und die Königsgruft	102
Astorga	105
Über den Rabanal-Pass	108
Ponferrada	109
Abstecher nach Las Médulas	110
Abstecher nach Peñalba de Santiago	110
Villafranca de Bierzo	111
O Cebreiro	111
San Julián in Samos	112
Portomarín	112
Santiago de Compostela	113
Stadtgeschichte	113
Stadtbesichtigung	114
Der ›Platz des goldenen Werks‹	114
Die Kathedrale	116

Inhalt

Rund um Praza das Praterías und Quintana	121
Die Rúas – Santiagos romantische Altstadtgassen	122
Der Park Carballeira de Santa Susana	123
Jenseits des Pilgertors	123
Außerhalb der Stadt	124
Thema: »Am liebsten in die Fischerkneipe« – Interview mit Galiciens Starköchin Toñi Vicente	127

Die Nordküste Galiciens

A Coruña
A Coruña	130
Stadtgeschichte	130
Bummel durch die Hafenstadt	131
Altstadt und Kastell	135
Leuchtturm und Museen	136

Von Betanzos nach Viveiro
Von Betanzos nach Viveiro	140
Betanzos	140
Pontedeume	141
Ausflüge von Pontedeume	141
Ferrol	142
Nördlich von Ferrol	142
Cedeira	143
Serra da Capelada	143
San Andrés de Teixido	144
Estaca de Bares	144
Viveiro	144

Entlang der Todesküste
Malpica	146
Corme	147
Zwischen Corme und Camariñas	148
Camariñas und Umgebung	148
Thema: Percebes – Entenmuscheln	149
Muxía	150
Fisterra (Finisterre)	151

Inhalt

Die Westküste Galiciens

Von Fisterra nach Noia	154
Südlich von Fisterra	154
Muros	154
Noia	155
Thema: Kulinarische Impressionen	156
Halbinsel Serra de Barbanza	159
Zwischen Padrón und Pontevedra	160
Padrón	160
Die Arousa-Insel	162
Cambados	162
O Grove/Isla A Toxa	165
A Lanzada Strand	166
Urlaubsorte an der Bucht von Pontevedra	167
Pontevedra	168
Thema: Leuchttürme – faros	173
Von Pontevedra bis Portugal	174
Die Morrazo-Halbinsel	174
Die Cíes-Inseln	174
Cangas	175
Vigo	176
Baiona	178
A Guarda	179
Keltensiedlung auf dem Berg Santa Tegra	179
Thema: Rapa das Bestas – Wildpferdetreiben	182

Galiciens Inland

Von Tui nach Ourense	186
Tui	186
Ausflüge von Tui	189
Ribadavia	190
Ourense	191
Stadtrundgang	192

Inhalt

Thema: Bemposta – Staat der Zirkus-Kinder	194
Klöster in der Umgebung	195
Monforte de Lemos	196
O Courel	196
Von Ourense nach Lugo	197
Santa Eulalia de Bóveda	197
Von Lugo zur Küste	198
Lugo	198
Stadtrundgang im Mauerring	198
Naturschutzgebiet Serra do Ancares	202
Vilalba	203
Mondoñedo	206
San Martín de Mondoñedo	207
Ribadeo	207
Der Kathedralenstrand und andere Strände bei Ribadeo	207

REISEINFOS VON A BIS Z

Übersicht	210
Sprachführer	222
Register	226

ATLAS
GALICIEN & JAKOBSWEG   231

Abbildungsnachweis und Impressum	240

LAND & LEUTE

»Galicien war immer
eine romantische,
abgeschiedene Region,
schwer erreichbar auch
für die Pilger auf dem
Jakobsweg. Eben
dadurch haben sich
unsere keltischen
Bräuche bis heute
erhalten.«

**Meiga Rosa,
Hexe aus Vigo**

Spaniens lebhafter Norden

Markt in Santiago de Compostela

Erste Annäherung

PILGER, EINSAME STRÄNDE UND KELTISCHES ERBE

Das Gefäß zischt in weitem Bogen durch das Querschiff der Kathedrale. Sechs kräftige Männer in dunkelroten Gewändern ziehen an einem Seil und versetzen so den silbern glänzenden Weihrauchbehälter in Schwingungen. Für die Pilgermesse ist dieses Ritual seit Jahrhunderten ein stimmungsvolles Szenario, und seit dem tiefen Mittelalter machen sich Gläubige von den Pyrenäen aus auf den Weg nach Santiago de Compostela. Die Stadt aus Granit ist ein spiritueller Pol, das Grab des Apostels liegt in einer der schönsten Kathedralen der Welt.

Der Camino de Santiago – für Abertausende ist und war er eine lange Erfahrung, er vermittelt ein neues Gespür für Langsamkeit und Besinnung. Die Ablass-Wallfahrten sind zwar längst passé, Buß- und Schweigewallfahrten selten geworden, dafür ist der Weg inzwischen zu einem farbenfrohen Happening mutiert. Manch einer lässt seinen selbst gebauten Rollschlitten von kräftigen Huskys anziehen, andere kommen auf einem umgebauten, für den Straßenverkehr extra zugelassenen Traktor und wieder andere auf eleganten andalusischen Rassepferden. Viele suchen das Abenteuer, die Selbsterfahrung, nicht so sehr das Gebet. Die gut 800 km nach Santiago bieten ja auch eine Menge anderer Erfahrungen. In den Tavernen werden schinkengefüllte Forellen aus Navarra und saftiges Rindfleisch aus Kastilien gereicht. Vor allem aber die romanische Baukunst begeistert. Auf vielen der steinalten Bauten, die nach der Entdeckung des Apostelgrabes im 9. Jh. entstanden, brüten im Frühsommer Weißstorch-Paare. Sie bleiben einige Zeit dort, bis ihre Nachkommen flügge sind.

Ist es den Störchen gerade warm genug, wird es den Pilgern im Sommer allerdings oft schon zu heiß und zu laut. Denn der Glaubenspfad führt nicht nur durch abgelegene Natur vorbei an Schafherden und rot leuchtenden Klatschmohnfeldern, sondern häufig genug auch direkt neben der Straße und den vorbeidonnernden Lastwagen her. Auch das, meinen manche, sei eine Prüfung vor dem Herrn. Doch ob per Flieger, Auto oder nach all den Fußpflastern, das Ziel Santiago de Compostela entlohnt in jedem Fall für alle Strapazen.

Nicht nur Pilger zieht es in die Granitstadt, die von der UNESCO zum Weltkulturerbe erklärt wurde. Zahlreiche Besucher wollen außerdem Galicien entdecken, eine der entlegensten Regionen Europas, wo im Hinterland Wölfe heulen und kleinwüchsige Wildpferde durch dichte Wälder galoppieren, wo an den Zacken der Costa da Morte (›Todesküste‹) Entenmuscheln haften und wo ›weise Frauen‹ mindestens so gern um Rat gefragt werden wie Ärzte an den Universitätskliniken. Die Region hat mit spanischen Klischees wenig zu tun. Nicht feurig sind

STECKBRIEF JAKOBSWEG & GALICIEN

Lage und Größe: Der **Jakobsweg** verläuft als Pilgerstraße quer durch den Norden Spaniens von den Pyrenäen bis zum Atlantik nach Santiago de Compostela mit dem Grab des Apostels Jakob. Dabei führt der in diesem Buch beschriebene Hauptweg durch fünf der 17 autonomen Regionen Spaniens: Aragón (47 650 km^2), Navarra (10 421 km^2), La Rioja (5034 km^2), Kastilien-León (94 193 km^2) und Galicien. Die größten Städte am Weg sind Pamplona, Burgos und León.
Galicien ist mit fast 29 500 km^2 etwa so groß wie Belgien und liegt im äußersten Nordwesten Spaniens nördlich von Portugal am Atlantik. Das Gebiet macht nur knapp 6 % der Gesamtfläche Spaniens aus, besitzt aber gut 1200 km Küstenstreifen.

Bevölkerung: In Galicien leben 2,78 Mio. Menschen. Im 19. Jh. flohen viele Galicier vor dem Hunger nach Argentinien und Kuba, im 20. Jh. nach Bilbao, Madrid und Barcelona. Heute leben die meisten in den großen Hafenstädten.

Verwaltung/Politik: Hauptstadt Galiciens ist die Pilger- und Universitätsstadt Santiago de Compostela. Gegenüber der Kathedrale mit dem Grab des Apostels Jakob tagt die Regionalregierung Xunta de Galicia im Raxoi-Palast. Die autonome Provinz Galicien wird seit 1985 von Präsident Manuel Fraga Iribarne regiert, der jedoch bei der nächsten Wahl aus Altersgründen nicht mehr für die konservative Partido Popular (PP) antreten wird. Die vier Provinzhauptstädte sind A Coruña, Pontevedra, Ourense und Lugo.

Religion: 96,7 % der Spanier sind katholisch, in Galicien gibt es daneben auch keltische Bräuche.

Wirtschaft: Während sich die Orte am Jakobsweg mit ihrer touristischen Infrastruktur schon lange auf die Jakobspilger eingestellt haben, leben die Galicier heute vor allem von Fischerei, Muschelzucht, Schiffbau und den Industriezweigen Holz, Papier und Textil. Besonders die Provinzen Ourense und Lugo waren lange Zeit von der Emigration betroffen. Den größten Fischereihafen besitzt Vigo.

Sprachen: Neben Spanisch *(castellano)* wird in Navarra zum Teil Baskisch *(vasco)*, in Galicien Galicisch *(galego)* gesprochen.

Tourismus: Im Hochsommer pilgern vor allem Spanier (auch Schulklassen) auf dem Jakobsweg nach Santiago, wo es um den Namenstag des Apostels (25. Juli) sehr voll wird. Auf den Nebenrouten Galiciens und in der Nebensaison ist man mancherorts dagegen schon mal ganz für sich allein.

Erste Annäherung

die Galicier, sondern vorsichtig, nicht Flamencogitarre spielen sie, sondern Dudelsack, nicht Stierkampf ist beliebt sondern *rapa das bestas:* Wildpferdetreiben.

Keltische Galaicer waren es, die Galicien den Namen gaben. Sie errichteten am Atlantik einige Siedlungen, deren Grundmauern noch heute existieren. Ein besonders schönes Beispiel hierfür ist auf dem Berg Santa Tegra bei A Guarda an der portugiesischen Grenze zu finden. *Castro* heißt Keltendorf, ebenso wie Kubas Staatschef Fidel, dessen galicische Eltern im 19. Jh. vor dem Hunger auf die Antilleninsel flohen.

Andere sind geblieben, vor allem die Fischerfamilien am Atlantik. Bis heute vermitteln ihre Siedlungen einen zeitlosen, authentischen Charme, etwa die Orte Corme und Fisterra, zu deutsch ›Ende der Welt‹. In den Tavernen gibt es leichten Weißwein aus Porzellantassen und frische Seekraken auf Holztellern. Hier am Atlantik glaubte man früher, das Ende der Erdenscheibe erreicht zu haben. Wer an den Klippen und am Leuchtturm einmal einen Sonnenuntergang erlebt hat, wird das gut nachvollziehen können.

Ob man an einer einsamen Bucht Südgaliciens in glasklarem Wasser badet, am Jakobsweg mit Schäfern ins Gespräch kommt oder in der Altstadt von León das Nachtleben genießt: Galicien und der Jakobsweg haben für jeden Geschmack Spannendes, Schönes und Erstaunliches zu bieten.

Am Jakobsweg bei Palencia

LANDSCHAFTEN UND NATURRAUM

Von den Pyrenäen bis zum ›Ende der Welt‹

Nordspaniens Naturräume rufen Erinnerungen an Irland, manchmal an Kanada und durchaus auch an den Schwarzwald wach. Sie sind ein landschaftlich nuancenreiches Mosaik, denn der Jakobsweg führt von den Pyrenäen über alpine Bergwiesen, durch Weinfelder und karstige Halbwüsten nach Santiago de Compostela.

Um Jaca und Roncesvalles erheben sich majestätische 3000er Berge; die weite Hochfläche der Meseta dagegen lässt das Auge kilometerweit schweifen, und ganz im Westen gruppieren sich winzige Fischerdörfer an der teils klippengesäumten, teils feinsandigen Atlantikküste.

Pyrenäentäler und Weinfelder

Die Pyrenäen, die sich vom Mittelmeer zum Atlantik über 430 km Länge ausdehnen, bilden eine massive geografische Grenze zwischen Spanien und Frankreich. In gut 250 Mio. Jahren entstand dieses geologisch interessanteste Gebiet am Jakobsweg, dessen heutige Struktur vor allem ein Werk der Eiszeit ist. Im Aragón erheben sich die höchsten Gipfel: 3355 m hoch ist der Monte Perdido (›verlorener Berg‹), sogar 3404 m der Pico de Aneto. Zu den mehr als 3000 Pflanzenarten zählen seltene Lilien, Frühlingsenzian und der nur hier wachsende Pyrenäen-Steinbrech, der niedrige, blaugrüne Polsterstauden bildet. Auf den Almwiesen kommt es im Frühjahr zu regelrechten Farbexplosionen, wenn Windröschen, Enzian und Schwertlilien ihre farblichen Akzente setzen. Nirgendwo am Jakobsweg nach Galicien ist die Landschaft so reich an Tier- und Pflanzenarten wie auf den Pyrenäen-Etappen. In Höhenlagen bis zu 1000 m wachsen Kastanien, Eichen und Tannen, oberhalb gedeihen Ebereschen, Birken und einige frostresistente Kiefern. Auf dem Weg bergab Richtung Pamplona blüht im Frühling goldgelber Ginster, während sich rund um die Stadt der Stiertreiber silbrig grüne Getreidefelder erstrecken.

Wenige Kilometer westlich von Jaca schweben in den Pyrenäentälern Hecho und Ansó zahlreiche Gänsegeier, Schmutzgeier und Habichtsadler nahezu bewegungslos im Suchflug an den Steilwänden vorbei. Habichtsadler können ein Kaninchen noch aus 1,5 km Entfernung erspähen.

Einst ging man hier auf Bärenjagd, doch die Braunbären sind in diesem Teil der Pyrenäenausläufer längst ausgestorben. Dafür überleben Wildkatzen, Auerhühner, Gämsen und auch die Murmeltiere, die Umweltschützer als ›Adlernahrung‹ aus den Alpen importiert haben, um andere Tierarten vor dem Aussterben zu bewahren.

Südlich von Olite, in Navarras Wildem Westen, ist die Lagune Pitillas Aufenthaltsort für Wildenten und andere Zugvögel, die sich von einem Beob-

Landschaften und Naturraum

Pyrenäen-Nationalpark Ordesa

Gut 30 km westlich vom Pilgerstädtchen Jaca beginnt beim Bergdorf Torla der Ordesa-Nationalpark, der mit dem größten Kalksteingebirge Europas, glasklaren Bergseen, zahllosen Bächen und grandiosen Schluchten beeindruckt. Busse fahren von Torla aus in das Schutzgebiet, wo man ab dem letzten Parkplatz eine wunderbare dreistündige Wanderung am Arazas-Fluss zum Wasserfall Cola de Caballo (›Pferdeschwanz‹) machen kann. Vor allem in der Nebensaison lohnt der Weg durch die U-förmige Hauptschlucht des schon 1918 gegründeten Parks. Mit etwas Glück sieht man majestätische Steinadler, seltene Habichtsadler und Gänsegeier (Markenzeichen: helle Flügeldecke, schwarze Schwungfedern), die nahezu bewegungslos im Suchflug über den Steineichen und Kiefern kreisen.

Ging es von der Gebirgslandschaft steil abwärts Richtung Pamplona, führt der Weg rund um Logroño über leicht begehbare Landwirtschaftswege. Auf der blutroten Erde der Rioja wachsen in Reih und Glied niedrige Rebstöcke – hier wird Rotwein in großen Mengen angebaut. Doch das fruchtbare Becken des wasserreichen Ebro versorgt auch weitflächige Spargelfelder und Obstbaum-Plantagen. Dazwischen bilden Weiden, Ahorn, Linden und Erlen einen natürlichen Schutz für die Tierwelt. Der überwiegende Teil der südlichen Rioja besteht aber nicht aus flachem Ackerland, sondern aus den mittelhohen Sierras Urbión und Cebolla, die bereits zum Iberischen Randgebirge gehören. Dort wachsen vor allem Eichen, Kiefern und Eschen.

Unendliche Weiten – Die kastilische Hochebene

Auf durchschnittlich 800 m Höhe liegt das spanische Kernland, umgeben von 2000 m hohen Bergketten und durchflossen vom Duero und seinen Nebenflüssen. Nur dort können Pappeln und andere Bäume wachsen, ansonsten ist die Meseta weitgehend baumlos, einstige Wacholder- und Eichenwälder fielen im Hochmittelalter und der Neuzeit dem Schiffbau und der Viehzucht zum Opfer. Vorbei sind die Zeiten, wonach ein Eichhörnchen sprichwörtlich von Baum zu Baum bis nach Andalusien hüpfen konnte, ohne den Boden zu berühren. Das macht vor allem den Wanderern zu schaffen, die im Hochsommer über die trockene Meseta gehen. Die landschaftliche Monotonie

achtungszentrum per Fernrohr fürs Auge einfangen lassen (s. S. 76). In den höheren Lagen der Rioja fühlen sich Wildschweine, Marder, Sperber und Fischotter zu Hause, während auf der kastilischen Hochebene vor allem Gäste auf dem Weg von und nach Afrika unterwegs sind: die Störche. Im Frühsommer sind die Weißstörche allgegenwärtig. Sie brüten auf Strommasten und Kirchtürmen, in Baumwipfeln oder auf Hausdächern.

Grüner Nordwesten

lässt Auge wie Gedanken oft sehr weit schweifen, denn die Gegend ist flach und spärlich besiedelt. Beeindruckend ist der Klatschmohn, der im Frühsommer in Navarra, der Rioja und Ostkastilien ganze Felder in riesige, hellrote Flächen verwandelt.

Grüner Nordwesten

Die Übergangsräume zwischen Kastilien-León und Galicien prägt eine sattgrüne Landschaft. Vor allem die knapp 2000 m hohe Serra do Ancares mit ihrem üppigen Mischwald wirkt anziehend auf Naturliebhaber. Nur einige wenige Häuser aus Granit und Schiefer sind in dem dünn besiedelten Gebiet zu sehen. Ihre Bewohner verkaufen am Jakobsweg häufig selbst produzierten Honig *(miel)*.

Rund 1200 km lang ist der stark zerklüftete Küstenstreifen, der immerhin 30 % der Gesamtküste Spaniens ausmacht. Die fjordartigen Rías-Buchten, geformt vom Landhunger des Atlantik und durch Erdabsenkungen, unterscheiden sich regional sehr. Hohe Steilwände und Klippen charakterisieren die Rías Altas nördlich der herben Todesküste (Costa da Morte) bis hin zum nördlichsten Punkt der Iberischen Halbinsel, dem Kap Estaca de Bares. Besonders attraktiv ist die rund 600 m hohe Steilküste Serra da Capelada, wo nach wie vor kleinwüchsige Wildpferde durch die Eukalyptuswälder streifen. Dagegen zeigen sich die Rías Baixas hin zur portugiesischen Küste weitaus sanfter. In Galiciens kühlen Wäldern im Landesinneren leben Wölfe und Wildpferde, Ginsterkatzen, Dachse, Igel und Auerhühner. Ab und an verirrt sich auch einer der wenigen Braunbären Asturiens in das angrenzende Galicien.

Die steilen Kaps wie Fisterra und vorgelagerte Inseln wie die Islas Cíes sind Nistgebiete für Kormorane, Trottellummen, Basstölpel und Weißkopf-Lachmöwen, die auf den Islas Cíes so zahlreich sind wie nirgendwo sonst: 20 000 Paare brüten hier. Im und am galicischen Atlantik tummeln sich zahllose Fisch- und Vogelarten. Wer sich ein Bild von der Unterwasserwelt machen möchte, sollte unbedingt in A Coruña das attraktive Meeresmuseum besuchen (s. S. 137f.).

Blühender Klatschmohn

19

Wirtschaft und Umwelt

MIESMUSCHELZUCHT AM ATLANTIK

Schwarz und quadratisch liegen sie im Wasser, oft von Nebel umhüllt und akkurat aufgereiht wie eine gerade gelandete Invasion Außerirdischer. Doch hinter den so mystisch anmutenden Flößen Galiciens verbirgt sich nichts anderes als die größte Miesmuschelzucht der Welt. *Bateas* heißen die Plattformen aus Eukalyptusholz an der zerklüfteten Küste. Rund 500 Seile pro Floß halten die heranwachsenden Schalentiere. Sie sind aus rissfestem Nylon gefertigt, denn ein Seil muss bis zu 80 kg halten und kann nur von stabilen Schiffskränen aus dem Wasser gezogen werden.

Gut 180 000 t Muscheln ernten die Fischer im Jahr; das saftige, orangefarbene Fleisch deckt fast 95 % des spanischen Miesmuschel-Bedarfs. Der Überschuss – fast noch ein Drittel – geht in den Export, darunter nach Deutschland, Österreich und in die Schweiz.

Vor allem die Buchten Ría de Arousa und Ría de Vigo sind ideal für diese Farmen. In den flachen, weiten Buchten kann sich das Wasser schnell erwärmen. Zudem spült der Atlantik mit jeder Flut mineral- und sauerstoffreiches Wasser an, was dem ›schwarzen Gold‹ Galiciens bestens bekommt. Und so fühlen sich hier auch andere Muschelarten wohl, wie die kleinen Herz- und Venusmuscheln, die Austern und die Jakobsmuscheln.

Kurz ist der Weg von den Muschelflößen in die Tavernen. Hier kommen die *mejillones* im Geschmack möglichst unverfälscht auf den Tisch: Entweder mit einem Sud aus Lorbeer, Zwiebeln und Weißwein, oder auch nur *al vapor,* in reinem Salzwasser gedämpft.

WIRTSCHAFT UND UMWELT

Landwirtschaft, Fischerei & Co.

Das Land ist in Nordspanien im Gegensatz zum Süden in kleine Parzellen aufgeteilt, wirtschaftliche Erträge in großem Stil sind daher anders als in Andalusien kaum möglich.

Während es in Kastilien so viele Schäfer gibt wie sonst nirgendwo in Spanien und größere Städte wie Burgos auf die Herstellung von Maschinen und Möbeln spezialisiert sind, hat sich das wohlhabende Rioja-Gebiet schon seit Jahrhunderten ganz auf Wein eingestellt. Über 2000 Bodegas sind größtenteils zu Kooperativen vereint und produzieren auf rund 50 000 ha Fläche Rotwein. Die Weine werden zu über 30 % vor allem nach Deutschland exportiert. Ein Rioja ist bei uns inzwischen bekannt wie ein Bordeaux oder Chianti.

Das Nachbargebiet Navarra hat ebenfalls eine lange Winzertradition, verkauft aber auf dem nationalen Markt auch Spargel und Forellen. Hier setzt man in Sachen alternative Energien ebenso wie in Galicien verstärkt auf Windkraft. Die ersten galicischen Windräder entstanden 1986 am windumtosten Kap Estaca de Bares. 2004 liefern die Galicier schon 35 % der gesamten spanischen Windenergie, genug, um 12 000 Familienhaushalte das ganze Jahr über mit Strom zu versorgen.

Die Bevölkerung Galiciens arbeitet noch zu fast 40 % im Agrarsektor. Werftindustrie und Fischfang sind trotz EU-Konkurrenz und Überfischung nach wie vor wichtig. Dabei ist den Galiciern der Schritt von der Handangel zum Fabrikschiff genauso gut gelungen wie die effektive Muschelzucht. Mehr als 6000 Boote sind an der galicischen Küste registriert, fast 7500 *pescadores* holen im Jahr 125 000 t Fisch aus dem Atlantik, vor allem Seebarsch und Kabeljau.

Vor Carnota liegt die weltgrößte Zuchtanlage für die scheibenförmigen *rodaballos*. Bis zu 600 t dieses Steinbutts kommen dort nach vier Jahren zur Abfertigung. Exportziel ist vor allem das fischverliebte Japan, das auch den größten Teil des galicischen Thunfischs kauft. Das ganze Fisch-Alphabet findet sich auf den Auktionen, in den Hafenhallen am Atlantik feilschen Köche und Zwischenhändler um Schwertfisch und den proteinreichen Seeteufel. Auch Privatjets aus Madrid landen dort, um den Fisch möglichst frisch in die Top-Restaurants der Hauptstadt zu befördern.

In weit größerem Stil als auf Auktionen handelt man in der südgalicischen Metropole Vigo, die mit ihren Arbeitervierteln als Spaniens ›Liverpool‹ gilt und den drittgrößten Fischereihafen Europas besitzt. Entsprechend sind die umliegenden Fabriken mit der Konserven- und Fischmehlherstellung ausgelastet.

Lange blühte in Galicien auch der Schmuggel mit harten Drogen und Zigaretten. Die bestochene Seepolizei sah seelenruhig mit an, wie wasserdichte Säcke mit Heroin an Miesmuschelflößen angebracht wurden, damit Taucher sie unbemerkt abholen konnten. Inzwischen hat die Staatsanwaltschaft aus

Wirtschaft und Umwelt

Madrid hart durchgegriffen, die lokalen Mafiosi sitzen fast alle hinter Gittern.

Wachstumsbranche Tourismus

In allen nordspanischen Regionen wächst der Anteil des Dienstleistungssektors. Nordspanien ist bei Touristen immer gefragter, auch wenn dies (glücklicherweise) niemals Dimensionen wie auf Mallorca oder an der Costa Brava annehmen wird. Auch in Galicien hat man den Wirtschaftsfaktor Tourismus längst erkannt. Mit frisch restaurierten, auch behindertengerecht eingerichteten Landhäusern wird viel für den ›grünen Tourismus‹ getan.

Erfolgreiches Modedesign

Im äußersten Nordwesten Spaniens haben Modeschöpfer der galicischen Wirtschaft deutliche Impulse gegeben. Roberto Verino begann in der tiefen Provinz Ourense erschwingliche Mode für die Galicierin zu kreieren. Sein Kollege Adolfo Domínguez setzt auf einen weniger rustikalen, schlichten Stil mit maßgeschneiderten Designerstücken für die *señora*, die er nicht nur in Santiago und Pontevedra verkauft, sondern auch auf internationalen Bühnen präsentiert. Pili Carrera spezialisiert sich auf schicke, ausgefallene Kindermode. Und wer das Glück hat, seine Kleider vom katzenäugigen Starmodell Laura Ponte aus Vigo (geb. 1974) präsentieren zu lassen, erhöht die Marktanteile prompt.

Keiner aber ist so erfolgreich wie Amancio Ortega. In A Coruña hatte er noch zu Francos Zeiten Hemden ausgetragen, inzwischen beschäftigt er über 24 000 Arbeiter. Massimo Dutti, Kiddy's Class oder Stradivarius, alle diese Marken gehören ihm, doch der eigentliche Erfolgshit heißt Zara. Der ›Hosenkavalier‹, wie man ihn hierzulande schon betitelt, hat ohne Universitätsabschluss und ohne namhafte Ausbildung das mächtigste Modeimperium Spaniens aufgebaut. Bei ihm kleiden sich Königstöchter und Hafenarbeiter ein, die Mode ist preiswert und immer im Trend: Saloppe Anzüge, bunte Jugend-Fashion, nichts bleibt lange in den Läden, schnell kommt neu designte Ware.

Ökoprobleme

Vor der galicischen Costa da Morte (›Todesküste‹) im Nordwesten Galiciens sind schon mehrmals Öltanker gesunken: so Anfang der 1990er die Aegean Sea und Mitte November 2002 die Prestige, deren Untergang zur bislang größten Umweltkatastrophe Spaniens führte. Zahlreiche Fische und Seevögel starben, der Meeresgrund nahm schweren Schaden und ganze Küstenstreifen waren mit dem giftigen Öl verseucht. Erst allmählich erholt sich die Natur, Fischer sind wieder im Einsatz, die meisten Strände sauber und wieder in Betrieb. Wissenschaftler der galicischen Universitäten gehen aber davon aus, dass sich das Ökosystem erst in einigen Jahren erholt haben wird.

Ein weiteres Umweltproblem sind in Galicien die Waldbrände. Ausgerech-

Ökoprobleme

net in dieser regenreichen Region fällt Mischwald den Flammen zum Opfer. In der Folge werden schnell wachsende Eukalyptusbäume für die Papierindustrie angepflanzt, die allerdings dem Boden das Wasser entziehen und ihrerseits wie Zunder brennen. Auch Bauspekulanten sind laut Zeitungsberichten immer wieder mit Benzinkanistern unterwegs, um günstig an Bauland zu kommen. Doch die autonome Region Galicien reagiert längst auf den Feuereifer. Baumschulen sind entstanden, um die Population seltener Arten zu sichern. Zeitgleich sind in den Wäldern verstärkt Helfer unterwegs, die schwelende Brände schon im Keim ersticken.

Nur noch selten zu sehen: Bauern mit einfachen Holzkarren

GESCHICHTE IM ÜBERBLICK

Kelten, Römer, Mauren (600 v. Chr.–1000 n. Chr.)

Ab 600 v. Chr. Kelten bauen am Atlantik und auf Anhöhen im Landesinnern Wehrdörfer *(castros)* und mischen sich mit der einheimischen Bevölkerung (daher auch die Bezeichnung ›Keltiberer‹). In Galicien sind heute noch die Mauerreste von mehr als 3000 Rundhäusern erhalten, vor allem auf dem Berg Santa Tegra am Miño-Fluss.

137 v. Chr. Feldherr Decius Junius Brutus schlägt das Volk der Galaicer am Río Miño. Die von den Römern als ›Barbaren‹ bezeichneten Kelten haben der Gegend ihren Namen gegeben. Aus Galaicos wird später der Name für Galicien abgeleitet.

25 v. Chr. Kaiser Augustus erobert Nordspanien und gliedert es in die Provincia Tarraconensis ein. In Lugo entsteht unter römischer Herrschaft die Stadtmauer, in A Coruña der Leuchtturm, beide heute noch in Funktion.

Grundrisse von Rundhäusern aus keltischer Zeit neben der alten Kirche in Ancares

Geschichte im Überblick

Ab 400   Germanische ›Barbaren‹-Stämme überqueren die Pyrenäen und verdrängen die Legionäre. Die Sueben gründen im Nordwesten ein eigenes Königreich und werden 585 ihrerseits von den Westgoten vertrieben.

711   Mauren vertreiben die Westgoten und lassen sich vorwiegend im andalusischen Raum nieder. Erst 1492 wird ihre letzte Bastion Granada von christlichen Heeren eingenommen.

778   Während der christlichen Rückeroberung der maurisch besetzten Gebiete *(reconquista)* kommt es beim Spanienfeldzug Karls des Großen zur Schlacht von Roncesvalles (Rolandssage). Das Königreich Navarra entsteht.

813   Der Einsiedler Pelayo berichtet von himmlischen Zeichen, die ihn zu den Gebeinen des Apostels Jakob geführt hätten. Bau der ersten Kirche über seinem Grab bei Iria Flavia. In der Folgezeit entstehen entlang des Jakobswegs zahlreiche Kirchen, Klöster und Hospize.

844   Wikinger fallen in Galicien ein.

990er Jahre Die Truppen des Maurenführers Almanzor zerstören mehrere Städte in Nordspanien, darunter 997 Santiago de Compostela.

Pilgerboom und Reconquista (ca. 1000–1500)

1075   Beginn der romanischen Konstruktion der heutigen Kathedrale von Santiago.

1121   Xelmírez wird erster Erzbischof von Santiago.

1122   Papst Calixtus II. ruft das erste Heilige Jahr für Santiago de Compostela aus.

1181/82   Pilgerboom am Jakobsweg. In Santiago ist auf Anweisung Roms von nun an der Ablass für die Sünden möglich.

1188   Baumeister Mateo vollendet an der Kathedrale von Santiago das brillante Figurenportal Pórtico de la Gloria.

1348   Pestepidemien und Hungersnöte wüten im Norden.

1492   Kolumbus entdeckt unter spanischer Flagge die Neue Welt (Amerika). Das erste seiner Schiffe landet mit der sagenhaften Nachricht im galicischen Baiona. In Andalusien fällt die letzte maurische Bastion Granada (Ende der Reconquista), und der Königshof verfügt die Vertreibung der Juden.

1495   Gründung der Universität von Santiago.

Invasionen und Bürgerkrieg (16.–20. Jh.)

1512   Navarra fällt an Kastilien. Als Pilger verkleidete Banditen, so genannte ›Muschelbrüder‹, rauben und morden am Jakobsweg.

1534   In Paris gründet Ignatius von Loyola den Orden der Societas Jesu (Jesuiten).

Geschichte im Überblick

JAKOB - EINE ERFOLGSSTORY

Pop-Ikone Madonna müsste angesichts der übergroßen Fan-Gemeinde des Heiligen Jakob ganz blass werden. Denn Sant-Iago, wie er auf Spanisch heißt, wurde viel wirksamer in Szene gesetzt als die US-Diva, und das vor über 1000 Jahren. Internet, Schönheitschirurgen und Werbestrategen gab es damals nicht, dafür aber überaus versierte Bildhauer, Architekten und Prediger.

Die Erfolgsstory nahm im Jahr 813 ihren Lauf. Der bis dato völlig unbekannte galicische Einsiedler Pelayo blickte in einer klaren Nacht dieses Jahres in den Sternenhimmel und traute seinen Augen kaum. Himmlische Zeichen zeigten sich dem Mann und wiesen ihm einen Weg hinaus auf ein Feld. Er folgte dem Wink und machte kurz darauf bei Iria Flavia einen sagenhaften Fund: das Grab des legendären Apostels Jakob. Anderntags erzählte der Einsiedler sein Erlebnis dem Bischof, und bald darauf ritten königliche Boten im Galopp über die Pyrenäen, um das Wunder zu verbreiten. Kirche und Krone waren sich bewusst, welche Tragweite diese Entdeckung haben musste. Ihnen lag an einer schnellen, an einer sehr schnellen Bekanntmachung. Jakob, das ahnten sie, würde nicht nur religiöser Motivator werden, sondern auch wirkungsvoller Einpeitscher für Kreuzritter im Kampf gegen die verhassten Mauren.

Der Hintergrund: Zum einen war der historisch nicht beweisbare Glaube verbreitet, der Apostel Jakob habe vor seiner Enthauptung durch Herodes 44 n. Chr. in Spanien missioniert. Engel sowie seine Jünger, hieß es in zeitgenössischen Predigten, hätten den Leichnam später mit einem Schiff nach Galicien gebracht und auf einem Feld bestattet. Somit war das Motiv für eine neue Pilgerstätte gegeben.

Jakob – eine Erfolgsstory

Zum anderen befand sich das christliche Nordspanien in einer höchst brisanten Lage. Mauren hatten 711 das Reich der Westgoten erobert und in Südspanien eine blühende Kulturlandschaft geschaffen. Der Norden entwickelte sich in der Konsequenz bald zur Fluchtburg all derer, die vor dem Islam flohen. Im asturisch-galicischen Raum entstand die Keimzelle der christlichen Rückeroberung *(reconquista)*. Doch das Unternehmen Maurenvertreibung war zur Zeit der wundersamen Himmelszeichen ins Stocken geraten. Ein Ruck musste durch die christliche Welt, eine Symbolfigur fehlte, und mit dem Apostel war sie nun endlich gefunden.

Santiago avancierte neben Rom und Jerusalem zum wichtigsten Pilgerzentrum des Christentums, das Apostelgrab besuchten Abermillionen und erwanderten sich so Ablass von allen Sünden. Gregorianische Lieder entstanden und Berufsbezeichnungen wie die des Köbes. Der schlagfertige Kneipier der Kölner Metropole heißt so, weil sich die Jakobspilger in der Stadt vorübergehend in den Wirtshäusern verdingten: ›Köbes‹ wurden sie auf Kölsch gerufen, zu Hochdeutsch ›Jakobus‹.

Das Image des bislang friedliebenden Missionars änderte sich währenddessen radikal. Plötzlich wurde er als Reiterstatue in vollem Galopp mit gezücktem Schwert in den Kirchen dargestellt, als neues Symbol des Kampfes gegen das maurische Al Andalus. Bis 1492, als die Christen die letzte arabische Bastion Andalusiens eingenommen hatten, hieß Jakob nur noch ›Jakob der Maurentöter‹, Santiago Matamoros.

Die Reliquien des Apostels blieben indes in seiner Wallfahrts-Kathedrale sicher verwahrt, bis 1589 Francis Drake an der galicischen Küste vor Anker ging. Aus Angst vor einem Überfall des Ex-Piraten im Dienst der englischen Königin versteckten Kirchendiener in Santiago die Gebeine des Apostels. Und zwar so gründlich, dass die sterblichen Reste über 300 Jahre verschollen blieben. Erst Ende des 19. Jh. tauchten sie auf wundersame Weise bei Grabungsarbeiten wieder auf.

Doch ohnehin war es um Santiago in der Neuzeit still geworden, das Image verblasste, der Heilige war sozusagen ›out‹. Santiago de Cuba und Santiago de Chile waren längst viel wichtiger als ihre Namensgeberin. In Europa kritisierten Humanisten den Ablass und das Jakobsgrab mit beißendem Hohn. Luther wörtlich: »man waisz nit ob sant Jakob oder ain todter hund da ligt.«

Erst General Franco ließ Jakob 1937, mitten im Bürgerkrieg, wieder aufleben und drehte noch einmal am Nimbus des Apostels. Nun avancierte er zum Leitbild im Kampf gegen den Kommunismus, zu einer Art ›Matacomunistas‹. In seinem Namen erschoss man linke Widerstandskämpfer, und seinen Geburtstag, den 25. Juli, erkor das Franco-Regime zum Nationalfeiertag. Der Jakob, schien es, heiligte die Mittel, die religiösen wie die kriegerischen.

Die mittelalterliche Erfolgsstory des Jakob stellt wahrlich alles in den Schatten, was sich moderne Imagepfleger auch nur erträumen können. Und dennoch war der Santiago-Boom vor allem in der vielschichtigen Zeit seiner Entdeckung begründet. Was wäre, sinnierte unlängst ein galicischer Journalist, wenn die Gebeine des Heiligen Jakob erst jetzt entdeckt würden? Die Antwort fiel denkbar trocken aus: Gar nichts.

Geschichte im Überblick

1589 Francis Drake bekommt es in A Coruña mit einer Fleischersfrau namens María Pita zu tun, die erfolgreich den Widerstand gegen die britischen Invasoren organisiert. Aus Angst vor einem Überfall des englischen Ex-Piraten werden zeitgleich in Santiago die Gebeine des Apostels versteckt. Sie bleiben fast 300 Jahre verschollen.

1591 Die Stadtoberen Pamplonas verlegen das Stiertreiben vom Oktober auf den Juli, um mehr Gäste anzulocken. Heute sind die Sanfermines das meistbesuchte Fest in ganz Spanien.

1701–1713 Im Spanischen Erbfolgekrieg setzt sich die französische Dynastie der Bourbonen gegen die österreichischen Habsburger durch. Beginn des aufgeklärten Absolutismus.

1808–1814 Napoleon erobert Spanien und setzt seinen alkoholsüchtigen Bruder Joseph Bonaparte als König ein.

1833 Santiago verliert den Status der Provinzhauptstadt an A Coruña.

1879 Papst Leo XIII. gibt bekannt, dass bei Ausgrabungen an der Kathedrale von Santiago die authentischen Gebeine des Apostels wiederentdeckt worden seien.

1931–1936 Während der Zweiten Republik spitzen sich die gesellschaftlichen Konflikte zwischen Tradition und Moderne zu. Linke und Gewerkschaften fordern eine moderne Bodenreform und die Entmachtung der Kirche, während Adel, Klerus und Großgrundbesitzer ihre jahrhundertealten Traditionen in Gefahr sehen.

1936–1939 Francos Truppen erheben sich gegen die gewählte Regierung der Linken in Madrid. Aus dem geplanten Blitzschlag wird ein jahrelanger, blutiger Bürgerkrieg, dem 1,2 Mio. Menschen zum Opfer fallen.

1939–1975 Regime des Diktators Francisco Franco, geboren in der galicischen Hafenmetropole Ferrol.

Moderne Zeiten (1975 bis heute)

1982/83 Galicien bekommt ein Autonomiestatut, Santiago wird Hauptstadt der Region.

1985 Die UNESCO erklärt die Altstadt Santiagos zum Kulturerbe der Menschheit.

1992 Kubas Staatspräsident Fidel Castro besucht Galicien als das Land seiner Vorfahren und versteht sich ausgezeichnet mit Präsident Manuel Fraga. Der konservative Politiker war während der Franco-Diktatur Informations- und Tourismusminister. »Kommunist oder Konservativer, Galicier sind Galicier«, kommentiert eine Lokalzeitung das Treffen.

1999 A Coruña setzt sich gegen die übermächtigen Rivalen FC Barcelona und Real Madrid durch und gewinnt die spanische Fußballmeisterschaft. Die Hafenstadt tobt.

Geschichte im Überblick

Für mehr Autonomie: Demonstranten in Galicien

2000 Santiago ist Kulturhauptstadt Europas. Die vollständig erhaltene römische Stadtmauer von Lugo wird von der UNESCO in die Liste des Weltkulturerbes aufgenommen und bei Stürmen leicht beschädigt.
2001 Bei den Wahlen zum Regionalparlament in Galicien behält Manuel Fraga (PP) wie schon seit zwölf Jahren die absolute Mehrheit.
2002 Das spanische Parlament erklärt einige kleine Inseln vor Galiciens Westküste, darunter die Cíes-Inseln und die Insel Ons, zum 13. Nationalpark Spaniens. Im November sinkt der Öltanker ›Prestige‹ vor der galicischen Küste.
2004 Heiliges Jahr in Santiago de Compostela, weil der 25. Juli (Tag des Apostels) wieder auf einen Sonntag fällt. Die nächsten Heiligen Jahre sind 2010 und 2021.

Kultur und Leben

Café Derby in Santiago de Compostela

NORDSPANISCHE LEBENSART

Fernab von Don Juan und Flamenco

»Galicier sind so vorsichtig, auf einer Treppe kann man nicht erkennen, ob sie rauf- oder runtergehen« – Friesenwitze sind nichts gegen die Spötteleien, die über den angeblichen Aberglauben und Geiz sowie die vermeintliche Skepsis der nordwestspanischen Bevölkerung in Umlauf sind. Als konservative Eigenbrötler werden die Galicier *(galegos)* gerne in den Zeitungskarikaturen dargestellt, in der einen Hand die Kuhleine, in der anderen die Sichel.

Die Bewohner von Navarra und dem Baskenland haben es auch nicht leicht, heißt es, vor allem weil sie immer diese kiloschweren Brocken heben müssen und Wettsicheln auf Zeit für besonders männlich halten …

Wie auch immer die Vorurteile über die Bevölkerung ausfallen, eine Reise durchs Land räumt schnell auch mit unseren eigenen Klischees auf. Carmen, Flamenco und Don Juan haben mit Nordspanien etwa so viel zu tun wie kühles Hanseatentum mit Niederbayern. In Burgos gibt es keine Flamencobühnen und in Ourense keine Stierkampfarena. »Wir sind wirklich anders«, sagte dazu einmal eine junge Galicierin, »nämlich praktischer. Wir melken eben lieber Kühe als Stiere abzustechen.«

Freundlich statt feurig lernt man die Nordspanier kennen, ähnlich wie die Natur wirken sie auf manchen eher schottisch als südspanisch.

Sozialer Alltag

Juan Manuel Cosa Casto, Mitte Vierzig, hat umgeschult. Sein Fischerboot brachte kaum mehr etwas ein, Überfischung, Konkurrenz aus Marokko und EU-Normen, all das machte die Arbeit als *pescador* nicht mehr rentabel. Ein bezeichnender Schritt. Denn seine Vorfahren waren seit Generationen auf allen Meeren zu Hause, die Familie sahen sie oft wochenlang nicht, der harte Job war ihr Leben. Heute arbeitet der Mann im galicischen Corme als *vigilante,* als Wächter. Mit Walkie-Talkie fährt er die raue, an Entenmuscheln reiche Todesküste ab, meldet eventuelle Unfälle und Diebstähle. Sein monatliches Einkommen beträgt inzwischen 600 €, Tendenz steigend. Juan Manuel bereut es nicht, sein Boot verkauft zu haben, der Familie geht es besser ohne die Fischerei. Die soeben volljährige Tochter verdient schon das Doppelte, im Friseurladen und an Wochenenden als Aushilfskellnerin in einer großen Diskothek.

Seit Francos Zeiten, sagt Juan Manuel, habe sich der Alltag für die Fischer und Bauern Galiciens nur schleppend verändert. Man lebt von dem, was das Meer an Muscheln und die Erde an Steckrüben hergibt. Tatsächlich brachte das Fernsehen noch vor wenigen Jahren Berichte, wie Orte im Hinterland erstmals an das Stromnetz angeschlossen wurden. Vom Leben wie vor Jahrzehnten erzählen noch manche Bergbewohner in der Provinz

Fernab von Don Juan und Flamenco

In Galicien lebt man vom Meer: Steinbutt nach Madrid, Thunfisch nach Japan ...

Ourense, ebenso wie der Schäfer Felipe Trigueros Polanco, der im dünn besiedelten Kastilien-León (nur 28 Einwohner pro km^2) ohne Krankenversicherung alt geworden ist. Seine Hüfte macht ihm Ärger, die Operation könnte er niemals bezahlen.

Gleichzeitig hat eine junge Generation inzwischen selbstbewusst Karriere gemacht, ob als Model, Sänger, Designer oder auch Immobilienmakler. Die damit verbundene Landflucht verwandelte einige Orte schon in den 1980er Jahren in Geisterdörfer. So erhielt mancher junge Architekt die Restaurierung eines ganzen Dorfs als Auftrag und verwirklichte sich einen Lebenstraum.

Spanien gehört in der EU zu den wachstumsstärksten Ländern. Besonders in Burgos, León, Pamplona und den Küstenorten am Atlantik hat sich ein gewisser Wohlstand durchgesetzt, viel ist die Rede von Fernreisen nach Asien und den neuesten BMW-Modellen. In den Städten sind vor allem funktionale Wohnungen beliebt. Wer Geld hat, bleibt nicht in den Altstadtgemäuern wohnen, sondern zieht in moderne, gesichtslose, aber praktische Wohnblocks.

Familie und Sozialgefüge

Wichtig ist und bleibt der familiäre Zusammenhalt, gemeinsam geht man auf Feste zum Tanzen, von Groß bis Klein trifft man sich in der Tapa-Bar und auf Plätzen. Eine aktuelle Studie besagt zudem: In keinem Land leben Kinder so lange bei ihren Eltern wie in Spanien, im Schnitt bis zum 29sten Lebensjahr. Innerhalb der *familia* wird abgefedert, dass es weder Kindergeld noch genügend Kindergartenplätze gibt. Jugendliche Babysitter, so genannte *can-*

Nordspanische Lebensart

guros (Kängurus), leistet sich vor allem die Oberschicht. Die Geburtenrate sinkt und ist in Galicien sogar die niedrigste in ganz Spanien. Modernisierung, Wirtschaftsaufschwung und Konsum seien hierfür die Hauptgründe, heißt es von kirchlicher Seite. 95 % der Bevölkerung sind römisch-katholischen Glaubens, die Kinder werden getauft, zur Sonntagsmesse gehen wenige. 70 % der Spanier bis 28 Jahre können nach aktuellen Umfragen heute nichts mehr anfangen mit Unbefleckter Empfängnis und Fegefeuer. Hinzu kommt ein Wandel im Geschlechterverhältnis. Im 19. Jh. emigrierten viele Männer nach Lateinamerika, vor allem die Galicierinnen blieben allein und mussten sich selbst durchschlagen. Daher könnte das Selbstbewusstsein junger Nordspanierinnen stammen, die handfest leben und weit weniger kokett auftreten als Andalusierinnen. Frauen heiraten heute später, möchten höchstens zwei Kinder und eine Berufsausbildung, die Zahl der Single-Haushalte steigt. Doch wenn es um Hochzeitsbankette in riesigen Hallen geht, um Familienfeiern, vor allem aber gegenseitige Hilfe, die Familie zählt wie eh und je.

Sprachen und Dialekte im Norden

Graciñas und *eskerrik asko* heißen dasselbe: Danke. *Graciñas* ist Galicisch, eine Sprache, die mit dem Portugiesischen verwandt ist. *Eskerrik asko* ist Baskisch, eine Sprache, deren Wurzeln noch heute Rätsel aufgibt. Kein Wunder also, dass Spanier in ihrem Land gelegentlich selbst ein Wörterbuch mitnehmen. Spanien besitzt immerhin vier eigenständige Sprachen, dazu kommen mehrere Dialekte. Wer in San Sebastián kein Baskisch oder in Barcelona kein Katalanisch spricht, wird oft absichtlich nicht verstanden. Da kommen alte Ressentiments hoch, denn Franco hatte während seiner Regierungszeit auch eine Sprachdiktatur errichtet. Weder das Baskische, noch das Katalanische, noch das Galicische durften gesprochen oder veröffentlicht werden. Einzig das bis heute landesweit gültige Idiom *castellano (español)* war erlaubt. Die Geheimpolizei nahm bei linguistischem Verstoß gegebenenfalls Liedermacher, Lehrer, Rundfunkjournalisten oder Priester in ›Schutzhaft‹.

Doch seit Francos Tod 1975 hat sich das geändert, längst sind die Regionalsprachen wieder amtlich und verfassungsrechtlich garantiert. Auch einige fast ausgestorbene Dialekte werden wieder gesprochen. So erlebt im asturisch-leonesischen Raum das aus dem Mittelalter stammende *bable* eine neue Blüte. Rund um Jaca wiederum ist *fabla chesa* beliebt, das sich aus dem Latein hiesiger Mönche entwickelte. Mancher Leitartikel in der Lokalzeitung erscheint wieder in *fabla*, mit Worterklärungen am Ende des Artikels.

Vor allem die galicische Regierung hat viel für die Sprachförderung getan. Tageszeitungen wie die ›Voz de Galicia‹ (›Stimme Galiciens‹) bekamen und bekommen Subventionen, wenn sie auf *galego* drucken. Das gilt auch für Verlage und Autoren, wobei Intellektuelle beklagen, dass konservative, regierungsnahe Schriftsteller und Verleger über die Maßen bevorzugt werden.

Fremdsprachen praktizierten die Nordspanier bislang nur selten, vor allem in größeren Hotels, Paradoren und Restaurants. Inzwischen gibt es aber einen regelrechten Boom an den Sprachschulen und an den Universitäten. Englisch und Französisch sind Schulfächer, das beliebteste Idiom landesweit ist aber Deutsch.

Religion

Katholische Tradition und Naturgeister

Allgegenwärtig sind in Galicien die Maisspeicher, und nichts symbolisiert das Nebeneinander von kirchlicher Tradition und keltischen Wurzeln so sehr wie ihr Dach. Denn auf den Granitkästen auf Stelzen prangen ein Kreuz und eine *fica,* deren Pyramidenform vom keltischen Fruchtbarkeitssymbol, dem Phallus, abgeleitet ist.

Dieser Glaubensdualismus hat Tradition. Während die Hauptstadt Santiago seit über 1000 Jahren Ort der Wallfahrt ist, gibt es selbst im Schatten der Jakobskathedrale ganz und gar unchristliche Bräuche. Der Grund: Vor den Katholiken kamen die Kelten. Ihre selbst ernannten Nachfahren heißen *meigas.* Es ist das galicische Wort für Hexe, meint aber nicht ganz dasselbe. *Meigas* verstehen sich als gute Hexen, als Druidinnen nordspanischer Prägung und als Beschützerinnen der dortigen Bevölkerung. Mit den Elementen Erde, Wasser, Feuer und Luft treiben sie alles Ungute aus ihren Klienten heraus, vom bösen Blick bis zur Trennungsangst. Gegen entsprechendes Honorar, versteht sich (s. S. 36ff.).

Besuch bekommen sie von hohen Politikern und noch kinderlosen Direktorinnen, von Fischern und gelegentlich ratlosen Kriminalbeamten. An ihre hellseherische Kraft glauben viele. In der Tageszeitung ›La Voz de Galicia‹ stehen in der Rubrik Anzeigen neben Angeboten von Gebrauchtwagen völlig selbstverständlich auch Offerten zur Geistheilung. Die nordgalicische Keramikfabrik Sargadelos ist mit der fließbandartigen Herstellung schützender Amulette beschäftigt. »Haberlas, haylas«, geben tut es sie schon, die Hexen, weiß jeder Galicier. Einige Fischer an der gefährlichen Todesküste gehen auf Nummer sicher. Sie besuchen nicht nur die Sonntagsmesse, sie lassen sich ihre Boote vorsichtshalber auch mit keltischen Sprüchen vor scharfen Klippen und tückischen Winden schützen. *Meigas* trauen sich längst, ihre Büros ganz in der Nähe des Bischofssitzes zu eröffnen. Ein eigenwilliger lokaler Beruf ist der der Hexensekretärin.

Die Kirche sieht dies gelassen. Kein Bischof hat je gefordert, die *fica* von den Maisspeichern zu entfernen. Die Tradition ist erlaubt, dabei treibt sie erstaunliche Blüten. So glaubten noch vor wenigen Jahrzehnten viele, die unheimliche ›Prozession der Untoten‹ (Santa Compaña) durch die Wälder streifen zu sehen. Tote, die keine Ruhe finden und den Lebenden nachts das Blut in den Adern gefrieren lassen.

Nordspanische Lebensart

INTERVIEW MIT EINER GALICISCHEN HEXE

Was ist eine *meiga*? Laut Definition eine Magierin, frei definiert eine weise Frau, die berät und hilft.

Eine *meiga* ist also keine Hexe? Nicht im herkömmlichen Sinne. Eine *meiga* bezieht sich ausschließlich auf keltische Magie, sie hilft mit Unterstützung der vier Elemente Wasser, Feuer, Luft und Erde. Eine Hexe dagegen wird mit dem Teufel, mit Satanismus in Verbindung gebracht. Wir überlassen die Definition in Galicien aber nicht der Kirche. Wir sind keltische Hexen, die das Gute wollen.

Wie sind Sie *meiga* geworden? So etwas hat man schon von Geburt an, aber dazu kommt die Auseinandersetzung mit den alten Kulturen und mit dem Hier und Heute. Ich habe Intuitionen wie ein Geiger das Gespür für Musik, wenn Sie so wollen. Daneben hatte ich aber auch meine ›Hexenmeisterin‹, die mich eingewiesen hat.

Innerhalb Ihrer Familie? Es war nicht meine Großmutter, aber eine Frau aus unserem Dorf bei Vigo. Als ich sieben Jahre alt war, habe ich sie oft besucht. Sie hatte einen großen Raum, in dem ich mich immer hinter einem Vorhang versteckte, während sie ihre magischen Sitzungen hielt. Niemand außer ihr wusste, dass ich da war. Und ich hörte zu, hörte zu, hörte zu. Ich liebte diese Sitzungen über alles, wie sie mit den Leuten sprach, wie sie ihnen Ratschläge gab. Ich lernte von ihr über Jahre hinweg in meinem Versteck.

Seit wann beraten Sie selbst? Seit 25 Jahren.

Wer sind Ihre Klienten? Früher waren es mehr die einfachen Leute. Heute kommen auch Manager, Ärzte, Schauspieler, die akzeptieren, dass es kein Aberglaube ist, was ich hier mache.

Interview mit einer galicischen Hexe

Was kostet eine Beratung? Rund 50 €.

Was passiert während einer Sitzung? Der Klient schweigt, ich rede. Natürlich sprechen wir auch, aber erst, nachdem ich die Diagnose gemacht habe.

Der Klient sagt nichts außer seinen Namen? Seinen Namen und sein Sternzeichen. Und dann rede ich über sein Leben.

Wie das, wenn Sie ihn nicht kennen? Ich kenne ihn, obwohl ich ihn gerade zum ersten Mal gesehen habe. Ich sehe sein Leben. Das ist Intuition und schwer zu beschreiben. Ich erzähle, was ihn bedrückt. Manchmal arbeite ich mit Karten, dann wieder nicht. Ich vertue mich selten.

Haben Sie Macht? Nein, Qualitäten.

Haben Sie eine Berufsausbildung? Ich habe Wirtschaftswissenschaften studiert und wollte Unternehmerin werden. Als *meiga* wollte ich verdeckt arbeiten. Noch vor 30 Jahren, unter der Diktatur Francos, war dies verboten, wurde scharf verfolgt. Als Franco 1975 starb, hat sich viel verändert, auch für Magier und Hexen in Spanien.

Hexerei ist heute gesetzlich erlaubt? Nein, offiziell wird es strafrechtlich verfolgt, aber das ist nicht mehr als eine Anekdote. Man hat nur bislang vergessen, den entsprechenden Paragrafen aus dem Strafgesetzbuch zu entfernen.

Wer ist für einen Galicier attraktiver, ein Pfarrer oder eine Hexe? Eine Hexe, mit Abstand.

Warum? Wir bieten den Menschen einfach mehr als die Kleriker.

Wie ist denn Ihr Verhältnis zur Kirche? Das ist eine lange Geschichte. Erst waren wir, dann kam die Kirche. Denken Sie nur an die Wegkreuze, die *cruceiros*. Zuerst war da der Stein der *meigas*, dort haben wir uns versammelt, unsere Kulte gelebt. Dann kam die katholische Kirche und hat auf die Steine Granitkreuze gesetzt. Glauben Sie, das stört uns? Wir treffen uns noch immer an den Steinen, das Kreuz ignorieren wir einfach.

Was ist das größte Problem der Menschen, die zu Ihnen kommen? Die Einsamkeit. In welchem Zusammenhang auch immer, es geht um Einsamkeit. Die Menschen sind sehr einsam.

Sie sind also Psychologin? Nein, ich bin *meiga*.

Gibt es viele Scharlatane unter den galicischen *meigas*? Das will ich nicht hoffen. Sehen Sie, wir veranstalten einmal im Jahr hier in einer Halle am Hafen von Vigo einen Hexenkongress. Ganz Spanien trifft sich da zum keltischen Gedankenaustausch. Scharlatane sind hoffentlich nicht darunter.

Warum gibt es *meigas* nur hier? Weil sich keltische Bräuche hier in der Abgeschiedenheit länger halten konnten. Wir *meigas* sind 100% keltisch – mit einer Ausnahme. Die mittelalterlichen Magier haben sehr viel Goldschmuck getragen. Das finde ich theatralisch.

Gibt es ein Hexenzentrum in Galicien? Nein, Cangas ist berühmt geworden, weil die Inquisition dort so genannte Hexen verbrannt hat. Coiro ist ein beliebter Ort, aber es gibt viele andere, auch um Ourense herum.

Hat die Inquisition viele *meigas* getötet? Nein.

Nordspanische Lebensart

Wie das? Wir waren beliebt, schon immer, man hat uns nicht verraten. Es ist kurios: Wo es in Spanien am meisten Hexen gab, hat die Inquisition am wenigsten angerichtet. Außerdem sind die wenigen Fälle von Hexenverbrennungen gar keine Hexenverbrennungen gewesen. Einer der Kirchenrichter hat die blutjunge Tochter einer Frau heiraten wollen, die sich weigerte. Daraufhin ließ er die Mutter verbrennen. Die Tochter hat er übrigens nicht bekommen. Sie konnte fliehen. Solche Sachen sind passiert. Die wenigen Hexenverbrennungen waren hier politisch und sexuell bedingt.

In Ihren Zeremonien sprechen Sie keltische Texte, woher kommen die? Es sind alte Texte. Sie sind von Generation zu Generation vor allem mündlich überliefert worden. Ich kenne viele, etwa von dem Wechsel der Jahreszeiten, wirtschaftliches Glück rufen wir meist mit Texten des Frühlings herbei. Aber leider fehlt mir vor allem eine Schrift, und das ärgert mich sehr. Es ist der des November, der Text der Toten, der aus dem 14. Jh. stammen muss.

Wozu diente er? Wissen Sie, an der Costa da Morte, der Todesküste, sind viele Fischer gestorben, deren Leichen man nicht fand. Die *meiga*s von dort, vor allem aus dem Ort Porto do Son, gingen mit einem großen Boot aufs Meer, bestückt mit Holzbänken und einer Art Podest als Altar. Es waren immer sechs *meigas* in diesem Boot. Am Tag der Beerdigung eines Fischers holten sie seine Seele vom Meer ab. Sie nahmen Mäntel mit und beerdigten die Seelen in den Mänteln an Land. Es gibt die Legende, dass man daraufhin Schritte des Toten vernahm. Jedenfalls sprachen die *meigas* bei dieser Zeremonie einen Text, und wir kennen ihn leider nicht. Er ist nicht auffindbar (flucht).

Bei Ihren Zeremonien sitzt der Klient in einem Kreis aus Kerzen. Was tun Sie dann? Ich nutze alte keltische Texte, wir bitten die Elemente, die Dämonen zu vertreiben, die schlechten Elemente zu bekämpfen, Glück und Frieden herbeizuführen.

Alles 100 % keltisch? 100 % keltisch.

Sie sind im galicischen Fernsehen aufgetreten, in der Keltenzeit gab es keinen Fernseher. Ja, und ich fahre auch ein Automobil. Wir haben uns immer der Zeit angepasst und mit den Phänomenen der Zeit gelebt. Wir haben uns im Lauf der Zeit auch emanzipiert. Die *meiga* ist die weibliche Figur des Druiden.

Was erzählen Sie den Galiciern denn bei einem Auftritt im Fernsehen? Rezepte, magische Rezepte vor allem, das kommt sehr gut an, das macht viel Spaß, wie man den bösen Blick mit Holz von der Eiche heilt, wie man Kräuter mischt, um Spannungen in der Ehe zu verhindern, dass Zimtessen ganz wichtig ist für die Harmonie eines Paares, solche Dinge, alte Traditionen, die die Leute nicht mehr kennen.

Haben Sie ein Rezept für unsere Leser? Sicher (lacht). Ein ganz altes: Damit ein Haus Glück bringt, benötigen Sie eine Mistel, die Sie in einem Tontopf verbrennen, etwas Veilchenessenz – das bekommt man in vielen Naturläden – und wenn es brennt, gibt man noch etwas Weihrauch hinzu. Das wird mit einem Löffel umgerührt und dann geht man langsam durch das ganze Haus oder die Wohnung. Das bringt viel Harmonie, Kraft und Glück.

Meiga Rosa, vielen Dank für das Gespräch.

Feste und Veranstaltungen

Zum Wallfahrtsort San Andrés de Teixido, glauben noch einige, wanderten Seelen in Tiergestalt. Denn es heißt, wer zu Lebzeiten nicht nach San Andrés pilgert, müsse es danach tun. Und in As Neves war es üblich, dass durch und durch lebendige Menschen in offenen Särgen liegend um den Kirchplatz getragen wurden. Sie dankten so dafür, eine vermeintlich tödliche Krankheit überlebt zu haben. Ein Pfarrer führt die seltsame Prozession, doch inzwischen gibt es nur noch leere Särge: Den Menschen war der Medienrummel peinlich.

Spielarten zwischen Glaube und Aberglaube sind in Galicien selbstverständlich. Dennoch sehen Geistliche die *meigas* als ernste, ja ärgerliche Konkurrenz. Der junge Pfarrer Ramón Vidal Lafuente, der mit viel Engagement eine kleine Gemeinde bei Tui betreut, sieht den Einfluss Gottes bedroht: »Was uns zu schaffen macht, sind Psychoanalytiker, Mediengurus und Hokuspokus«, sagt er und wird deutlich: »Die Leute gehen hier nicht gerne ins Krankenhaus, die gehen lieber zum ›Knochenheiler‹, sie gehen nicht mehr gerne in die Kirche, sie lassen sich von den *meigas* lieber Theater vorspielen. Und dennoch«, sagt er schon leiser, »übersinnliche Kräfte sind hier in Galicien schon weit verbreitet, das stimmt schon.«

Feste und Veranstaltungen

März/April: Während der Karwoche *(Semana Santa)* tragen vermummte Büßer schwere Tragebühnen mit Heiligenstatuen durch Burgos und León.

Mai: Um den 12. Mai ›Prozession der Jungfrauen‹ zu Ehren des hl. Domingo in Santo Domingo de la Calzada. Fronleichnamsprozessionen ziehen in Baiona und Ponteareas bei Vigo über kunstvoll gefertigte Blumenblütenmotive in den Gassen.

Juni: Wildpferdetreiben (s. S. 182) in Galicien, vor allem im Hinterland von Baiona: am zweiten Wochenende in Mougás, am dritten Wochenende in Morgadáns, vereinzelt auch schon im Mai.

Juli: 6.–14. Juli Stiertreiben in Pamplona (s. S. 74).
11. Juli Stadtfest San Bernabé in Logroño.
16.– 31. Juli Fiestas del Apóstol in Santiago mit Livemusik, Theater u. v. m. Vom 24. auf den 25. Juli Feuerwerk auf Santiagos Obradoiro-Platz.
Am 25. Juli in ungeraden Jahren Pyrenäen-Folklorefest in Jaca.

August: Fiesta de María Pita in A Coruña während des ganzen Monats.
Erster Sonntag Wikingerfest in Catoira und Weinfest in Cambados.
Um den 15. August Stadtfest in Betanzos.
Ende August Santa Marta (Volkstänze) in Astorga.

September: Wallfahrtsmonat in San Andrés de Teixido.
Zweite Woche Wallfahrt zum Heiligtum Nossa Senhora da Barca bei Muxía.
8. September Wallfahrt zur Virgen de Roncesvalles.

39

Nordspanische Lebensart

23. September Wallfahrt zur Einsiedelei Santa Tegra auf dem gleichnamigen Berg bei A Guarda.

Kulinarische Fiestas

Mai: Dritter Sonntag Festa do Salmón, Lachsfest in A Estrada nahe dem Fluss Ulla in der Provinz Pontevedra.

Ende Mai Festa da Empanada, Pastetenfest in Cervo, 15 km südöstlich von Viveiro.

Juni: Am 29. Juni kommt es im Rioja-Winzerort Haro zu einer ›Weinschlacht‹ *(batalla de vino)*, bei der kein Besucher vor einem Schwips und den schwer auswaschbaren Spritzern sicher ist.

Juli: 25. Juli Festa do Mexillón, Miesmuschelfest in Illa de Arousa nordwestlich von Pontevedra. Tonnenweise Miesmuscheln gratis.

Um den 25. Juli Weinfest in O Rosal bei A Guarda nahe der portugiesischen Grenze, wo der gleichnamige Weißwein gekeltert wird.

August: Erster Sonntag Festa do Viño Albariño in Cambados nahe Pontevedra, größtes Weinfest Galiciens. Entenmuschelfest in Corme (variabel).

Zweiter Sonntag Festa do Pulpo, Seekrakenfest in Carballiño nordwestlich von Ourense.

Zweite Woche Festa da Empanada, Pastetenfest in Carral südlich von A Coruña.

15. August Festa San Roque, Sardinenfest in Sada östlich von A Coruña.

Um den 15. August Festa do Cocido, Eintopffest in Cee nahe Fisterra.

September: 21.September Weinfest in der Rioja-Hauptstadt Logroño mit Weinstampfen auf dem Espolón-Platz.

Oktober: Zweites Wochenende Festa do Marisco, Meeresfrüchtefest in der Pfarrei San Martín bei O Grove.

Musik

Mittelalterliches Repertoire

Wie eine Symphonie aus Stein wirkt der Pórtico de la Gloria aus der Zeit der Romanik. Neben dem Apostel, Höllenfiguren und Propheten sind auch die 24 Ältesten über dem Kathedraleneingang von Santiago zu sehen, die ihre Instrumente für den Jüngsten Tag stimmen. Steinmetze hatten die Harfen, Flöten und Geigen so detailliert gemeißelt, dass sie Jahrhunderte später aus Holz rekonstruiert werden konnten und heute mittelalterliche Melodien erklingen lassen.

Musik rund um den Jakobsweg hat eine lange Tradition, schließlich galt es ja auch, sich die langen Wege zu verkürzen. Schon im ›Codex Calixtinus‹, dem um 1150 verfassten Pilgerbericht des Franzosen Aimeric Picaud, sind frühe gregorianische Lieder enthalten. Eine ganze Sammlung mittelalterlicher Pilger- und Volksmusik gibt es inzwischen auf CD.

Die gregorianische Musik am Jakobsweg erlebte vor einigen Jahren einen völlig unerwarteten Boom: Benediktinermönche aus Santo Domingo (südöstlich von Burgos) hatten eine Doppel-CD veröffentlicht und eine klei-

Musik

ne Auflage brennen lassen. Was die Geistlichen nicht ahnen konnten: Diskotheken nutzten die spirituellen Gesänge aus dem 11. Jh. gerne als ›Rausschmeißer‹. 16-Jährige kauften die Choräle daraufhin so häufig, dass die Mönche plötzlich die spanischen Popcharts stürmten (Infos dazu und weitere Hörtipps s. S. 217).

Moderne keltische Balladen

Keltische Gruppentänze und der allgegenwärtige Dudelsack *(gaita)* sind auf jedem galicischen Volksfest zu sehen und zu hören. *Música celta* hat im Nordwesten Spaniens einen enorm hohen Stellenwert. Zum alljährlichen Kampf um den Spitzenplatz bei der ›Liga der Dudelsackbands‹ bewerben sich bis zu 4000 Folkloregruppen. Besonders erfolgreich waren in den letzten Jahren die Formationen **Zucurrundullo** aus Castro Verde und **Nova Fronteira** aus Ourense.

Vor allem auf den Dorffesten treten die *bandas de gaitas* auf und vermitteln irisches Flair. Die derzeit berühmteste und am besten verkaufte Dudelsackband auf galicischem Boden heißt **Milladoiro**. Im Jahr 2000 erschien ihre CD ›Agua de Maio‹. Für die Aufnahmen hat die siebenköpfige Band 15 klassische Keltenlieder instrumentalisiert.

Noch etwas melancholischer wirkt die Aufnahme ›Alma de Buxo‹ von **Susana Seivane,** einer erst seit 2001 wirklich erfolgreichen Dudelsackinterpretin. Auch sie liebt es klassisch und singt dazu mal traurige, mal romantische Balladen.

Eintopfparty in Cee

Der Eintopf, den die Bewohner des Küstenortes Cee kochen, ist nicht gerade sparsam bestückt: 700 kg Schweinefleisch, 700 kg Wurst, 600 kg Kartoffeln, 75 kg weiße Bohnen und 50 ganze Hühner lassen herkömmliche Rezepte blass aussehen. Alljährlich um den 15. August beginnt die *Festa do Cocido* auf dem Constitución-Platz von Cee: Bei dem Eintopffest dient statt einem Kochlöffel ein Kran zum Umrühren. Der riesige Metallbehälter fasst immerhin 8000 l Wasser, die erst nach zwölf Stunden richtig kochen. Das Fest dauert bis tief in die Nacht, und so mancher ist froh, eine ordentliche Grundlage in den Magen bekommen zu haben.

Aus dem Rahmen fällt **Carlos Núñez.** Wirkt die keltische Musik gelegentlich etwas eintönig, um nicht zu sagen nervig, dann sicher nicht bei ihm. Er vermischte in der Vergangenheit gerne Jazz, Flamenco, afrikanischen Ethno-Sound und nordspanische Keltenmusik, kam aber im Jahr 2000 mit der wieder klassischeren CD ›Mayo Longo‹ heraus. Eine abwechslungsreiche Scheibe ist dabei entstanden, denn mit von der Partie sind Ex-Supertramp-Sänger Roger Hodgson, Dubliners-Sänger Ronnie Drew und Anabela aus Lissabon, die im Stil des Fado ein Gedicht der galicischen Nationaldichterin Rosalía de Castro interpretiert.

KUNST UND KULTUR

Nordspanische Baukunst

Im Zeichen der Muschel

Auf engem Raum, dicht an dicht liegen Baujuwele in Galicien. In einer so abgelegenen Region hätten sie niemals entstehen können, wäre ihnen nicht der Jakobsmythos vorausgegangen. Heute sieht man am Camino de Santiago fantastische, vor allem romanische Baukunst, die ihren Gipfel in der barock überbauten Kathedrale von Santiago findet. Markenzeichen der Steinmetzkunst ist die Jakobsmuschel, die den Weg repräsentiert. Aber auch bauliche Meisterwerke jenseits des Mittelalters sind beachtlich, von den keltischen Siedlungen an der Atlantikküste über den Gaudí-Palast in Astorga bis zum futuristischen Guggenheim-Museum in Bilbao an der nahen Atlantikküste.

Rätselhafte Keltendörfer

Vor ca. 2800 bis 1800 Jahren herrschte in Galicien reger Betrieb. Keltenstämme schützten sich in zumeist hoch gelegenen Siedlungen am Atlantik, hielten Schafe und Schweine, schmolzen Kupfer zu Waffen, formten Tongefäße, erbrachten dem Kriegs- und Fruchtbarkeitsgott Menschenopfer und tranken – Zeitzeugen zufolge – jede Menge Gerstenbier. Römische Beobachter berichteten erstaunt, dass nur die Frauen das familiäre Erbe antraten. Somit waren sie auch im Besitz der Rundhütten, deren Grundmauern noch heute zu sehen sind.

Wehrdörfer *(castros)* mit den Resten von über 3000 Häusern haben Forscher in Galicien entdeckt. Das größte und spektakulärste Dorf fanden Forstarbeiter erst vor knapp 100 Jahren zufällig auf dem Berg Santa Tegra bei A Guarda, als sie einen Forstweg bauten. Besonders schön liegt das Castro de Baroña auf einer Landzunge südwestlich von Noia.

Die Dörfer geben bis heute Rätsel auf. So fragt man sich, warum die Grundmauern fast gleich groß angelegt sind und es keinen zentralen Platz gab. Der mit Dach rekonstruierte Rundbau auf dem Berg Santa Tegra ist der Versuch, sich ein Keltenhaus vorzustellen. Ob es wirklich so aussah, bleibt ein Geheimnis. Interessant ist aber, dass manche noch funktionstüchtige Häuser im Ancares-Gebiet diesem strohgedeckten Modell sehr ähnlich sehen, etwa die *pallozas* im Bergdorf Cebreiro am Jakobsweg.

Römisches Erbe

Als die Römer 138 v. Chr. nach Nordspanien kamen, planten sie sofort eine Handelsstraße, die bis zu ihrem Abzug im 4. Jh. von einschneidender Bedeutung für das Imperium werden sollte. Vom heutigen Andalusien aus bauten sie die Ruta de la Plata (Silberstraße) bis nach Astorga am Jakobsweg. Auf ihr transportierten Sklaven Silber, Gold und andere Erze aus den umliegenden

Nordspanische Baukunst

Minen zu den Transportschiffen am Mittelmeer.

Während Rom die schmucke Stadt Mérida, die weiter südlich an der Silberstraße liegt, mit Amphitheater und Pferderennbahn zieren ließ, dienten nordspanische Garnisonen vor allem der Verteidigung gegen asturische ›Barbarenhorden‹, die sich in der unwegsamen Bergwelt verschanzt hatten. Schutz war geboten, denn allein durch die Goldmine Las Médulas bei Astorga konnte mehr als die Hälfte der gesamten Legionärsbesoldung gewährleistet werden. Astorga wurde Provinzhauptstadt und bekam eine feste Stadtmauer.

Auch vor den galicischen Kelten hatten die Besatzer offensichtlich Respekt. Davon zeugt die mehr als 2 km lange stabile Stadtmauer von Lugo. Die Baumeister gingen so geschickt vor, dass die *muralla* noch heute die Altstadt schützt und seit wenigen Jahren als vollständig erhaltenes Werk zum Weltkulturerbe der Menschheit zählt. Einige wenige Thermen in Lugo und Ourense sowie die Fundamente eines Leuchtturms in A Coruña erinnern ebenfalls noch an die Legionäre.

Romanische Kunst

Vor allem Mönche aus dem französischen Cluny waren es, die nach der Entdeckung des Jakobsgrabes ab dem 10. Jh. die Pilgerreisen forcierten. Unter Obhut der Benediktiner entstanden am *camino francés* Hospize, Herbergen, Klöster und Kirchen der Extraklasse. Die Architekten setzten dabei auf eine stabile Bauweise mit Rundbögen an Portalen und Fenstern, auf Tonnengewölbe und einen Kirchengrundriss aus einer dreischiffigen Halle, halbrunden Apsiden und oft einem

Mustergültige Romanik: die Kirche San Martín in Frómista

43

Kunst und Kultur

Querhaus. In Jaca entstand die Wehrkirche San Nicolás aus Furcht vor den Mauren noch mit einem robusten Turm. Filigraner zeigt sich die Kirche San Martín in Frómista. Hier wie andernorts gestalteten die Steinmetze an den Kapitellen hervorragenden Figurenschmuck, der in seiner Quintessenz am Eingang Pórtico de la Gloria in Santiago zu sehen ist: Szenen aus der Heilsgeschichte, Höllenfiguren und Humorvolles gestalteten die Künstler zu einem unterhaltsamn Spiegel zeitgenössischer Weltsicht. Höhepunkt der romanischen Malerei ist die Königsgruft Panteón de los Reyes in León. Die farbintensiven Fresken von Christus und den mit Tierköpfen versehenen Evangelisten überzeugen Kunsthistoriker so sehr, dass sie von einer ›Sixtinischen Kapelle der Romanik‹ sprechen.

Spitze Bögen, filigranes Dekor

Weniger verbreitet als die Romanik waren die spitzbogigen, kreuzrippengewölbten Bauten der Gotik. Immerhin, ab dem 13. Jh. entstanden himmelsstürmende Kathedralen in Burgos und León mit schmalen Buntglasfenstern und hoch aufragenden Altären. Auch manches zivile Bauwerk zeigt gotische Züge, so der schmucke Königspalast in Olite.

Die Stilrichtungen hatten in dieser Zeit längst begonnen, sich zu vermischen und regional zu entwickeln. Maurische Elemente wie Hufeisenbögen zierten bereits manches Kirchenfenster, als sich ab dem 13. Jh. arabische und gotische Elemente zum **Mudéjar-Stil** formten, sichtbar an der kleinen Backsteinkirche von Sahagún. Die Entwicklung dieses Baustils hatte kriegerische Gründe: Je weiter die christlichen Heere in maurisch besetzte Gebiete nach Süden vordrangen, desto mehr lernten sie die islamischen Baumeister schätzen, die mit Elementen wie Gips und Ziegel weitaus detaillierter arbeiten konnten als die Christen. Man vertrieb sie nicht, sondern nahm sie unter Vertrag.

Nach 1492, als auch die letzte Maurenbastion Granada an die Christen gefallen war, entwickelte sich während der Renaissance der **platereske Stil.** Er leitete sich vom Dekorationsstil der Silberschmiede ab und prägte vor allem die Fassaden von Klöstern und Krankenhäusern wie dem Hospital de San Marcos in León. Tatsächlich sehen die Fassaden aus, als seien sie Schmiedearbeiten im Format XXL.

Maisspeicher und Wegkreuze

Sie sind ständige Wegbegleiter auf einer Fahrt durch Galicien: Maisspeicher (*hórreos*) und Wegkreuze (*cruceiros*).

Hórreos sind längliche Granitbauten auf Stelzen, steinerne Speicher, die das Getreide vor Nässe schützen. Dabei liegt der Mais auf zwischengelegten Steinplatten, durch die kein Nagetier gelangen kann. Schmale Luftschlitze sorgen dafür, dass der Inhalt nicht schimmelt. Zahlreich stehen diese meist kaum 2 m langen *hórreos* in Nordwestspanien, in Gärten, an Felsenriffen, oder auch mal am Dorfplatz. Das Dach ziert neben dem christlichen Kreuz oft eine pyramidenförmige *fica,*

Nordspanische Baukunst

das keltische Symbol für Fruchtbarkeit. Zu sehen ist dies auch in Carnota, wo 1768 einer der längsten Speicher entstand: Sagenhafte 35 m misst er. Kleinere, aber gleich viele *hórreos* stehen direkt am Hafen des idyllischen Fischerorts Combarro.

Fast so häufig tauchen vor dem Reisenden die **cruceiros** auf, die galicischen Wegkreuze. Seit gut 700 Jahren stehen sie schon dort, wo Hexentreffen, religiöse Wunder und auch grausame Verbrechen stattgefunden haben sollen. Die Wegkreuze in Baiona und Noia überdachen Altarhäuschen, während der eindrucksvollste *cruceiro* überhaupt in Hío vor der Dorfkirche steht. Das filigrane, an Figuren reiche Wegkreuz stellt die Kreuzabnahme dar und entstand – kaum vorstellbar – aus einem einzigen Granitblock.

Skulptur von Botero
vor dem Museum Domus in A Coruña

Moderne Architektur

In Bilbaos Zentrum hat man den Eindruck, als sei dort ein silbriges Raumschiff gelandet. Stararchitekt Frank Gehry aus Kalifornien hat 1997 für 100 Mio. Dollar das verschachtelte Titan-Gebilde des Guggenheim-Museums geformt. Ein Jahrhundertwerk, deshalb haben es Ratsherren und Architekten am südlichen Jakobsweg und in Galicien schwer mitzuhalten.

Doch ausgerechnet in Santiago de Compostela, der wegen ihrer mittelalterlichen Kunst berühmten Pilgerstadt, entsteht derzeit das weit und breit gigantischste Werk moderner Bauweise: 15 km südlich des Zentrums nimmt die ›Kulturstadt Galiciens‹ (Ciudad de la Cultura de Galicia) fast den ganzen Berg Gaias ein. Der New Yorker Peter Eisenman setzte sich beim Preisausschreiben gegen spanische Stararchitekten durch. Sein Konzept: Auf insgesamt fast 763 m² Fläche entstehen Auditorium, Bibliothek, Museum der Geschichte, Medienzentrum und Oper als kaum voneinander unterscheidbare Gebäude wie unter einer geriffelten Jakobsmuschel. Der Grundriss entspricht dabei dem der Altstadt von Santiago. Damit könnte es Galiciens Hauptstadt gelingen, sich ebenso wie Valencia, Barcelona, San Sebastián und Bilbao einen hypermodernen Anstrich zu geben. Befürworter sprechen von einem ›Objekt-Ereignis‹, Kritiker davon, dass erst jetzt der Name des Berges Programm sei: Monte Gaias heißt ›Berg der Verzweiflung‹.

ESSEN UND TRINKEN

Regionale Spezialitäten

Die Varietät regionaler nordspanischer Gerichte hat es in sich. Von der Flussforelle mit Schinken aus Navarra bis zur mit Käse überbackenen Jakobsmuschel am Atlantik, Appetitanreger gibt es in Hülle und Fülle. Wobei Seekrake und gekochter Stierkampfschwanz vielleicht eher etwas für kulinarisch Mutige ist.

Auf jeder Speisekarte Navarras: Forellen

Das Leib- und Magengericht in Navarra heißt *truchas a la navarra*. Es sind Bachforellen *(truchas)* aus den glasklaren, kühlen Gewässern der Pyrenäen oder Regenbogenforellen aus den lokalen Zuchtanlagen. Ihr zartes Fleisch, fanden die Köche vor Ort heraus, harmoniert bestens mit rohem, luftgetrockneten Serrano-Schinken. Und so werden die Forellen und Lachsforellen fast immer mit Schinkenscheiben eingelegt und zusammen mit Speckwürfeln, Petersilie und Knoblauch in Olivenöl goldbraun gebraten.

Wild und Gemüsesorten wie die Artischocken aus Tudela und die Pochas-Böhnchen aus Sangüesa gibt es im grünen Navarra reichlich. Dabei ist die Zubereitung weniger verspielt als in der benachbarten Kochhochburg Baskenland. Eintöpfen und Suppen verleihen Mangold und grüne Bohnen ihren Eigengeschmack, *migas al pastor* ist ein herzhaftes Gericht aus gerösteten Brotwürfeln, Gewürzen und Schmalz. Auf vielen Speisekarten rund um Pamplona stehen nicht nur Lammkoteletts in scharfem Sud, sondern auch Taube in Rotwein und Rebhuhn in Schokoladensauce, außerdem geräucherte Entenschinken *(jamón de pato ahumado)*, Tortillas mit Stockfisch *(tortillas de bacalao)* und junge Artischocken mit Venusmuscheln *(alcachofas con almejas)*. Und wie es sich für Pamplona gehört, gibt es auch geschmortes Kampfstierfleisch mit Gewürznelken, Lorbeer und Weinessig *(estofado de carne de toro)*. Eine häufige Beilage ist zarter, weißer Bleichspargel *(espárrago)*, der auf dem lockeren Schwemmsandboden am Ebro heranwächst.

Als Nachtisch bieten sich gefüllte Kuchen *(bizcochos rellenos)*, Hefegebäck *(ensaimadas)* oder Käsesorten an, etwa der über Buchenholz geräucherte Schafskäse *idiazábal* oder der würzige *roncal*.

Preise im Restaurant

Die in diesem Buch bei den Restaurant-Adressen angegebenen Preiskategorien beziehen sich auf ein Tagesmenü inkl. Wasser oder Wein. Oftmals sind auch konkrete Preise genannt.

teuer	ab 15 €
moderat	10–15 €
preiswert	8–12 €

Regionale Spezialitäten

La Rioja: Mehr als nur Rotweine

In der an Navarra angrenzenden Region La Rioja sind Rotbrassen *(pargos)* aus dem Ebro eine Spezialität, daneben Leberpastete *(paté de hídago)*, Lammeintopf mit Chili und Möhren *(calderete)* und gebratene Austernpilze *(setas a la plancha)*, wie man sie besonders gut in Logroño zubereitet. Viele Fisch- und Fleischgerichte bekommen auf der Speisekarte den Zusatz ›a la riojana‹, will heißen: garniert mit roten Paprikaschoten. Die köstliche *menestra riojana* ist ein knackiges Gemüseallerlei aus Mangold, Blumenkohl, Artischocken, Erbsen und Karotten. Das Gemüse wird getrennt gekocht und dann mit Schinkenwürfeln kurz in Olivenöl geschwenkt. Zu Hähnchenfleisch gibt es oft eine dicke, rötliche Soße *(chilindrón)* aus Paprikaschoten, Tomaten und gebratenen Zwiebeln. Süßigkeiten heißen hier *golmajerías*. Auf der Bestsellerliste der Konditoreien stehen dabei Marzipan und die *fardalejos,* kleine Blätterteigtaschen.

Frisch aus dem Meer: Seekrake *(pulpo)*

Kastiliens Schinken und Spanferkel

In Nordkastilien dreht sich vieles ums Schwein. *Cochinillos* sind ausschließlich von der Muttermilch ernährte und nur wenige Wochen alte Spanferkel, die vor allem in Burgos am Stück in den Ofen kommen. Die Öfen *(asadores)* bringt Eichen- oder Pinienholz zum Glühen. So zart muss das Fleisch dem regionalen Gusto nach auf die Tonplatte kommen, dass man es mit einem stumpfen Tellerrand zerkleinern kann.

In Burgos ist auch die *morcillo* berühmt, eine dicke Blutwurst mit Reis. Schweinerippen kommen vom Holzkohlegrill gelegentlich mit Waldhonig bestrichen auf den Tisch. Aber auch andere Fleischsorten sind beliebt: etwa die mit Serrano-Schinken, Eiern und Weißbrot gefüllten Tauben *(pichones rellenos)*, Milchlämmer *(cordero)* mit Kichererbsen und Hühnchen in Mandel-Weinsauce *(gallina en pepitoria)*. Auch der Schafskäse und die Buttertörtchen *(mantecadas)* aus Astorga sind nicht zu verachten. Den Burgos-Käse aus Kuh- und Schafsmilch gibt es als Nachtisch oft mit Quittenmus.

Essen und Trinken

Queimada

Nach Sonnenuntergang kann das Zelebrieren des magischen Feuerwassers losgehen, etwa so, wie es einst galicische Hexen gemacht haben sollen: In eine feuerfeste Schale fast eine ganze Flasche Tresterschnaps gießen und mit 4 EL Zucker, der Schale einer Zitrone und ein paar Kaffeebohnen verrühren. In einen Schöpflöffel etwas Zucker mit dem übrigen Schnaps aus der Flasche zum Brennen bringen und in die Schale träufeln. Licht ausmachen, umrühren, Sprüche murmeln und die Flamme nach einer Weile mit dem Deckel löschen. In kleinen Tonschalen heiß servieren. Übrigens: Tassen und feuerfeste Schale gibt es günstig im Keramikort Buño (s. S. 148).

Galicien: Frisches vom Atlantik

Galiciens lange Küsten und die vielen kleinen Flüsse liefern Fisch und Meeresfrüchte fangfrisch: Krebstiere, Muscheln und über 90 See- und Flussfischarten. Viele Orte haben ihre eigene Spezialität: Vigo die Auster, Corme die Entenmuschel und Pontevedra die Miesmuschel.

Die Zubereitungsarten der Schätze aus dem Atlantik lassen einem das Wasser im Mund zusammenlaufen: *vieiras a la galega* sind Jakobsmuscheln mit Knoblauch, Zimt und Semmelbröseln aus dem Ofen, *berbere-chos a la marinara* Herzmuscheln in einer schmackhaften Zwiebel-Knoblauchsauce und kurz aufgekochten Entenmuscheln *(percebes),* die mit Kartoffeln und Paprika gereicht werden. Seekraken *(pulpos)* serviert auf einem Holzteller mit etwas Salz, Olivenöl und Paprika sind besonders beliebt, daneben aber auch Eintöpfe und deftige Gemüsesuppen *(caldo galego)* aus weißen Bohnen, Wirsing und Kartoffeln, gepökelter Vorderschinken mit Steckrübenblättern *(lacón con grelos)* sowie die berühmten Empanadas: In den Teig dieser Pasteten aus Mais- und Weizenmehl werden Lorbeerblätter, Tomaten, Zwiebeln und Paprika eingebacken. In den Teigmantel kommen köstliche Füllungen wie Thunfisch, Gepökeltes oder Muschelfleisch – der Fantasie sind kaum Grenzen gesetzt. Auch der milde Kuhkäse *teta galega* und die Paprikaschoten aus Padrón *(pimientos de Padrón)* schmecken nicht nur den Galiciern. Unter den Süßwaren locken vor allem die Kuchen, vorneweg der berühmte Mandelkuchen *tarta de Santiago* mit dem ausgepuderten Jakobskreuz als Emblem. Besonders auf der Zunge zergehen aber auch *filloas de leche,* mit Eiercreme gefüllte Pfannkuchen.

Getränke

Top-Weine aus dem Norden

Die besten Weine Spaniens, ob rot oder weiß, wachsen an den Uferhängen von Ebro, Duero, Miño und Sil. Berühmt, weil besonders stark im Export, sind die

Essgewohnheiten

Rioja-Weine des Gebietes Rioja Alta rund um Logroño. In dem kleinen, etwas nördlich gelegenen Winzerort Haro hat sich etwa die Bodega Muga einen guten Namen gemacht. Die Rioja-Traubensorte par excellence ist auch beim dortigen Weinbauer der fruchtige Tempranillo. Seine besondere Klasse entwickelt er nach mehreren Jahren Fass- und Flaschenlagerung.

Auch das benachbarte Navarra ist für vollmundige, hochprozentige Rotweine berühmt, vor allem aus den Rebsorten Garnacha Tinta und Cabernet Sauvignon. Aber auch leichter Rosé (rosados) wird gekeltert.

In Kastilien-León macht den Winzern aus Navarra/La Rioja vor allem das Gebiet Ribera del Duero Konkurrenz. Am Duero-Fluss südlich von Burgos ist besonders der tiefrote, langsam gegorene Vega Sicilia berühmt geworden. Weinkenner nennen ihn den besten Tropfen Spaniens, und natürlich hat der Mythos seinen Preis.

Die galicischen Weißweine vom Sil-Tal und vom Miño rund um Ourense sind im Ausland kaum bekannt, doch vor allem die Albariño-Weine und die Ribeiro-Tropfen haben sich in Spanien längst als Empfehlung herumgesprochen. Zentrum des anspruchsvollen Albariño, den im Mittelalter Mönche vom Rhein (riño) hergebracht haben sollen, ist Cambados bei Pontevedra mit den in den letzten Jahren prämierten Bodegas Gran Bazán und Condes de Albarei.

Tresterschnäpse

Beliebt sind bei den galegos die Tresterschnäpse. Ein solcher Orujo aus Traubenresten gerät in der Regel um einiges hochprozentiger als ein italienischer Grappa. Dabei handelt es sich durchaus um ›Feuerwasser‹ – flambiert ist der Orujo Hauptbestandteil des galicischen Punsches Queimada.

Essgewohnheiten

Das spanische Frühstück (desayuno) ist ausgesprochen spärlich. Sieht man einmal von den Landhäusern und größeren Hotels ab, gibt es zu Toast und Konfitüre entweder Tee oder verschiedene Arten von Kaffee: café solo (Espresso), café cortado (Espresso mit einem Schuss Milch) oder café con leche (Milchkaffee).

In den Restaurants bekommt man ab 14 Uhr dreigängige Tagesmenüs (menu del día) schon ab rund 10 € inklusive Wasser und/oder Wein. In den Bars und Bodegas werden auch Kleinigkeiten (tapas) gereicht, wie Tortilla und belegte Baguettes. Abends öffnen die Restaurants wieder ab 20.30 Uhr. Häufig sind sie sonntags geschlossen.

Weinetiketten

Neben dem Kontrollzeichen DO (denominación de origen) steht auf dem Etikett, wie lange der Tropfen gelagert wurde:
Crianza = ein Jahr im Fass, ein Jahr in der Flasche.
Reserva = ein Jahr im Fass, zwei in der Flasche.
Gran Reserva = zwei Jahre Fass, drei Jahre in der Flasche.

Tipps für Ihren Urlaub

Ausflugsziel für die ganze Familie:
Die Ritterburg in Olite

Tipps für Ihren Urlaub

DER JAKOBSWEG UND GALICIEN ALS REISEZIEL

Ob für Sonnen- oder Miesmuschel-hungrige, ob für engagierte Pilger oder Individualisten – Galicien und der Ja-kobsweg sind ein vielfältiges Reiseziel. Vor allem der Nordwesten Spaniens ist ein Eldorado für Abenteurer, denn außerhalb von Santiago spielt der Tou-rismus kaum eine Rolle. An den Strän-den gibt es keine Kurtaxe, gelegentlich nicht einmal eine Menschenseele, sieht man einmal von den Schulferien und dem Monat August ab. Und während die meisten Orte am Jakobsweg auf Besucher eingestellt sind, wird man im Hinterland von Lugo und Ourense er-staunt beäugt und ebenso herzlich empfangen, kommt man doch offen-sichtlich von ganz weit her.

Besondere Highlights

Beeindruckende Stationen auf dem **Ja-kobsweg** sind das Kloster San Juan de la Peña unter einem gewaltigen Fels-klotz, die geheimnisvolle, achteckige Kapelle Ermita de Eunate bei Puente la Reina, die himmelsstürmenden Kathe-dralen von Burgos und León, die Kirche San Martín in Frómista und Gaudís ver-spielter Bischofspalast in Astorga. Ac-tion bietet das Stiertreiben in Pamplona am 6.–14. Juli. Eine ganz eigene Attrak-tion sind die Störche, die vor allem in Palencia südlich von Frómista auf Kirchtürmen und Strommasten Station machen. **Galicien** lockt nicht nur mit der

schönsten Kathedrale des Landes in Santiago, sondern auch mit der römi-schen Stadtmauer in Lugo, der lebhaf-ten Hafenatmosphäre in der ›gläsernen Stadt‹ A Coruña, mit leicht morbiden, al-ten Bischofsstädten wie Mondoñedo und Tui sowie mit der spektakulären, schroffen Todesküste bei Fisterra.

Pauschal oder individuell?

Es gibt einige Reiseveranstalter, die vor allem Touren entlang des Jakobswegs anbieten, doch ist das Urlaubsgebiet gerade auch ein ideales Terrain für In-dividualreisende. Von der kleinen Pen-sion auf dem Land bis zum großen Stadthotel ist kaum eine Unterkunft von Reiseveranstaltern unter Vertrag genommen. So macht es gerade in Ga-licien Spaß, die Gegend auf eigene Faust zu erkunden.

Als Pilger unterwegs

Für den Jakobsweg zwischen Pamplo-na und Santiago sollten Fußpilger min-destens sechs Wochen einplanen. Der Weg (Camino de Santiago) ist gut mar-kiert und die Pilgerherbergen im Ab-stand von höchstens 30 km preiswert bis kostenlos (zu Herbergen, Pilger-ausweis und Web-Adressen s. S. 217f.; zum Wandern allgemein s. S. 56).

Tipps für Ihren Urlaub

Urlaub mit Kindern

Nicht alle Strände in Galicien sind für Kinder geeignet. Zum Baden mit kleinen Kindern empfehlen sich vor allem die teils feinsandigen Strände im Süden, so in Sanxenxo und auf der Halbinsel Morrazo. Hier geht es flacher in den Atlantik als an der nördlichen Küste, auch sind die Temperaturen ab Juli badefreundlicher. Sollte das Wetter einmal nicht zum Baden einladen, lockt u. a. das Meeresmuseum in A Coruña mit knuddeligen Seehunden und anderen spannenden Begegnungen.

An Attraktionen, die Kinderherzen höher schlagen lassen, mangelt es aber auch abseits der Küste nicht: die Geier im Nationalpark Pyrenäen-Ordesa oder die Ritterstadt Olite mit ihren Burgtürmen. Ein Highlight in Galicien sind die Wildpferderodeos im Mai/Juni. Wer sich lieber selbst auf den Rücken eines (zahmen) Pferdes schwingen möchte: Die Tourismusämter vor Ort organisieren auch Reitausflüge speziell für Kinder (s. auch S. 56).

Unterkünfte mit Charme

Es muss nicht immer ein Hotel im herkömmlichen Sinn sein. Wer lieber in einem kreisrunden Wachtturm, einer trutzigen Burg oder in einem umgerüsteten Kloster übernachtet, sollte sich an die Paradore halten. Es sind staatlich geführte Unterkünfte mit gutem Standard in oft herrlicher Lage, die im Vergleich günstiger sind als so manches Komforthotel.

> ### Auf Spanisch ein Zimmer reservieren
>
> Wenn Sie im Vorfeld eine Unterkunft per Fax oder E-Mail buchen möchten: »Ich möchte ein Doppelzimmer von ... bis ... buchen« heißt auf Spanisch *»Quisiera reservar una habitación doble desde ... hasta ...«*
> (s. auch Sprachführer S. 222ff.).

In letzter Zeit werden auch ländliche Gasthäuser *(casas rurales)* immer beliebter, wobei die Besitzer oft nur Spanisch sprechen. Dafür sind diese Unterkünfte relativ preiswert, familiär und schön gelegen. Manche *casas rurales* haben gerade einmal vier Zimmer im Angebot.

Diese Landhäuser gibt es am Jakobsweg genauso wie am galicisch-portugiesischen Grenzfluss Miño oder an den romantischen Klippen der atlantischen Todesküste. Für den Urlaubsmonat August sollte man mindestens zwei Monate im Voraus buchen, denn Urlaub auf dem Land ist vor allem bei den Spaniern selbst sehr begehrt (Adressen s. S. 220).

Die schönsten Strände

Galicien ist reich an teils herrlich gelegenen Badebuchten und langen Sandstränden. Der Wellengang am Atlantik kann aber vor allem rund um die Todesküste so gefährlich sein, dass die Signalmasten auf Gelb (Vorsicht) oder

Tipps für Ihren Urlaub

sogar auf Rot (Lebensgefahr) stehen. Zudem kann wegen der Ölkatastrophe 2002 noch immer Altöl angeschwemmt werden. Nichts für Sensible sind die relativ kühlen Wassertemperaturen. An den nordgalicischen Rías Altas sind hochsommerliche Temperaturen von maximal 18° C sehr erfrischend. Wärmer sind die Rías Baixas südlich von Fisterra. Bei Sanxenxo und Baiona ist das Wasser an den sommerlichsten Tagen bis über 20° C warm.

Besonders schön sind die kleinen Fluss-Strände an den Zuläufen zum Miño im südlichen Galicien, die durchaus eine Alternative zu den (nur im August) stärker besuchten Stränden am Meer sind. Zum Baden eignen sich die südgalicischen *praias* wegen der wärmeren Wassertemperaturen eher, aber auch an den nördlichen Rías Altas gibt es herrliche Strände. Vor allem der ›Kathedralenstrand‹ Praia as Catedrais nahe Ribadeo hat es in sich, denn bei Ebbe wirken die Felsen wie Säulen eines hohen Kirchenschiffs. Zur Todesküste hin werden die Klippen steiler und wird das Baden gefährlicher. Eine Ausnahme ist der saubere, windgeschützte Hausstrand der Hafenstadt A Coruña.

An den Rías Baixas ist der kilometerlange Sandstreifen A Lanzada südlich von O Grove nicht nur für Surfer geeignet, sondern auch bei Sonnenanbetern beliebt. Hier ist es vor allem tagsüber im August voll. Doch da die über 800 galicischen Strände teils versteckt liegen, gibt es viele Alternativen. So das türkisblaue Wasser von Louro, nahe einem Franziskanerkonvent, die kleinen, vor allem im Mai/Juni einsamen Buchten der Morrazo-Halbinsel oder der 7 km lange

Tipps für Ihren Urlaub

Strandleben in Galicien:
an der Playa de Carnota

Dünenstrand von Carnota. FKK ist nahe Sanxenxo an den sauberen Stränden Pragueira und Bascuas möglich. Wissenswertes über nordspanische FKK-Strände, Lage und Wasserqualität gibt es auf Englisch und Spanisch unter www.lugaresnaturistas.org.

Nachtleben

Galicien ist nicht das Ende der Welt, was abendliche Aktivitäten angeht – in Spaniens Norden geht es auch nach Sonnenuntergang durchaus lebhaft zu. Im August findet man Nachtleben pur westlich von Pontevedra in Sanxenxo – dort reihen sich Bars und Nachtlokale dicht an dicht rund um den Hafen. Ganzjährig ist A Coruña ein Tipp, wo sich die Salsa-Bars und Pubs zwischen Hafen und Stränden vor allem freitags und samstags ab Mitternacht füllen. Auch die Studentenstadt León am Jakobsweg steht dem nicht nach, weshalb die Altstadt ›barrio húmedo‹ heißt, ›feuchtes Viertel‹.

Von einer wenig religiösen Seite zeigt sich auch die Pilgerstadt Santiago, wenn Nachteulen in der Neustadt-Disko Apollo noch tanzen, während die Sonne längst aufgegangen ist. Allerdings wirken die Altstadtgassen an lauen Sommernächten dort manchmal wie leer gefegt, denn die Bars liegen verstreut und die Studenten sind in den Semesterferien.

Urlaubsaktivitäten

Angeln

Schon der amerikanische Schriftsteller und Sanfermines-Kultautor Ernest Hemingway war von den fischreichen Gewässern nördlich von Pamplona begeistert, und auch in den zahlreichen kleinen Flüssen Galiciens bestehen gute Chancen, einen Lachs oder eine Forelle an die Angel zu bekommen. Nötig ist allerdings eine Erlaubnis: Adressen von den zuständigen Provinzbehörden und Angelvereinen halten die Touristenbüros bereit.

Golf

Es gibt verschiedene Golfclubs in Galicien, vor allem an den südlichen Rías

Tipps für Ihren Urlaub

Baixas. Der berühmteste Platz liegt auf der Urlaubsinsel A Toxa bei O Grove (www.latojagolf.com), der modernste – erst im Jahr 2000 eingerichtete – im Kurort Mondariz (www.golfexcel.com).

Radfahren

Passionierte Radler reisen am besten mit dem eigenen Fahrrad an, denn Fahrradverleih ist selbst in den großen Städten Fehlanzeige. Der Transport von Rädern ist in Zügen und bei manchen Busgesellschaften machbar: Gegen eine geringe Gebühr wird der Drahtesel in den Überlandbussen verstaut.

Leider sind in Galicien bisher kaum Fahrradwege ausgeschildert. Empfehlenswert ist Radfahren vor allem am Miño-Fluss durch weite Weinfelder und vorbei an steinalten Klöstern. Organisierte Touren per Mountainbike werden z. B. im Küstenort A Estrada angeboten: Turnauga, Avda. Pontcarcas 11, www.turnauga.org.

Reiten

Nicht nur Wildpferde leben in Galiciens Bergen, auch Reitställe *(picadores)* gibt es einige. Fragen Sie in den Informationsämtern vor Ort nach.

Zu dem Hotel O Castelo im galicischen Ponte Caldelas bei Pontevedra gehört ein attraktiver Reitclub, der Ausritte für Anfänger und Fortgeschrittene anbietet: Granja O Castelo, O Castelo, 4136818 Ponte Caldelas (Pontevedra) Tel./Fax: 986 42-59-37, www.galicia net.com/castelo, ocastelo@comunired. com.

Sprachschulen

Sprachschulen gibt es sowohl in den größeren Städten am Jakobsweg als auch in Galicien: in Santiago, A Coruña und vor allem in kleinen Orten am Atlantik. Dort sind gute Institute zu finden, so in O Grove und Noia (s. S. 155). Die preiswerten *escuelas* sorgen auch für Unterkunft und Ausflüge, die Kurse sind als Bildungsurlaub anerkannt. Vor allem von Juli bis September lohnen sich die Kurse, wenn die Wassertemperaturen so einladend sind, dass man sich die schwierige Grammatik vom Leib spülen kann. Infos auch unter www.sprach kurse-weltweit.de/Spanisch.

Wandern

Die beste Zeit zum Wandern nicht nur auf dem Jakobsweg sind der Mai/Juni und der September. Im April und im Oktober sind Regenfälle und im Gebirge Schnee ein Problem, während im Hochsommer die fast baumlose kastilische Meseta glühend heiß werden kann. Wichtig sind leichte, bereits eingelaufene und atmungsaktive Wanderschuhe. Vor allem auf der rund sechswöchigen Tour von den Pyrenäen bis nach Santiago werden die Füße extrem beansprucht. Gute Pflaster gegen Blasen an den Füßen sollten deshalb ebenso ins Gepäck wie Sonnenschutz, Wasserflasche, Schlafsack (im Sommer genügt einer aus Leinen), leichte Kleidung aus Mikrofasern (trocknet schnell) und Stock. Der dient notfalls auch zur Verteidigung, denn in den Dörfern gibt es Wachhunde, die ihren Job ernst nehmen …

Tipps für Ihren Urlaub

Wassersport

An den Rías Baixas liegen die meisten der über 40 **Sporthäfen und Segelschulen,** so in Sanxenxo und Vigo.

Windsurfen bei zum Teil starken Winden und hohem Wellengang ist an vielen galicischen Stränden möglich, u. a. in der Ría de Cedeira nördlich von Ferrol und am lang gezogenen Lanzada-Strand bei O Grove. Richtung Malpica ist der Razo-Strand wegen der scharfen Winde ein beliebtes Surferparadies.

Schlauchbootfahrten bzw. **Rafting** lohnt sich besonders auf dem Miño-Fluss. In Tui beispielsweise gibt es ausgezeichnete dreitägige Rafting-Kurse für Anfänger (s. S. 189).

In der Bucht von Vigo werden **Tauchexkursionen** und **-schulungen** veranstaltet (s. S. 177).

Rundreisevorschlag

Eine schöne **Drei-Tages-Route** führt von Santiago über Padrón (lokale Spezialität: Paprikaschoten) und Cambados (Weißwein Albariño) nach Pontevedra, von dort in die Grenzstadt A Guarda zum Langustenessen, weiter am kaum besuchten Miño-Fluss entlang nach Tui und von dort wieder zurück nach Santiago.

Klima und Reisezeit

Die klimatischen Unterschiede sind je nach Region und Monat enorm. Während zwischen Burgos und León der Werbeslogan ›Alles unter der Sonne‹ zumindest im Sommer voll zutrifft, müsste es in Galicien heißen: ›Alles unter dem Regenschirm‹. Mitbringen müssen Sie aber keinen, es gibt sie vor Ort sehr günstig und teils sogar handgefertigt, so in der regenreichsten Stadt Spaniens, Santiago de Compostela. Doch auch in Galicien regnet es nicht ständig. Der August ist oft nahezu regenfrei, auch im Juli und September gibt es nur den ein oder anderen Schauer. Statistisch heißt das: fünf Regentage durchschnittlich im Juni, 27 (!) Regentage im Dezember. Richtig verregnet wird es also erst im Winter, doch in der Zeit ist ohnehin kaum ein Besucher vor Ort.

Vor allem die Spanier selbst lieben Galicien als sommerliches Reiseziel, gerade wegen des Klimas. Weitab von den staubtrockenen, sonnensicheren Massenurlaubszielen am Mittelmeer genießen sie die angenehme, erfrischende Brise vom Atlantik. Manch nordeuropäischem Besucher geht es da nicht anders.

Beste Reisemonate für den Jakobsweg und Galicien sind Ende Mai bis Ende September, wobei es im Hochsommer in der Weite der Meseta sehr heiß und dazu sehr voll werden kann. Santiago ist vor allem rund um den 25. Juli gut besucht. Dann ist es beim Jakobsfest in der kleinen Stadt oft sogar brechend voll. Was die Kleidung betrifft: Ein warmer Pullover und ein Regencape gehören besser auch im Sommer ins Gepäck, ebenso wie feste Schuhe für Wanderungen und lange Hosen/Röcke für den Besuch von Kirchen und Restaurants.

UNTERWEGS
AUF DEM JAKOBSWEG UND IN GALICIEN

Ein Leitfaden für die
Reise und viele Tipps
für unterwegs.

Genaue Beschreibun-
gen von Städten und
Dörfern, Sehenswür-
digkeiten und Strän-
den, Ausflugszielen
und Reiserouten.

Den Jakobsweg und
Galicien erleben: Aus-
gesuchte Paradore,
Hotels und Pensionen,
Restaurants und
Bodegas.

Auf dem Jakobsweg

Der Jakobsweg

Aufstieg zum
Cruz de Ferro

Atlas S. 236–239, 232/233

VON DEN PYRENÄEN BIS BURGOS

Von der spektakulären Bergwelt der Pyrenäen geht es mitten ins Herz von Kastilien. Die Etappe hinunter nach Pamplona begeistert Naturfreunde, während im weiteren Verlauf architektonische Höhepunkte den Weg säumen: ob die himmelstürmende Kathedrale von Burgos, die geheimnisvolle Kapelle von Eunate oder das Gotteshaus von Santo Domingo, in dessen Schrein weißes Federvieh gackert.

Der Jakobsweg verläuft als Pilgerstraße nach Santiago de Compostela zum Grab des Apostels Jakob. Von Nordeuropa aus führen verschiedene Zweige des Pilgerwegs nach Nordwestspanien. Die beiden im Folgenden beschriebenen Routen über die Pyrenäen – der Aragón-Weg und der Navarra-Weg – vereinen sich bei Puente la Reina westlich von Pamplona zum spanischen Hauptweg *(camino francés)*. Vom Somport-Pass an der spanisch-französischen Grenze sind es noch gut 800 km bis zum Ziel. Die größten Städte am Weg sind Pamplona, Burgos und León. Nebenrouten nach Santiago führen entlang der nordspanischen Atlantikküste, von Portugal sowie – auf dem Seeweg – von England aus nach Santiago.

Der Aragón-Weg

Wer den **Somport-Pass** im Mittelalter gesund erreicht hatte, war froh. Denn so mancher musste sich wegen der Strapazen erst einmal im Pilgerhospiz Santa Cristina verarzten lassen, dessen Mauerreste noch heute zu sehen sind. Zumeist aus Toulouse über Oloron-Sainte-Marie kommend, war der Aufstieg bis zum **Puerto de Somport** an der spanisch-französischen Grenze eine wahre Tortur, doch von dem Pass in 1632 m Höhe ging und geht es fast nur noch bergab, durch sattgrüne Pyrenäentäler bis zur 30 km entfernten Kleinstadt Jaca.

Gegen den massiven Protest der Umweltschützer ist unlängst ein fast 9 km langer, hochmoderner Tunnel eröffnet worden, der den traditionellen aragonesischen Weg verkürzt. Früher fuhr hier eine Eisenbahn bis nach Frankreich, die lokalen Plänen zufolge eines Tages wieder rollen soll. Der Tunnel wird vor allem von Lkw benutzt, die sich nun nicht mehr die kurvenreiche Straße hinaufquälen. In der Ortschaft **Canfranc-Estación** steht noch die morbide, verfallen wirkende alte Bahnstation, in deren Hallen ab und an Kunstausstellungen zu sehen sind.

Jaca

Atlas: S 239, F 3

Die alte Pilgerstation Jaca (14 000 Einwohner) liegt auf einem fruchtbaren Plateau am Río Aragón, dem Fluss also, der der ganzen Region seinen Namen gab. Die Altstadtgassen fügen sich zu einem sehenswerten Ensemble zusammen, das architektonisch durch ein neues Kongresszentrum und eine olympiareife Eislaufhalle ergänzt wurde. Hier trainiert eine der besten Eishockeymannschaften des Landes.

Fast ebenso groß wie die Altstadt ist die mächtige **Zitadelle** mit dem Grundriss eines fünfzackigen Sterns, die noch heute als Garnison dient. Dennoch ist das Ambiente der Stadt nicht allzu militärisch, zumal auch Studenten kommen, die sich vorübergehend an der ältesten Sommeruniversität Spaniens einschreiben. Überhaupt wirkt die kleine Stadt am Fuß der Pyrenäenberge anziehend, auch als Ausgangspunkt für Ausflüge in die attraktive Umgebung: das nahe, in einen Fels integrierte Kloster San Juan de la Peña, die Skiorte der Berge um den nördlichen Somport-Pass und die kleinen Ortschaften Hecho und Ansó.

Die Kleinstadt Jaca hat eine lange historische Tradition. Ihr Kern geht auf das 2. Jh. zurück. Im 8. Jh. verteidigten sich die Bewohner erfolgreich gegen die Mauren – noch heute alle zwei Jahre der Anlass für ein lebhaftes Stadtfest, das die historischen Ereignisse noch einmal Revue passieren lässt. Und 1077 waren die Bewohner stolz darauf, dass Jaca zur ersten Hauptstadt des Königreichs Aragón erkoren wurde. In

Die Zitadelle von Jaca

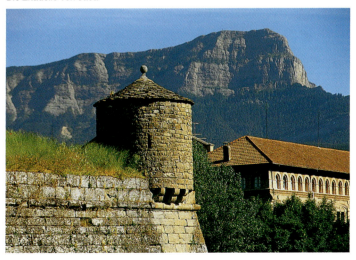

Von den Pyrenäen bis Burgos

Atlas: S. 239

Aragóns Süßigkeiten

Seit über 100 Jahren werden Naschkatzen in der Konditorei Don Lorenzo Echeto am Kathedralenplatz in Jaca mit Süßem aus Mandelcrème und vielem mehr versorgt. Die Leckereien haben Namen wie *besitos* (Küsschen), *coronitas de Santa Orosia* (Kleine Heiligenscheine der Santa Orosia) oder *San Juan de la Peña* (benannt nach dem nahen Kloster). Eine regionale Spezialität sind auch *Frutas de Aragón*, mit Schokolade überzogene Kirschen, Pfirsiche und Aprikosen.

den folgenden Jahrzehnten entstand mit **San Pedro** eine der ältesten spanischen Kathedralen. Sie wirkt wie verloren zwischen den Häusern und düster im Innern, dennoch ist sie von hohem künstlerischem Wert. Das Westportal der dreischiffigen, hohen Bischofskirche zeigt frühromanischen Figurenschmuck nach biblischen Themen, der beim Kirchenbau entlang des Jakobswegs immer wieder kopiert wurde. Unter dem Hauptaltar befindet sich der Schrein von Santa Orosia, der Schutzheiligen von Jaca. Durch den Kreuzgang geht es in das **Diözesanmuseum** (tgl. 11–13.30, 16–18.30 Uhr), in dem eine Sammlung romanischer und gotischer Wandmalereien sowie Skulpturen aus einigen Landkirchen der Umgebung zu sehen sind.

Rund um die Kathedrale liegen eine Hand voll Restaurants und Tapa-Bars. Wer gerade eine Fastenkur macht, soll-te besser nicht hereinschauen. In den Auslagen gibt es Kroketten aus Hühnerfleisch genauso wie die landestypischen gebratenen Brotkrumen *(migas)* mit Öl, Knoblauch, Schmalz und Pfeffer.

Ganz in der Nähe liegt die **Torre de Reloj,** der Uhrenturm, mit seinen gotischen Fenstern. Er ist das einzige Relikt des nicht erhaltenen Königspalastes. Schräg gegenüber ziert eine Renaissance-Fassade das **Rathaus**. Etwas weiter kommt man zu den kleineren **Kirchen Santiago** und **Carmen.** Die zahlreichen Gotteshäuser auf so engem Raum zeigen, wie wichtig die Hauptstadt der aragonesischen Pyrenäen als Pilgerstation auf dem Weg vom Somport-Pass nach Santiago war. Beachtlich ist auch das **Benediktinerkloster,** dessen Kirche **San Salvador y San Ginés** den kunstvollen Sarkophag der 1095 verstorbenen Doña Sancha besitzt, der Tochter des ersten aragonesischen Königs Sancho Ramírez.

Oficina de Turismo: Avda. Regimiento Galicia 2, Tel. 974 36 00 31, Fax 974 35 51 65, www.aytojaca.es. Tipp: Stadtplan *(mapa de la ciudad)* kostenlos.

***Canfranc: Avda. Oroel 23, Tel. 974 36 31 32, Fax 974 36 49 79. 20 Doppelzimmer, Balkone teils mit Bergblick, behindertengerecht. 100 €.
**Hotel Conde Aznar: Paseo de la Constitución 3, Tel. 974 36 10 50, Fax 974 36 07 97, conde_aznar@jaca.com. Weiß getünchtes Schmuckhaus am Park, ortstypische Küche. 90 €.
Camping
Peña Oroel: Ctra. Sabiñánigo-Jaca, Tel. 974 36 02 15, geöffnet Ostern und 15. Juni–15. Sept., 700 Plätze.

64

Atlas: S. 239

San Juan de la Peña

Gute Restaurants gibt es in der Umgebung der Kathedrale, vor allem aber rund um den Platz La Cadena.

Lilium: Avda. Primer Viernes de Mayo 8, Tel. 974 35 53 56, Mo geschl. Foie Gras, Reis mit Waldpilzen und Schokoladensoufflé als Nachtisch. Tagesgerichte um 25 €.

Parador de Oroel: 10 km über die A 1205 Richtung San Juan de la Peña, auf halbem Weg ausgeschildert, Tel. 974 34 80 59. Geröstete, gewürzte Brotwürfel mit Schmalz (*migas al pastor*), Kalbsfleisch und kleine Gerichte inklusive traumhafter Aussicht auf die Pyrenäenberge. Keine Unterkunft, wie man wegen des Wortes Parador denken könnte. Rund 15 €.

Terrassenbars gibt es rund um die Kathedrale und am nachts gelberleuchteten Platz La Cadena direkt am Uhrenturm Torre de Reloj. Lebhaft ist es vor allem freitags und samstags ab 21 Uhr.

Fest zur Erinnerung an den Sieg über die Mauren: erster Freitag im Mai; **Fest zu Ehren der Schutzheiligen Santa Orosia:** 25. Juni; **Festival Folclórico de los Pirineos:** in allen ungeraden Jahren von Ende Juli bis Anfang August, das Folklorefestival findet abwechselnd mit der französischen Stadt Oloron-Sainte-Marie statt, und es kommen Vertreter aus allen fünf Kontinenten; **Festival Internacional en el Camino de Santiago:** im August, klassische Konzerte.

Bergführer: Alcorce Pirineos Aventura, Avda. Regimiento Galicia 1 (gegenüber Infozentrale), Tel. 974 35 64 37, alcorce@iname.com, www.alcorce aventura.com. Versierte Führungen. Rafting, Klettern, Wandern, Canyoning und vieles mehr.

Reiten: Caballos de Castiello, Carretera de Bescón s/n, Tel. 974 35 00 51. Mit dem Wagen sieben Minuten nördlich von Jaca (ca. 6 km) am Ortseingang von Castiello de Jaca rechts, dort ausgeschildert. Nette Betreiber, geduldige Pferde, Ausritte von 1, 2 und 4 Std. In der Nähe, gleich hinter dem Fußballfeld, ein kleines öffentliches **Freibad** (im Sommer 11–20 Uhr).

Bahn: Avda. Juan XXIII, im Norden der Stadt. Tgl. Verbindungen u. a. nach Huesca, Sabiñánigo, Pau und zu dem jugendstilartigen Bahnhof von Canfranc.

Bus: Avda. Jacetania Ecke Avda. Escuela. Tgl. 2 x nach Pamplona, nachmittags 1 x nach Ansó und Hecho, vormittags 1 x nach Sabiñánigo. Keine Verbindung nach San Juan de la Peña.

Autovermietung: Don Auto, Correos 4, Tel. 908 83 32 27.

San Juan de la Peña

Atlas: S. 239, F 3

Vom Zentrum Jacas aus führen zwei ausgeschilderte Wege nach San Juan de la Peña. Wer sich links hält, fährt über die A 1205 den schöneren Weg (30 km), vorbei am Peña Oroel (1769 m) und den neueren Klostergebäuden. Das berühmte ältere Monasterium, 1 km von den neueren Gebäuden entfernt, sieht man erst im letzten Moment, so versteckt liegt es.

Von der A 1205 geht auf halbem Weg zum Kloster ein Holperweg zum **Parador de Oroel.** An der obigen Restaurant-Bar ist die Aussicht auf die schneebedeckten Hochpyrenäen grandios.

San Juan de la Peña (Aug. tgl. 10–20, sonst 10–13, 16–20 Uhr) ist eines der ungewöhnlichsten romanischen Bauwerke am Jakobsweg. Im 9. Jh. ent-

Von den Pyrenäen bis Burgos

Atlas: S. 239

Unter einem Felsen verborgen: Kloster San Juan de la Peña

stand das Kloster unter einem gewaltigen überhängenden Felsblock *(peña)*, der es nahezu zu erdrücken scheint. Die drei Apsiden der Oberkirche (1094) sind direkt in den Stein geschlagen, und dem Kreuzgang dient der mächtige Steinbrocken als Gewölbe.

Das Kloster wurde bald nach der Gründung ein geistiges Rückgrat des christlichen Widerstands gegen die Mauren und Zufluchtsort für viele Mönche. Diese waren im 11. Jh. Anhänger der einflussreichen liturgischen Reformbewegung aus Cluny. Das Benediktinerkloster führte als eines der ersten die römisch-katholische Liturgie ein und ersetzte den bislang landesweit üblichen spanischen Ritus. Das so an Ruhm gewachsene Kloster war den Adeligen und Königen aus Aragón bald ein würdiger Ort für ihre letzte Ruhestätte.

Bei einem Besuch geht es zunächst durch den Schlafsaal der Mönche in die Unterkirche (920), an deren Apsiden noch einige mäßig erhaltene Fresken zu sehen sind. Sie stellen das Martyrium der Heiligen Cosmas und Damian dar. Oberhalb gelangt man durch einen mozarabischen Hufeisenbogen in den zur Hälfte noch erhaltenen Kreuzgang. Meisterhaft gearbeitete romanische Kapitelle mit Szenen der Genesis und aus dem Leben Christi verraten viel von der Gedankenwelt der damaligen Bewohner. Im Panteón de los Nobles sind weltliche Herrscher der Region in schlichten Grabnischen beigesetzt.

Schon im Mittelalter zog es Pilger, Mönche wie Könige zu einem herrlichen Aussichtspunkt ganz in der Nähe, dem **Mirador de los Pirineos** (1295 m). Von dem Aussichtspunkt in

66

der Sierra de San Juan de la Peña reicht der Blick bis zu den 3000ern nördlich von Jaca.

Auf halbem Weg zwischen San Juan de la Peña und der N 240 steht in **Santa Cruz de la Serós** die formschöne, lombardisch-romanische Kirche Santa María. Die hohe Kirchenanlage aus dem 11. Jh. ist der Rest eines einst bedeutenden Benediktinerklosters.

Die Täler Hecho und Ansó

Atlas: S. 239, F 2–3
21 km westlich von Jaca liegt Puente la Reina de Jaca. Von dort gelangt man in die beiden schönen Täler des Hocharagón. Im Süden noch karg, werden diese Valles (Täler) nach Norden hin immer fruchtbarer, Lavendel und Ginster blühen, und häufig schweben Gänsegeier vor den Steilwänden. In früheren Zeiten gingen die Bewohner im Juni noch auf Bärenjagd, um die Herden zu schützen, doch längst sind die Tiere hier und in den Seitentälern ausgestorben. Auf die Herstellung eines kräftig-würzigen Kuhmilchkäses versteht man sich in diesem Gebiet noch genauso wie auf *fabla chesa,* einen aragonesischen Dialekt, der sich aus dem Latein hiesiger Mönche entwickelte. Manche Zeitungskolumne in der Region erscheint noch in *fabla,* mit Worterklärungen am Ende. Markant ist auch die ländliche Architektur aus Naturstein, Holzbalkonen und ungewöhnlich großen, runden Kaminen.

Wer nach **Hecho** (800 Einwohner) kommt, wird sich aber auch über die Skulpturen aus Marmor und Metall wundern, die am Dorfrand aufgestellt sind. Im Juli und August treffen sich hier Künstler zum Ideenaustausch. Traditioneller geht es im Ethnologischen Museum (Juli, Aug. 11–13, 16–18 Uhr) zu, das neben Trachten und Arbeitsgeräten auch alte, leicht vergilbte Fotos von Lebensweisen im Tal zeigt.

Ansó (500 Einwohner) erreicht man über Berdún und die Schlucht des Río Veral kurz hinter Biniés. Der Hauptort des Tals mit seiner robusten spätgotischen Kirche und schönen Steingassen feiert am letzten Sonntag im August ein Trachtenfest. Ganzjährig sind die Kostüme neben sakraler Kunst im Museo de Arte Sacro y Costumbres Ansotanas (Mo–Fr 10.30–13.30, 15.30–20 Uhr) zu besichtigen.

Weiter nördlich liegt **Zuriza** am Ende des Valle de Ansó in einer ausgedehnten Ebene am Rande des Naturreservats **Reserva Nacional de los Valles,** durch das mehrere Wanderwege führen.

*Casa Blasquico: Plaza Fuentes, Tel. 974 37 50 07, geschl. 7.–15. Sept. Gaby Coarasa führt ein Haus mit herrlichen Ausblicken auf das Hecho-Tal. Im Sommer reservieren. Die sechs Doppelzimmer (mit TV) kosten je 45 €.
Camping
Valle de Hecho: südlich kurz vor Hecho, Tel./Fax 974 37 53 61, nur im Sommer; mit Schwimmbad und Supermarkt.
Selva de Oza: Tel. 974 37 51 68. Der Platz im oberen Teil des Tales liegt attraktiver, ist aber teuer.

Casa Blasquico: Plaza Fuentes, Tel. 974 37 50 07, geschl. 7.–15. Sept. Gaby Coarasas aragonesische Küche, darunter Crêpes mit Pilzen, ist immer eine Sünde wert – und preiswert obendrein.

Von den Pyrenäen bis Burgos

Atlas: S. 239

Wandern: Ein schöner, nicht zu verfehlender Ausflug führt von dem Campingplatz Selva de Oza zu dem 800 m höher gelegenen Bergsee Ibón de Acherito. Der einfach zu gehende Weg dorthin dauert gut drei Stunden und führt zunächst an der Ruine einer Mine vorbei Richtung Berg Castillo de Acher (2390 m), an dessen Rand ein Weg links weiterführt, bis unerwartet der Bergsee auftaucht.

Leyre-Kloster und Sangüesa

Atlas: S. 239, E 3
Richtung Pamplona taucht rechter Hand das Monasterio de Leyre auf, von wo aus ein weiter Blick über den gewaltigen Stausee von Yesa erschließt. Ende der 1950er Jahre begruben bei der Inbetriebnahme des Stausees die Wassermassen so manches geräumte Dorf. Wegen seiner Größe – heute umfasst der See 500 Mio. m^3, die zu Trinkwasser aufbereitet werden – heißt der Embalse de Yesa auch ›Pyrenäenmeer‹. Hier gibt es Campinganlagen und einige Badeplätze.

Der Klosterkomplex des **Monasterio de Leyre** (Mo–Sa 10.15–13.30, 15.30–18, So 10–14 Uhr) aus dem 17./18. Jh. besitzt eine Kirche mit Zeugnissen der Romanik: die Krypta, deren Gewölbe scheinbar auf viel zu kurzen Säulen ruht, sowie das romanische Westportal, dessen Figurenschmuck es in sich hat. Denn wenn Steinmetze in der Zeit der Romanik ihre Figuren an die Kirchenportale meißelten, waren neben Demut durchaus auch Erotik und Grusel im Spiel. Entsprechend sind neben dem Heiland und den Heiligen auch seelenfressende Dämonen zu sehen und Vögel, die sich in die Krallen beißen.

Ähnliches sieht man auch in dem mittelalterlichen Städtchen **Sangüesa,** das im 12. Jh. im Zusammenhang mit der wachsenden Bedeutung des Jakobswegs nach Santiago gegründet wurde. Kaum jemand würde das Städtchen besuchen, gäbe es da nicht die Kirche Santa María la Real, deren figurenreiches Südportal nicht nur Kunstinteressierte fasziniert. An den fünf Archivolten sind monströse und schlüpfrige Fabelwesen zu sehen, Musikanten, Pilger, Bischöfe, Wikingerkrieger und Ritter, Posaune blasende Engel sowie die seltene Darstellung des erhängten Judas. Die hohe Qualität der Bauplastik hat der Kirche den Rang eines Nationaldenkmals eingebracht.

8 km entfernt liegt das **Castillo de Javier** (tgl. 9–12.30, 16–18.30 Uhr). In der Felsenburg kam 1506 Francisco Javier zur Welt, der ein bedeutender Missionar in Japan, China und Indien war und später heilig gesprochen wurde: der hl. Franz Xaver. Seine Heimat sah er übrigens nie wieder, 1552 starb er nahe der chinesischen Stadt Kanton. In der Burg ist noch das original eingerichtete Gemach des späteren Heiligen zu sehen. Der wuchtige Bau ist im März Ziel der *Javieradas.* Bei diesen Wallfahrten legen die Pilger von Pamplona aus 50 km zur Burg des Schutzpatrons von Navarra zurück.

Der Navarra-Weg

Diese Route über die Pyrenäen ist ›der Klassiker‹, die beliebteste Passüberquerung unter den Jakobspilgern. Sie bietet klare Bergluft, eine fantastische

Roncesvalles

Aussicht auf die umliegenden Täler und eine echte Herausforderung für Nicht-Motorisierte. Auf dem Weg von der französischen Kleinstadt Saint-Jean-Pied-de-Port nach Roncesvalles erreichen Wanderer wie Autofahrer 16 km vor dem Ibañeta-Pass das erste Dorf auf spanischer Seite: **Valcarlos,** das ›Tal Karls‹, wo Karl der Große einst sein Lager aufgeschlagen haben soll.

Heute reihen sich an der Durchfahrtsstraße die Verkaufsshops, in denen sich vor allem die Franzosen vor der Heimreise mit preiswerten Produkten wie Geschirr, Tabak und Spirituosen eindecken. Von hier bis zum Pass müssen die Pilger den schwierigsten Aufstieg am Jakobsweg bewältigen, bevor es dann durch dichte Eichen- und Buchenwälder den schöneren Abschnitt nach Pamplona hinuntergeht und von dort über die nordkastilische Hochebene in Richtung Santiago de Compostela. Auf dem 1057 m hohen **Ibañeta-Pass** umgibt häufig Nebel einen Gedenkstein, auf dem Schwert und Morgenstern abgebildet sind. Er ist Roland gewidmet, dem tapferen Paladin Karls des Großen.

Roncesvalles

Atlas: S. 239, E 2
Etwas unterhalb des Ibañeta-Passes erinnert der Ort Roncesvalles (40 Einwohner) an Roland, den stolzen Gefolgsmann des Königs, der hier den Tod fand. Der Sage nach – verewigt im ›Rolandslied‹ – waren es ›heidnische Sarazenen‹, die die Nachhut Karls des Großen 778 aus einem Hinterhalt heraus überfielen und Roland mit seinem

Schwert Durandal in einen tödlichen Kampf verwickelten. Allerdings gilt längst als sicher, dass die königliche Nachhut nicht etwa von Mauren, sondern von ortskundigen Basken überfallen wurde, die Rache nahmen für die Zerstörung ihrer Stadt Pamplona.

Zahlreiche Denkmäler beziehen sich auf die Schlacht, darunter der an der Straße gelegene **Silo de Carlomagno,** eine Grabkapelle aus dem 12. Jh. (auch Sancti Spiritus genannt), wo nicht nur verstorbene Pilger ihre letzte Ruhe fanden, sondern angeblich auch die im Kampf gegen die Basken hier gefallenen Franken. Beherrscht wird Roncesvalles von dem mächtigen, mit Metalldächern überzogenen **Hospiz Real Colegiata,** das im Mittelalter von großer Bedeutung war, weil es als Erholungsort und Hospital die erschöpften Pilger aufnahm. Im dazugehörigen Museum (Di–So 10–14, 16–18 Uhr) sind Sakralkunst, alte Handschriften, ein gotisches Schmuckkästchen und der Smaragd von einem Turban zu sehen. Besuchenswert ist auch die gotische Stiftskirche **Iglesia Colegial** mit ihrem Baldachin im lichten Altarraum. Im Kapitelsaal daneben befindet sich die Grabstätte des navarrensischen Königs Sancho des Starken (1150–1234). Die immerhin 2,25 m lange Liegefigur auf dem Grab soll den tatsächlichen körperlichen Ausmaßen des Königs entsprechen.

Oficina de Turismo: Antiguo Molino, Tel. 948 76 01 93.

**La Posada: beim Kloster, Tel. 948 76 02 25. Solide Unterkunft mit 18 Zimmern und Garten. Rund 60 €.

Von den Pyrenäen bis Burgos

Atlas: S. 239

Jugendherberge Albergue Juvenil: im Klosterkomplex, Tel. 948 76 00 15.

🍴 **La Posada:** im preiswerten Restaurant des Hotels (s. o.) gibt es zartes Lammfleisch aus dem Ofen.

Pamplona und Umgebung

Atlas: S. 239, D 2

Normalerweise ist Pamplona (baskisch Iruñea, navarrisch Iruña, 200 000 Einwohner) eine eher ruhige, nahezu provinzielle Stadt, die auf einem 450 m hohen Plateau über die autonome Region Navarra regiert. Nur gelegentlich machen Demonstrationen darauf aufmerksam, dass es eine historisch-kulturelle Anbindung an das Baskenland gibt, die zumindest die radikalen Basken auch politisch-administrativ verfestigt sehen wollen. Im Stadtkern am linken Ufer des Río Arga geht es ansonsten eher beschaulich zu. Parks und Grünflächen, einige sehenswerte Baudenkmäler und die stimmungsvollen Gassen im Stadtkern machen die Partnerstadt von Paderborn am Jakobsweg zu einer besuchenswerten Metropole. Nur einmal im Jahr, vom 6. bis 14. Juli, ist es mit der Ruhe vorbei. Während der Sanfermines werden Stiere durch die Stadt gehetzt und die Parks verwandeln sich in Freiluftunterkünfte, weil die zahlreichen Hotels so viele internationale Gäste nicht aufnehmen können. Dann ist Pamplona nicht jedermanns Sache, der Müll stapelt sich, die Verletzungsgefahr ist hoch und der Alkoholkonsum erheblich.

Dennoch sind es gerade die Sanfermines, die Pamplona weltweit bekannt gemacht haben. Spätestens seit Hemingway 1926 seinen Roman ›Fiesta‹ (Titel in den USA: ›The Sun Also Rises‹) veröffentlichte, kommen die Besucher zu Tausenden, als Zuschauer oder auch als Beteiligte der Stierhatz. Weiß gekleidete Wagemutige mit roten Halstüchern bleiben nicht selten schwer verwundet auf der Strecke, wenn die Stiere durch die engen Gassen getrieben werden.

Stadtgeschichte

Die Stadt gründeten die Römer auf einer keltischen Siedlung, und es soll Pompeius Magnus gewesen sein, von dem sich der Name Pamplona ableitet. Mauren besetzten sie 738. Die hier lebenden Basken konnten ihre Stadt als Alliierte Karls des Großen aber schon zwölf Jahre später von den Arabern befreien. Allerdings: Die Verbündeten verband nicht viel. Als die Basken den Kaiser bei seinem Spanienfeldzug im Stich ließen, legte dieser Pamplona in Schutt und Asche. Die Rache der Basken, verewigt im ›Rolandslied‹, ließ nicht lange auf sich warten: Am 15. August 778 schlugen sie die geschwächte Nachhut Karls bei Roncesvalles vernichtend. Nach dem Wiederaufbau wurde das Stadtleben ruhiger. 905 war Pamplona bereits Hauptstadt des Königreichs Navarra, das seine Eigenständigkeit bis zur Angliederung an Kastilien 1512 behaupten konnte. Neun Jahre später wurde hier der junge Hauptmann Iñigo López de Recalde lebensgefährlich verletzt. Der als Lebemann bekannte

Pamplona und Umgebung

Stadtplan: S. 73

Offizier musste den Dienst quittieren und änderte seinen Lebensstil um 180 Grad: Er ging mit Namen Ignatius de Loyola als Gründer des radikalfrommen Jesuitenordens in die Geschichte ein. Ab 1571 entstand die Zitadelle. Und noch ein Datum des 16. Jh. ist markant: 1591 verlegten die Stadtoberen das Stiertreiben vom Oktober auf den Juli, um so mehr Gäste empfangen zu können.

Bereits im Mittelalter war der Handel durch die zahlreichen Jakobspilger auf dem Weg nach Santiago de Compostela in Schwung gekommen, Hospitäler und Klöster waren entstanden und seit Ende des 14. Jh. auch die Kathedrale. Auch nach der Anbindung an Kastilien behielt Navarra eine gewisse Eigenständigkeit, die vertraglich durch Gesetze *(fueros)* festgeschrieben war.

1928 wurde hier das Opus Dei als streng hierarchische, ordensähnliche Organisation katholischer Laien gegründet. Sein Einfluss in der Stadt trug dazu bei, dass sich Pamplona im Bürgerkrieg früh auf die Seite Francos stellte. Auch die heutige Universität entstand unter der Federführung des Opus.

Stadtrundgang

Zentrum von Pamplona ist die arkadengesäumte **Plaza del Castillo** [1] mit Schatten spendenden Bäumen, Terrassen, Cafés wie dem traditionellen Café Iruña, Hemingways Stammhotel La Perla und einem kleinen Musikpavillon in der Mitte. An der Südseite liegt der neoklassizistische Palacio de Navarra (auch Diputación Foral) aus dem

Museo de Navarra in Pamplona

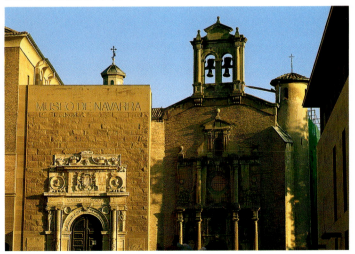

Von den Pyrenäen bis Burgos

Atlas: S. 239

19. Jh. Darin tagt die Regierung der autonomen Region Navarra. Westlich gelangt man nach wenigen Schritten zu der **Kirche San Nicolás** 2 (13. Jh.), deren Wehrturm der Zeit entsprechend robust ausfiel. In der unmittelbaren Umgebung hat sich Pamplonas Kneipenszene angesiedelt. Nördlich der Plaza de Castillo reihen sich bis zum Museo de Navarra weitere Kneipen aneinander, die besonders am Wochenende gut besucht sind. Auf dem Weg zum Museum kommt man an der **Kirche San Saturnino** 3 aus dem 13. Jh. vorbei, dem ältesten Gotteshaus der Stadt, das nach dem ersten Bischof Pamplonas benannt ist. Gegenüber ist das barocke **Rathaus** 4 zu sehen, dessen Fassade die Wappen Pamplonas und Navarras schmücken. Das **Museo de Navarra** 5 (Di–Sa 10–14, 17–19, So und Fei 11–14 Uhr) ist in einem ehemaligen Krankenhaus aus dem 16. Jh. untergebracht. Die Ausstellung spannt einen Bogen von der Vor- und Frühgeschichte über das Königreich von Navarra bis zur zeitgenössischen Kunst. Beachtlich sind einige römische Mosaike, gotische Kirchenmalereien, die man zum besseren Erhalt aus umliegenden Kirchen herholte, einige romanische Figurenkapitelle der 1390 eingestürzten Kathedrale und das Bildnis des Marqués de San Adrián von Francisco de Goya. Zu den Ausstellungsstücken gehört auch ein arabisches Elfenbein-Schmuckkästchen aus Córdoba.

Nach wenigen Gehminuten erreicht man die **Kathedrale** 6 (Mo–Fr 10.30–13.30, 16–18, Sa 10.30–13.30 Uhr), deren klassizistische Fassade im 18. Jh.

Sehenswürdigkeiten

1 Plaza del Castillo
2 Kirche San Nicolás
3 Kirche San Saturnino
4 Rathaus
5 Museo de Navarra
 (Navarra-Museum)
6 Kathedrale
7 Plaza de Toros
 (Stierkampfarena)
8 Ciutadela (Park/Zitadelle)
9 Taconera-Park

Unterkunft

10 La Perla
11 Tres Reyes
12 Bearán

Essen & Trinken

13 Hartza
14 Casa Amparo
15 Enekorri
16 Erburu

von Ventura Rodríguez entworfen wurde. Dahinter verbirgt sich ein dreischiffiger gotischer Bau. Bauherr Carlos III el Noble ließ den Neubau nach dem Einsturz 1390 in einer schlichten, navarresischen Interpretation der Gotik erbauen. Vor dem Hochaltar ist das Alabastergrab des Königs und seiner Gemahlin zu sehen. Das Grabmal besteht aus dem liegenden Königspaar, umgeben von 30 trauernden Gästen,

Stadtplan | **Pamplona und Umgebung**

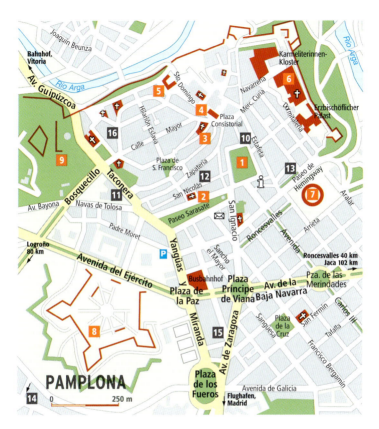

zu denen zwei Bischöfe gehören. Der flämische Bildhauer Janin Lomme fertigte es im 15. Jh. an. Besonders sehenswert ist der gotische Kreuzgang und das Diözesanmuseum, in dem sakrale Kostbarkeiten der Bischöfe seit dem 6. Jh. ausgestellt sind. Und derer sammelten sie viel an. Auch die große Klosterküche lohnt einen Besuch, schon allein wegen ihres 27 m hohen Rauchabzugs in der Mitte.

Vorbei am Marienportal der Kathedrale gelangt man zur Stadtmauer (muralla), die den Blick auf den Río Arga freigibt. Entlang der Mauer erreicht man Pamplonas Stierkampfarena **Plaza de Toros** 7, vor der Ernest Hemingway ein Denkmal gewidmet wurde.

Westlich des Zentrums liegen zwei Grünanlagen. Inmitten eines weitläufigen Parks entstand im 16./17. Jh. die Verteidigungsanlage **Ciutadela** 8, die

73

Von den Pyrenäen bis Burgos

SANFERMINES – OPEN-AIR-FESTIVAL DER STIERHATZ

Vom 6. bis 14. Juli ist in Pamplona die Hölle los – Sanfermines, das ist ein Open-Air-Festival für Stierverrückte im Hemingway-Rausch, die morgens *torros* durch das Zentrum treiben (sehen), tagsüber literweise Wein aus Bota-Lederschläuchen trinken und anschließend bevorzugt in den Stadtparks schlafen. Die Notfallstationen sind in Alarmbereitschaft, denn vor Stieren Herlaufen und betrunken gegen Hauswände Torkeln kann blutig enden. Bei den *encierros*, wenn die Horde wilder Kolosse um Punkt acht Uhr morgens durch die Altstadtgassen donnert, färbt sich die traditionell weiße Kleidung der Jungs oft so blutrot wie ihre Halstücher. Früher trieben kräftige Metzgergesellen die Stiere von der Cuesta de Santo Domingo in die Arena. Heute machen auch völlig unerfahrene Touristen mit. Es hat Tote gegeben, weil manch begeisterter ›Fiesta‹-Leser die Grundregeln nicht kannte: beim Hinfallen nie vor dem nahenden Stier aufstehen, sondern liegen bleiben und ihn vorbeilaufen lassen; nie zwischen einen einzelnen Stier und die Herde geraten; nie in Türrahmen Schutz suchen, die Tür könnte abgeschlossen sein …

Es wird in dieser Woche brechend voll in Pamplona. Wer einen Stellplatz auf den engen Mietbalkonen der Privathäuser bekommt, hat Glück. Eintrittskarten für die Arena sind meist nur noch auf dem Schwarzmarkt erhältlich.

Dass dieses anarchische Fest in der sonst so konservativen Stadt ausgetragen wird, hat einen tiefreligiösen Hintergrund. San Fermín stammte aus Pamplona und starb in Amiens den Märtyrertod. Er entwickelte sich zum Schutzheiligen Navarras, und so gedachte man seiner auch während des mittelalterlichen Viehmarkts, an dem es Jahr für Jahr zu Stierkämpfen kam. Deshalb erbitten die Teilnehmer allmorgendlich vor der Stierhatz seinen Schutz.

Achtmal soll der amerikanische Kultschriftsteller Ernest Hemingway den *encierro* miterlebt haben. Mit seinem Buch ›Fiesta‹ machte er ihn zum berühmtesten Spektakel auf der Iberischen Halbinsel.

Pamplona und Umgebung

Stadtplan: S. 73

einst einen fünfzackigen Grundriss hatte. In dem schöneren **Parque de la Taconera** 9 erwarten den Besucher Reste der Befestigungsmauer, ein tiefer gelegtes Gehege mit Hirschen, Pfauen und anderen Tieren sowie ein schattiges Terrassencafé, wo man nach einem langen Rundgang wunderbar ausspannen kann.

Oficina de Turismo: Eslava 1, Ecke Pl. San Francisco, Tel. 848 42 04 20, Fax 848 42 46 30, oitpamplona@navarra.es, www.pamplona.net.

Die Preise für Unterkünfte steigen während des Stierlaufs (6.–15. Juli) um das Doppelte bis Dreifache.
*****La Perla 10: Plaza de Castillo 1, Tel. 948 22 77 06, Fax 948 22 15 66. Das zentrale ›Hotel der Toreros‹ hatte seine Stammzimmer: Nr. 217 für Hemingway, Nr. 210 für den Geiger Pablo Sarasate und Nr. 106 für den Stierkämpfer Manolete. Wegen Umbaus bis 2005 geschlossen. Rund 230 €.
****Tres Reyes 11: Jardines de la Taconera, s/n, Tel. 948 22 66 00, Fax 948 22 29 30, hotel3reyes@abs.internet.com. Zentral gelegen, modern eingerichtete, geräumige und ruhige Zimmer, viele Extras von Garage bis Hydromassage. 270 €.
*Bearán 12: San Nicolás 25, Tel./Fax 948 22 34 28. Saubere Zimmer in einer belebten Altstadtgasse, mit Bad/TV. 50 €.

Hartza 13: Juan de Labrit 19, Tel. 948 22 45 68, So Abend und Mo geschl. Die Schwestern Hartza sind landesweit bekannt. Auch König Juan Carlos hat schon die Gänseleberpastete probiert. 41–52 €.
Casa Amparo 14: Esquiroz 22, Tel. 948 26 11 62, So geschl. Frischer Fisch und gegrilltes Fleisch werden manchmal mit einer Prise Extravaganz zubereitet. Moderat, Tagesmenü rund 18 €.
Enekorri 15: Tudela 14, Tel. 948 23 07 98, So geschl. Köstliche Seeteufelmedaillons, gedünstetes Gemüse und akzeptable Weinauswahl. Moderat.
Erburu 16: C/San Lorenzo 19–21, Tel. 948 22 51 69. Gute Fleischgerichte in einer holzgetäfelten Taverne. Preiswert bis moderat.

Der **Markt** (vormittags) liegt in der Altstadt in der Calle Santo Domingo. Zu kaufen gibt es das ganze kulinarische Spektrum Navarras von Spargel über Schafskäse bis zur Forelle.

In den Altstadtgassen ist rund um die Calle Nicolás bis Mitternacht etwas los, danach geht es im Barrio San Juan in der Neustadt weiter.

Karwoche *(Semana Santa)*: Schweigeprozession am Samstag vor Palmsonntag und Grabprozession am Karfreitag; **Stiertreiben:** 6.–14. Juli; **Fiesta San Fermín Chiquito** mit Viehmarkt und Feuerwerk: 25. September.

Medizinische Versorgung: Hospital de Navarra, Irunlarrea s/n, Tel. 948 42 21 00.

Flug: Aeropuerto de Noain, 6 km südlich der Stadt, Tel. 948 31 71 82. Inlandsflüge. Mehrmals tgl. nach Madrid, Barcelona, Santiago.
Bahn: Ctra. San Sebastián s/n, Tel. 948 13 02 02. Im Nordwesten der Stadt jenseits des Río Arga gelegen, mäßige Verbindungen. 4 x tgl. nach San Sebastián (nicht über Mittag), Fahrtzeit 2 Std.
Busbahnhof: Oliveto 8, Tel. 948 22 38 54. Fast alle 2 Std. nach San Sebastián, 1–2 x tgl. nach Jaca.

75

Von den Pyrenäen bis Burgos

Atlas: S. 239

Parken: große Parkfläche an der Avda. Del Ejército nahe Busbahnhof (gebührenfrei).

Abstecher nach Olite

Atlas: S. 239, D 3

Wären da nicht die modernen Windkraftwerke, die die Region mit Energie versorgen – 42 km südlich von Pamplona fühlt man sich wie von einer Zeitmaschine in eine Märchenwelt hineinkatapultiert. Denn das **Castillo-Palacio** von Olite ist eine beachtliche Burganlage mit Wehrmauern, Erkern, Giebeln, Schießscharten und spitzen Türmchen. König Carlos III el Noble ließ die ursprüngliche Burg ab 1406 zu diesem aufwändigen Palast umbauen. Die Handwerker maurischer Herkunft gestalteten das Interieur nach andalusischem Geschmack mit bemaltem Stuck und blumengeschmückten Innenhöfen. Im ältesten Teil des Nationaldenkmals ist ein Parador untergebracht. Zwischen den glänzend restaurierten, mittelalterlichen Bauten steht die gotische Kirche Santa María

---

Vögel beobachten

Gut 10 km südöstlich von Olite machen Störche, Wildenten, und Fischreiher an der Laguna de Pitillas Station. Fernrohre gibt es beim Beobachtungszentrum *(observatorio de aves)* am Rand des kleinen Binnensees. Juli–Sept. tgl. 10–14, 17–20, sonst Sa und So 10–14, 16–18 Uhr.

---

la Real mit ihrem figurenreichen Portal an der Westfront, an dem auch die Darstellung eines Ritters in voller Montur gut erhalten ist.

Empfehlenswert sind übrigens auch die teils preisgekrönten Rotweine und Rosés aus den örtlichen Bodegas.

Oficina de Turismo: Castillo Palacio, Tel. 948 74 00 35.

*** Príncipe de Viana: Plaza de los Teobaldos 2, Tel. 948 74 00 00, Fax 948 74 02 01, www.parador.es. Parador in historisch-stilvollem Ambiente. Unbedingt reservieren. Rund 120 €.

Santa María de Eunate

Atlas: S. 239, D 2/3

Auf dem Weg nach Estella zweigt kurz vor Puente la Reina eine Straße nach Campanas ab, die zur Ermita de Eunate führt. Die geheimnisvolle Kapelle liegt völlig abgeschieden inmitten von Kornfeldern und zieht durch ihre ganz eigene Atmosphäre den Besucher augenblicklich in den Bann. Der harmonische, unregelmäßig achteckige Bau hat einen Durchmesser von nur 11 m und ist von einem offenen Arkadengang aus dem 11./13. Jh. umgeben.

Dieses Kleinod am Jakobsweg gibt Rätsel auf: Möglicherweise hatten es Templer nach dem Vorbild der Jerusalemer Grabeskirche errichtet. Vielleicht entstand der Bau aber auch als winziges Pilger-Hospital der Johanniter. In jedem Fall sind unmittelbar um die Ermita Gräber gefunden worden, mit noch erhaltenen, für das Anbringen

Atlas: S. 239

Puente la Reina

Puente la Reina: Die berühmteste Brücke am Jakobsweg

an den Mantel doppelt durchbohrten Jakobsmuscheln, dem Symbol des Jakobswegs.

Puente la Reina

Atlas: S. 239, D 3

Der Name der kleinen Ortschaft Puente la Reina heißt übersetzt ›Brücke der Königin‹, und wahrscheinlich war es Doña Mayor, die Gemahlin von König Sancho Garcés III, welche die sechsbogige **Brücke** (›Puente‹) im 11. Jh. über den Río Arga bauen ließ. Eine schönere gebe es am ganzen Jakobsweg nicht, behaupten die 2000 Bewohner nicht ganz zu Unrecht. Vor Ort vereinen sich die beiden Routen aus den Pyrenäen zu einem einzigen Weg nach Santiago, dem *camino francés*.

Alle Sehenswürdigkeiten des charmanten Orts liegen an der mittelalterlichen Calle Mayor, die von der Brücke durch den Ort führt. Bei einem kurzen Spaziergang sieht man zwischen wappen- und balkongeschmückten **Adelshäusern** die teils noch romanische **Kirche Santiago** (12. Jh.) sowie die **Kirche Crucifijo** (13. Jh.). Sie ist nach einem Gabelkruzifix benannt, das ein Rheinländer unter enormer Kraftanstrengung bis hierher getragen haben soll.

 Bus: fast stdl. nach Pamplona und Estella.

Cirauqui

Atlas: S. 239, D 3

Auf dem Weg von Puente la Reina nach Estella (22 km) lohnt ein Halt an dem

Von den Pyrenäen bis Burgos

kleinen Ort Cirauqui mit seinen urigen Gassen, Mauerresten zwischen Brombeerhecken und den beiden gut erhaltenen Pfarrkirchen. Den Ort haben die damaligen Bewohner vor über 1000 Jahren um eine Hügelkuppe angelegt und – auf Baskisch – ›Nest der Kreuzotter‹ genannt. Keine Angst, Gefahr durch Giftschlangen besteht nicht mehr.

Estella

Atlas: S. 238, C 2/3
Aimeric Picaud, Autor des mittelalterlichen Pilgerführers ›Codex Calixtinus‹, wusste in seinem Buch eine Menge über hinterhältige Diebe und vergiftetes Trinkwasser zu berichten. Bei Estella (baskisch: Lizarra) allerdings geriet er richtig ins Schwärmen: »Das Brot ist gut, der Wein exzellent, Fleisch und Fisch reichlich und Glückseligkeiten gibt es in Hülle und Fülle«, schrieb der französische Geistliche um 1150. Der Hintergrund: Rund 60 Jahre zuvor hatte Navarras König Sancho Ramírez den Ort am Río Ega zur Stadt direkt am Camino de Santiago erhoben, damit dem Reichtum den Weg geebnet und der Stadt den populären Namen Estella (Stern) gegeben, wie er auch bei Santiago de Compostela als Teil des Stadtnamens auftaucht. Schon bald entstanden beiderseits des Flusses anspruchsvolle Kirchen und Klöster, ein Judenviertel und eine Siedlung zugezogener Franken. Wirtschaftlich konkurrierte die Stadt am Jakobsweg mit Pamplona und Burgos, die Köche machten sich selbst im benachbarten Kastilien einen Namen, und optisch wurde Estella immer ansehnlicher. Weil es sich so gut reimt und auch noch stimmte, bekam Estella fortan den Beinamen ›la Bella‹ (die Schöne). Weder glückselig noch schön waren in Estella la Bella allerdings die Krawalle zwischen den Bevölkerungsschichten, die 1323 darin gipfelten, dass ein Pogrom die gesamte *judería* vernichtete.

Erhalten ist noch das fränkisch-französische Viertel rund um die Plaza de San Martín. Dort befindet sich ein außergewöhnliches Bauwerk: der Palast der Könige von Navarra, **Palacio de los Reyes.** Auf einem der unteren Kapitelle an seiner Prunkfassade ist der legendäre Kampf Rolands mit dem maurischen Riesen Ferragut inszeniert: Pferde, Lanzen, Schwerter, Speere und Keulen hat ein in der Inschrift genannter Bildhauer namens Martin von Logrofio äußerst gekonnt gemeißelt.

Der Palacio de los Reyes gehört zu den ganz wenigen romanischen Profanbauten Spaniens. Er beherbergt neben dem Tourismusamt auch das **Museum Gustavo de Maeztu y Whitney** (Di–Sa 11–13, 17–19, So und Fei 11–13 Uhr) mit Werken des baskisch-englischen Malers (1887–1947). Er konnte sich bei weitem nicht so gut vermarkten wie ein Dalí oder Picasso, immerhin war er seit den 1920er Jahren aber ein angesehener Porträtist und Mitbegründer der ›Vereinigung baskischer Künstler‹.

Schräg oberhalb des Palastes erhebt sich die romanische Kirche **San Pedro de la Rúa** mit ihrem hoch aufragenden Turm. Eine Treppe führt zu der Kirche hinauf, und spätestens jetzt wird deutlich: Spazieren gehen ist in Estella eine schweißtreibende Angele-

78

Atlas: S. 238

Richtung La Rioja

genheit, denn es gilt oberhalb des Flusses viele Steigungen zu überwinden. Von dem schönen Kreuzgang der Kirche sind nur noch zwei Flügel erhalten. Als man im 16. Jh. die benachbarte Burg sprengte, zertrümmerten die Felsbrocken Teile des Claustro (weiter oben am Hang sieht man das große Kloster Santo Domingo, in dem heute ein Altenheim untergebracht ist).

Zu den baulichen »Glückseligkeiten in Hülle und Fülle« gehört auch die wuchtige Kirche **San Miguel** (12.–14. Jh.) auf der anderen Flussseite. Von hier aus eröffnet sich ein weiter Blick auf das Zentrum Estellas. San Miguel zeigt an seinem romanischen Nordportal besonders ausdrucksstarke biblische Szenen, darunter die Kindheit Christi, die Flucht nach Ägypten, Weihrauch schwenkende Himmelswesen und den Erzengel Michael, wie er ziemlich selbstbewusst einen Drachen ersticht.

Oficina de Turismo: San Nicolás 1, Tel./Fax 948 55 63 01, oit.estella@cfnavarra.es. Die Angestellten führen durch die Kirchen.

***Irache: in Aregui, 3 km südwestl. Richtung Logroño, Avda. del Prado 7, Tel. 948 55 11 50, 948 55 47 54, hotelirache@tsai.es. Komfortables, funktionales Haus unweit des gleichnamigen Klosters. Ab 110 €.
**Yerri: Avda. Yerri 5, Tel. 948 54 60 34, Fax 948 55 50 81. Nahe dem Río Egro, mit Parkplatz. Rund 76 €.
Camping
Lizarra: Ordoiz s/n, Tel. 948 55 17 33. Groß und relativ zentral gelegen.

Navarra: Gustavo de Maeztu 16, Tel. 948 55 00 40, So Abend und Mo geschl. Die hohe Kochkunst und die mittelalterliche Ausstattung haben ihren (angemessenen) Preis. Rund 32 €.
La Cepa: Plaza de Fueros 18, Tel. 948 55 00 32. Gutbürgerlich; Spezialitäten sind Spargel, Spanferkel und der Anisschnaps *mistela*. Moderat.

 Bus: Verbindung 7 x tgl. nach Logroño.

Richtung La Rioja

Atlas: S. 238, C 3
Auf dem Weg durch hügelige Weinfelder zwischen Estella und Logroño (50 km) taucht an den Ausläufern des Berges Montejurra nach 2 km eines der ältesten Benediktinerklöster Navarras auf: **Santa María la Real de Irache.** Seit 945 lebten hier Mönche, und im 16. Jh. dienten die Räume als erste Universität Navarras. Kaum 200 m von der Klosterkirche hat die Weinkellerei Irache für die Jakobspilger werbewirksam einen Weinbrunnen eingerichtet, wo man kostenlos *vino tinto* zapfen kann.

Über Los Arcos geht es zur Kapelle des Heiligen Grabs, San Sepulcro (12. Jh.). Das Bauwerk in dem Dörfchen **Torres del Río** hat wie das in Eunate einen achteckigen Grundriss, und auch hier liegen der genaue Ursprung und Sinn im Dunkeln. Ein besonders schönes Beispiel für die Übernahme maurischer Baustilelemente ist die Kuppel der kleinen Totenkapelle, deren Rippen nicht durch die Mitte führen, sondern sich wie bei den islamischen Vorbildern um die Mitte kreuzen.

Der letzter Ort in Navarra, bevor es in das Rioja-Gebiet geht, heißt **Viana.**

Von den Pyrenäen bis Burgos

Atlas: S. 238

Blick in die Kuppel von San Sepulcro, Torres del Río

In dem von einer Mauer umringten 3500-Einwohner-Nest mit einer gotischen Pfarrkirche treten am Sonntag nach dem 8. September Amateurstierkämpfer beim Patronatsfest auf.

Logroño

Atlas: S. 238, C 3

Die Stadt am Río Ebro ist eine ganz durchschnittliche Kleinstadt mit Neubauvierteln, die nach ästhetischen Minimalansprüchen hochgezogen worden sind. Gleichzeitig aber ist die Hauptstadt der Rioja (111 000 Einwohner) auch das Zentrum des bekanntesten spanischen Weinbaugebietes. Der ›Rioja‹ lässt sich besonders gut an der geschäftigen Plaza Espolón oder in den fast dörflich wirkenden Gassen Laurel und San Agustín der Altstadt probieren, wo sich die meisten der Tapa-Bars niedergelassen haben.

Wenige Schritte entfernt liegen die ehemalige Klosterkirche **Santa María del Palacio** mit dem aufwändig geschnitzten Renaissance-Altar, die romanische Kirche **San Bartolomé** mit dem Mudéjar-Glockenturm und die hoch aufragende, dreischiffige Kathedrale **Santa María de la Redonda**. Ihre gotischen Türme finden die Bewohner so spitz, dass sie sie ›agujas‹ nennen, Nadeln.

Oficina de Turismo: Paseo del Espolón s/n, Tel. 941 29 12 60, Fax 941 29 16 40.

**Marqués de Vallejo: Marques de Vallejo 8, Tel. 941 24 83 33, Fax 941 24 02 88, www.minotel.com. Kleine, komfortable Zimmer nur 25 m von der Kathedrale entfernt. Rund 70 €.

*Hostal Sebastián: San Juan 21, Tel. 941 24 28 00. Saubere, helle, aber auch etwas hellhörige Zimmer. Rund 25 €.

Camping

La Playa: Tel. 941 25 22 53. Gegenüber der Altstadt am Ebro-Ufer, erreichbar auch über eine Fußgängerbrücke, schattig, nebenan ein Schwimmbad. Juni–Sept.

Atlas: S. 238

Burgruine Clavijo

vom Erzeuger bekommt man hier in den Bodegas oder auch im nahen Städtchen Haro. Über Besuchsmöglichkeiten beim Winzer informiert das Tourismusamt.

Besonders beliebt sind die Tavernen der zentralen Gasse Laurel.

San Bernabé-Stadtfest zu Ehren des Stadtpatrons: 11. Juli; **Fiesta de la Vendimia:** ab 20. Sept., einwöchiges, feuchtfröhliches Weinfest, inklusive Traubenstampfen am Paseo del Espolón, Stiertreiben und Livemusik.

Bahn: Plaza de Europa s/n, Tel. 941 24 02 02. Tgl. direkt nach Barcelona und Bilbao, mehrmals tgl. über Miranda de Ebro nach Pamplona und San Sebastián, 5 x nach Haro, 3 x nach Bilbao und Burgos, 1 x nach A Coruña.
Bus: Avda. de España 1, Tel. 941 23 59 83. Gute Verbindungen, u. a. alle 1,5 Std. nach Burgos. 5 x tgl. nach Haro und Pamplona, 9 x nach Santo Domingo de la Calzada.

Burgruine Clavijo

Atlas: S. 238, C 3
Gut 15 km südlich von Logroño thront über den Feldern der Rioja die imposante Burgruine Clavijo, von deren Zinnen sich ein weiter Blick über das gesamte Hügelland und das Ebro-Becken erschließt. Hier kam es 844 – von Historikern nicht bestätigt – zu einer dramatischen Schlacht zwischen dem asturischen König Ramiro I und seinem maurischen Widersacher aus Córdoba, Abd ar-Rahman II. Der Legende nach ging es um Frauen. Der Emir soll seine Truppen geschickt haben, weil König Ramiro sich offenbar weigerte, ihm den jährlich anstehenden

Viele gemütliche Tavernen mit Tapas und hauseigenen Rioja-Weinen liegen in der Gasse Laurel (zu deutsch: Lorbeer).
Las Cubanas: San Agustín 17, Tel. 941 22 00 50, Sa Abend und So geschl. Preiswerte Gerichte wie Gemüseeintöpfe, Spargel, rote Paprikaschoten mit Fleischfüllung und Kabeljau in Weinsauce. Gut besucht, daher besser früh da sein. 19–23 €.

Einkaufsmeile ist die breite Gran Vía del Rey Juan Carlos I. Rioja-Weine

81

Von den Pyrenäen bis Burgos

RIOJA-WEINE

Legionäre hatten in der kleinen Region La Rioja gelegentlich einen gehörigen Schwips, wenn sie nach anhaltendem Gehorsam mit rotem Rebsaft entlohnt wurden. Den Mönch Gonzalo de Berceo dagegen inspirierte der lokale Rotwein im Kloster San Millán de Suso zu glasklaren Höhenflügen: Er löste sich, angeregt wie er sagte, vom Latein und schrieb die ersten Verse in kastilischer Sprache. Nichts wiederum beunruhigte den amtierenden Bürgermeister von Logroño 1635 mehr als die Fuhrleute, die direkt an den Weinkellereien vorbeifuhren. Er verbot es, damit die »Erschütterung durch diese Karren den Wein nicht verdürbe«. Soweit die Geschichte(n).

Alles dreht sich in der gut 5000 km² kleinen Region um *vino tinto,* um Rotwein, denn von Weinbau und -handel leben die meisten Anwohner. Aber auch Rosés und Weißweine garantieren die Lebensgrundlage der meisten hier.

Schon lange bevor 1860 die ersten großen Weinkellereien entstanden, ist in der fruchtbaren Flussebene des Ebro hervorragender Wein angebaut worden. Den Winzern gelingt ein besonders wertvoller Rebsaft, weil die Gebirgsmassive im Süden und Norden ihre Felder schützen. Zahlreiche Güter teilen sich heute die Anbaugebiete Rioja Alta, Rioja Alavesa und Rioja Baja. Auf über 48 000 ha Weinland entsteht qualitätssicherer Wein, der pro Jahr gut zu einem Drittel exportiert wird, vor allem in EU-Länder, insbesondere nach Deutschland.

Neben der Rebsorte Tempranillo zeichnen sich auch Garnacha und Graciano durch besondere Harmonie, Frische und Bukett aus. Das Mikroklima und die oft jahrelange Eichenfasslagerung wie beim Bordeaux sorgen für eine volle Reife. Da fällt die Auswahl schwer. Besonders der schmucke Ort Haro nördlich von Logroño hat sich einen Namen als Quelle edler Tropfen gemacht. Am 21. September lockt in der gesamten Region das Erntedankfest San Mateo. Ruhiger geht es in den zahlreichen kühlen Bodegas zu, ob in Logroño oder Haro.

Eine Anmeldung bei den riojanischen Bodegas ist über die örtlichen Tourismusämter möglich. Was man erwarten kann, ist ein zumeist guter Tropfen, deutschsprachige Führungen aber sind selten.

Tribut von hundert schönen Jungfrauen zu entrichten.

Während des blutigen Gemetzels erschien den christlichen Truppen der hl. Jakob und führte sie auf einem weißen Pferd zum Sieg. Erst 33 Jahre zuvor (eine wichtige Zahl in der Christenheit, Jesus starb in diesem Alter, und Kirchenarchitekten spielten oft mit der Zahl) war die Entdeckung seines Grabes im fernen Galicien bekannt geworden. Ab jetzt hieß der erschienene Reiter nicht mehr nur Santiago, sondern ehrfurchtsvoll ›Santiago, der Maurentöter‹ *(matamoros).*

Die Felsenburg selbst stammt nicht aus dieser Zeit, sie wurde erst im 10. Jh. errichtet und bietet eine fantastische Aussicht auf das weite Ebro-Tal mit seinen bunt verschachtelten Gemüse- und Weinfeldern.

Wein-Schlacht

Im nordwestlich von Logroño gelegenen Winzerort Haro tobt am 29. Juni eine feuchtfröhliche ›Wein-Schlacht. Bei dieser *batalla de vino* spritzt qualitativ hochwertiger Rotwein in alle Himmelsrichtungen, ziehen Sie daher vorsichtshalber alte Klamotten an. Wer zu einem anderen Datum kommt, dem werden im örtlichen Tourismusamt (ausgeschildert) wesentlich zivilisiertere Bodega-Führungen vermittelt . Empfehlenswert ist die Bodega Muga in Bahnhofsnähe. Hier gibt es den feinreifen, zeitlosen Spitzenwein Prado Enea Gran Reserva.

Abstecher von Logroño nach Bilbao

Atlas: S. 238, B 1

Zugegeben, Bilbao (baskisch: Bilbo) befindet sich nicht an der Hauptroute des Jakobswegs, doch ein Abstecher zum avantgardistischen Guggenheim-Museum lohnt allemal. Per Zug, Bus und Pkw gut erreichbar, liegt Bilbao 125 km nördlich von Logroño (1 Std. Fahrt über die Autobahn).

Das von Frank O. Gehry entworfene **Guggenheim-Museum** aus Stahl, Glas, Kalkstein und Titan hat der einstigen molochartigen Industriestadt am Atlantik ein völlig neues Image gegeben. Direkt am Fluss Nervión in der Altstadt wirkt das 1997 eröffnete Museo Guggenheim wie gerade aus einer fernen Galaxie gelandet. Der kalifornische Architekt bediente sich bei den Entwürfen eines Computerprogramms aus der Raumfahrt, um die Krümmungen besser berechnen zu können. Seine Ideen entstehen aber nach eigenen Worten schlichter: Gehry findet zu seinen Entwürfen, indem er Bauklötze in der Hand dreht, um die räumliche Wirkung zu testen. Das hat sich gelohnt, denn herausgekommen ist eine asymmetrische, silbern glitzernde Hülle, die auf 24 000 m^2 Raum für Werke von Marc Chagall, Henri Matisse und Paul Klee bietet. Ausgestellt sind hier auch die Werke der Spanier Salvador Dalí, Joan Miró und Juan Gris. Viele der Gemälde hängen in einem spektakulären, 130 m langen Galerieschlauch.

Von den Pyrenäen bis Burgos

Atlas: S. 238

Guggenheim-Museum in Bilbao

Mäzen Salomon Guggenheim hatte die Sammlung seit 1960 nach und nach vervollständigt, ergänzt wird sie durch zahlreiche Sonderausstellungen. Auch der Museumsshop ist gut sortiert: Er bietet über 2000 Buchtitel zur modernen Kunst in verschiedenen Sprachen, handgemalte Keramiktassen und kunstvoll designte Ohrringe (Av. Abandoibarra 2, Metrostation Moyúa; geöffnet Di–So 10–20, Juli/Aug. 9–21 Uhr; Infos zu aktuellen Ausstellungen: www.guggenheim-bilbao.es).

Das nördlich des Jakobswegs gelegene Bilbao erlebte nicht nur durch das Guggenheim-Museum einen regelrechten Kulturboom. Die Hauptstadt der baskischen Provinz Vizcaya modernisierten neben Gehry noch andere namhafte Architekten. Der Spanier Santiago Calatrava erneuerte den Flughafen, Federico Soirana baute den Kongresspalast und Sir Norman Foster die futuristisch wirkende neue U-Bahn. Ihre Eingänge sind Elefantenrüsseln nicht unähnlich.

Nach soviel Hypermodernem macht es Spaß, sich in den **Altstadtgassen** Siete Calles (Sieben Straßen) zwischen Santiago-Kathedrale (14. Jh.) und Nervión-Fluss als Ausklang ein paar gute Appetithäppchen zu gönnen, ob Garnelen, Schnecken oder Tortillastücke.

Oficina de Turismo: Plaza de Arriaga s/n, Tel. 944 16 00 22, Fax 944 20 49 69, www.bilbaoweb.com.

******Miró:** Alameda Mazarredo 77, Tel. 946 61 18 80, Fax 902 11 77 55, www.mirohotelbilbao.com. Asiatisch gestylte, moderne Zimmereinrichtung mit originellen Baderäumen. U. a. Nummer 63 mit herrlichem Blick auf das Guggenheim-Museum. 150–240 €.

*****Conde Duque:** Campo de Volantín 22, Tel. 944 45 60 00, Fax 944 45 60 66, hotelcondeduque.com, reservas@hotel condeduque.com. Gut, mit Garage, nahe dem Guggenheim-Museum. Rund 100–160 €.

***Gurea:** Bidebarrieta 14, Tel. 944 16 32 99. Einfaches, zentral gelegenes Hostal. Rund 40 €.

Atlas: S. 238 | **Nájera**

El Perro Chico: Aretxaga 22, Tel. 944 15 05 19 (So u. Mo mittags geschl.). Ein Genuss: Entenbrust mit Orangen, Kabeljau mit Gambas und Pilzen. Mit Blick auf die Altstadt. Moderat bis teuer.
Café Iruña: Berastegi 5. Zwischen Guggenheim und Altstadt gelegenes Café mit preiswerten Mittagsgerichten. Auch das **La Granja** nebenan ist nicht schlecht.

Flug: Flughafen Sondika 10 km nordöstlich, Tel. 944 86 93 01, auch Flüge nach Zürich, Düsseldorf und Frankfurt. Linienbusse ins Zentrum.

Bahn: Hurtada de Amezaga s/n, Tel. 944 23 86 23. 3–6 x tgl. nach A Coruña und Logroño.
Bus: Luis Briñas s/n, Tel. 944 39 50 77. Nach Santiago fährt tgl. das Unternehmen ALSA, nach Logroño und Pamplona LA UNION.

Briones

Atlas: S. 238 B 3
Der bei uns nahezu unbekannte Ort kuschelt sich malerisch auf einem Hügel

Von den Pyrenäen bis Burgos

Atlas: S. 238

Reiten bei Navarrete

Der Reiterhof Centro Hípico de Navarrete liegt idyllisch zwischen Weinbergen und dem kleinen Jakobsweg-Ort. Die deutsch-spanischen Besitzer bieten kurze und lange Reitausflüge ab 12 € pro Stunde und Person an (Término los Bustales s/n, 26370 Navarrete, Tel. 941 74 00 78 / 617 35 48 73, hipicanavarrete@hotmail.com).

---

oberhalb des Río Ebro. Winzige Gassen, wappengeschmückte Adelshäuser und die Dorfkirche sind an einem Wochenende im Juni (variabel) Kulisse für ein Mittelalterfest. Dann verkleiden sich alle 400 Bewohner als Köche, Krieger und Kunsthandwerker und kurioserweise stehen manche Häuser den Besuchern offen. Unterhalb des Hügels liegt die Bodega Miguel Merino. Die Trauben wachsen auf einer winzigen Fläche, trotzdem hat der Winzer mit seinen Rotweinen schon einige Preise gewonnen (Miguel Merino, Ctra. Logroño 16, www.miguelmerino.com).

Nájera

Atlas: S. 238, B 3

27 km hinter Logroño, vorbei an dem kleinen Ort **Navarrete** mit seinem spätromanischen Friedhofsportal, geht es direkt hinein in das geschichtsträchtige Nájera. Ein stimmungsvoller Ort, dessen Stadtkern zu den schönsten am Jakobsweg zählt. Unübersehbar drängt sich der Klosterkomplex **Santa María la Real** an ein schroffes Felsmassiv. Flankiert wird er von mittelalterlichen Gassen, die sich zum Fluss Najerilla hin verästeln. Beim näheren Hinsehen erkennt man in den Felsen kleine Höhlen, die früher als natürliche Vorratskammern dienten.

In Nájera residierten einst Könige, und einer von ihnen, García (1035–1054), gründete das Kloster. Der Legende nach soll er bei der Jagd an dieser Stelle eine Marienstatue entdeckt haben, vor der sein Falke in trauter Eintracht mit einem soeben noch verfolgten Rebhuhn saß. Zwei Jahre vor seinem Tod stiftete García an Ort und Stelle das Kloster (Mo–Sa 9.30–13.30, 16–19, So 9.30–12.15, 16–18.45 Uhr), in dem Benediktinermönche bald durch den gotisch-plateresken Kreuzgang flanierten und Besucher von weit her die Königsgruft besuchten, um die prunkvollen Grabdeckel der Könige, Herzöge und Infanten zu bewundern. In der Mitte der Gruft steht der romanische Sarkophag der Königin Blanca von Navarra (1136–1156), dessen Reliefs auch eine künstlerisch wertvolle Sterbeszene zeigen: Dabei nehmen Engel die Seele der 20-jährig im Kindbett verstorbenen Herrscherin in Empfang. Von der gotischen Klosterkirche aus führt ein schmaler Gang zu der winzigen Mariengrotte am Fels.

Napoleons Truppen und die Enteignung 1835 hinterließen sichtbare Spuren, einige Nischen sind leer, manchen Statuen fehlt der Kopf. Zeitweilig diente das Kloster im 19. Jh. als Abstellraum und Soldatenlager, zu dem zeitweilig auch eine Tanzbar gehört haben soll. Inzwischen kümmern sich Mönche in der etwas lauten, dreistöckigen Gemeindeherberge neben dem Kloster wieder um erschöpfte Pilger.

Ausflug nach San Millán de Cogolla

Atlas: S. 238, B 3

Wer noch frisch ist, sollte von Nájera einen Ausflug ca. 25 km nach Südwesten unternehmen. In dem von der UNESCO zum Weltkulturerbe erklärten Ort San Millán de la Cogolla gibt es gleich zwei berühmte Klöster. Im 10. Jh. entstand am Berghang das **Monasterio de Suso** über dem Höhlengrab des 574 verstorbenen Einsiedlers San Millán (Di–So 10.30–13.30, 16–18.30 Uhr). Der Heilige war sagenhafte 101 Jahre alt geworden. Westgotische und vom maurischen Stil beeinflusste Steinmetze hatten die schlichte, kleine Anlage ausgeschmückt. Die damaligen Ordensbrüder hinterließen die ersten schriftlichen Zeugnisse in spanischer Sprache. Sie hatten an den Rand der dickleibigen lateinischen Bücher moderne Randnotizen geschrieben, wenn sie Passagen erläutern wollten oder nicht ganz verstanden. Diese Buchstaben gelten als die ersten, die im spanischen *Castellano* geschrieben wurden. Wenn die Mönche bloß geahnt hätten, welche linguistische Initialzündung das war! Heute sprechen über 400 Millionen Menschen Spanisch.

Ein Jahrhundert nach dem Monasterio de Suso begann man den Bau des **Monasterio de Yuso** am Dorfrand, den die Bauherrn vom 16.–18. Jh. so großzügig anlegten, dass er in Anspielung an die gigantische Klosterkirche

bei Madrid den Spitznamen ›Escorial der Rioja‹ bekam. Kunsthistorisch wertvoll sind neben den Kreuzgängen San Agustín und San Millán vor allem die wertvollen Handschriften in der Bibliothek (tgl. 10.30–13.30, 16–18.30 Uhr).

Info in Nájera: Constantino Garrán 8, Tel. 941 36 00 41.

Santo Domingo de la Calzada

Atlas: S. 238, B 3

Kaum ein Ort am Jakobsweg ist so berühmt wie Santo Domingo. Der Grund: In der Kathedrale gibt es neben Altar und Kreuzgang auch einen Hühnerstall. Darin leben, scharren und gackern eine lebendige weiße Henne und ein ebenso weißer Hahn. Zwar geht es den Hühnern im Gotteshaus allemal besser als in einer Legebatterie, doch gibt es kaum Licht. Daher wird das Federvieh alle fünf bis sechs Wochen ausgetauscht und verbringt die sonstige Zeit in einem lichten Metallstall der örtlichen Pilgerherberge. Dort poltert eine junge Pilgerin mit gespielter Wut, das Vieh habe ihr in der Nacht zuvor gründlich den Schlaf geraubt. Auf die Frage, ob die Hühner nach dem Kathedralendienst eines Tages im Kochtopf landen, zeigten sich die Herbergsverwalter aber entsetzt: »Sie sterben bei uns eines natürlichen Todes!«

Ursache für den kuriosen Kathedralenstall ist wie so oft am Jakobsweg eine Legende: Ein junger Pilger hatte die erotische Annäherung einer Magd derart ignoriert, dass das Mädchen ihm

Von den Pyrenäen bis Burgos

Atlas: S. 237

Fest in Santo Domingo

am Leben zu erhalten). Bald war der Ort in ganz Europa bekannt. Aus einem kleinen Hospital für Pilger wurde einer der schönsten Paradore Spaniens und aus der kleinen Kirche die heutige Kathedrale (12.–18. Jh.; Eingang über die Straße Calle del Cristo, Mo–Sa 10–18.30 Uhr, So nur beim Gottesdienst).

Oficina de Turismo: Mayor 70, Tel. 941 34 12 30.

****Parador: Plaza del Santo 3, Tel. 941 34 03 00, Fax 941 34 03 25, stodomingo@parador.es Ehemalige Pilgerherberge mit ritterlichem Ambiente gleich neben der Kathedrale. Rund 115 €.
*Cruces: Plaza Mayor 2, Tel. 947 39 00 64. Zentral und einfach, manche Zimmer mit Sicht auf den Platz. 32 €.

El Rincón de Emilio: Plaza de Bonifacio Gil 7, Tel. 941 34 09 90, Di Abend geschl. Im Sommer wird die Rioja-Kochkunst von der Gemüsesuppe bis zum zarten Lammfleisch auch auf der Terrasse serviert. 15–35 €.
Cruces: siehe Unterkunft. Preiswerte Menüs zum Sattwerden.

Stadtfest zu Ehren des Heiligen Domingo: 10.–15. Mai; Prozessionen am Haupttag, dem 12. Mai.

Bus: 8 x tgl. nach Logroño, 4 x nach Burgos.

stocksauer einen silbernen Kelch unterschob und ihn anschließend des Diebstahls bezichtigte. Der Mann wurde gehenkt, doch in der Schlinge überlebte er Tag für Tag. Als dies dem Landrichter zu Ohren kam, der gerade eine gebratene Henne und einen gebratenen Hahn auf dem Teller hatte, rief er wütend: Der Bengel kann so wenig atmen wie das Vieh auf meinem Teller fliegt. Worauf Hahn und Henne Flügel wuchsen und sie laut gackernd vom Teller abhoben.

Benannt ist der 6000-Seelen-Ort nach dem Einsiedler Domingo, der im 11. Jh. immer wieder verirrten Pilgern den richtigen Weg erklären musste, bis er begann, Wege und Pflasterstraßen *(calzadas)* anzulegen. Ihm hatte man zu Lebzeiten die Fähigkeit nachgesagt, Wunder zu vollbringen (z. B. Erhängte

Burgos

Atlas: S. 237, F 4
Dass ein ungemütlich kalter Wind aus dem kantabrischen Gebirge durch Burgos fegen kann, merkten baskische

Stadtplan S. 92

Burgos

Bauern und andalusische Flüchtlinge, als sie ab 884 die neu gegründete Siedlung bezogen. Immerhin liegt Burgos an einer Biegung des Río Arlanzón in fast 900 m Höhe. Da behauptet mancher scherzhaft, der Sommer dauere nur vom Tag des Apostels bis zum Tag der Heiligen Anna, also vom 25. bis zum 26. Juli. Doch das wechselhafte Wetter kann die Attraktivität der kastilischen Metropole nicht schmälern.

Burgos liegt unterhalb einer Burgruine, die nach einem Feuer 1739 nicht wieder aufgebaut wurde. Die Stadt glänzt mit prachtvollen Bauten, mittelalterlicher Romantik sowie platanengesäumten Promenaden. Schick sind die Läden am Paseo del Espolón, auf dem Studenten, Mönche und Militärs flanieren. Eine gewisse kastilische Strenge strömt dabei nicht nur der graue Granit der historischen Altstadt aus, sondern auch die Geschichte der Stadt.

Die Stadt des Cid

Als Standbild steht er in Flussnähe, sein Leichnam liegt in der Kathedrale: El Cid (1034–1099) ist ein spanischer Nationalheld und Stoff für Literatur und Dramen. ›El Cid‹, der Herr, nannten ihn die Araber, ›El Campeador‹, der Kämpfer, die Christen. Doch eigentlich hieß der Abenteurer aus Vivar bei Burgos Rodrígo Díaz. Mal kämpfte er für, mal gegen die Mauren und Letzteres machte ihn schließlich berühmt. Er nahm Toledo, dann Valencia ein. Und selbst als Toter gewann er noch Schlachten: Sein Leichnam, auf ein Pferd gebunden, soll die entsetzten Mauren vor Valencia in die Flucht geschlagen haben. Der Cid

steht auch für die wechselhafte Geschichte von Burgos, das im Zuge der Reconquista gegründet worden war. Bereits zu Lebzeiten galt er neben dem Apostel Jakob als Symbolfigur der christlichen Rückeroberung. Die Tugenden des Nationalhelden sind allerdings frei erfunden. Obwohl der Glücksritter für Geld ab und an im Dienst des maurischen Taifafürsten von Zaragoza kämpfte, machte ihn schon das Heldenepos ›Cantar de Mío Cid‹ (um 1140) zum makellosen Heroen in den Schlachten gegen die Mauren. Und auch Hollywood-Regisseur Anthony Mann stellte ihn noch 1961 in seinem Film mit Charlton Heston und Sophia Loren in den Hauptrollen so verkitscht dar, dass einem die Tränen kommen. Historiker entlarvten den historischen Cid dagegen als erbarmungslosen Killer und Dieb, der auch mal eine Kirche plünderte. Unstrittig ist aber, dass der Cid die Mauren schließlich weit in den andalusischen Raum zurückdrängte. Dadurch blühte Burgos am Jakobsweg wirtschaftlich auf.

Ein Weiteres tat die Merinowolle der steinreichen Schafzüchter. Händler brachten sie an die Häfen des Atlantik und verschifften sie gewinnbringend nach England und Flandern. Mit dem Geld konnte seit 1221 die gewaltige Kathedrale entstehen, und die Mesta, der mächtige Interessenverband des Schafe züchtenden Landadels, machte Burgos zum Königshof und Finanzzentrum einer neuen Region. Bislang hatte das urspanische nördliche Königreich Asturien die größte Bedeutung, trat nun aber mehr und mehr in den Hintergrund. Das Land der Burgen

89

(*castillo* = Burg) nahm seinen Platz ein und prägte zudem auch die Landessprache (*castellano* = Spanisch). General Franco sah hier deshalb die Keimzelle des Spanisch-Nationalen. Konsequenterweise machte er die Stadt im Bürgerkrieg (1936–1939) zum Regierungssitz der Nationalisten, was ihr bis heute nicht eben den Ruf einer liberalen Metropole beschert: Eine Plakette am einstigen Hauptquartier Francos an der Plaza Alonso Martínez erinnert immer noch an den ›Caudillo‹ und seinen Mitverschwörer Mola.

Dabei lebt man in Burgos heute keineswegs nur auf die Vergangenheit bezogen. In Sachen Mode, Musik und Ausstellungen kann man sich mit den Trends aus Madrid durchaus messen, und das samstägliche Nachtleben rund um die Kathedrale ist Lebenslust pur.

Burgos besitzt einen Industriegürtel mit Chemie-, Metall- und Lederproduktion, im Kern ist es eine sehenswerte, attraktive Stadt. Wer sie mit dem Auto ansteuert, fährt am besten gleich zum zentralen Parkhaus unter der Plaza Mayor, von wo aus ein Rundgang besonders einfach möglich ist.

Die Kathedrale

Unbestrittener Höhepunkt und unübersehbar ist die **Kathedrale** 1, Catedral Santa María, an der Plaza del Rey San Fernando. Sie ist nach der in Sevilla und in Toledo die drittgrößte Spaniens. Das gotische Schmuckstück aus Stein hat die Metermaße 108, 61, 27 (lang, breit, hoch). Mit ihren zahlreichen Türmchen, hohen Strebepfeilern, dem skulpturengeschmückten Kreuzgang,

Spitzenornamenten und Figuren an den Fassaden gehört sie zum Besten, was gotische Architektur in Spanien zu bieten hat. Es ist nicht einfach, ein solches Bauwerk zu fotografieren. Und so versucht es der ein oder andere aus dem obersten Stock eines Wohnhauses, wo mancher Bewohner die Gäste gerne für einen kurzen Aufenthalt auf dem Balkon hereinlässt. Andere wiederum sind froh, ein 17-mm-Weitwinkelobjektiv dabei zu haben.

Seit 1221 arbeiteten neben Einheimischen auch französische und deutsche Baumeister aus dem Rheinland an dem Langzeitprojekt. Zu ihnen gehörte Hans von Köln (Juan de Colonia), der im 15. Jh. für die 84 m hohen Zwillingstürme an der Hauptfassade verantwortlich war. Sein heutiges Aussehen bekam der dreischiffige Bau aber erst im 17. Jh.

Hoch, etwas düster und geräumig wirkt der kühle Innenraum, wo der Chor mit seinem zierlich geschnitzten Nussbaum-Gestühl sofort ins Auge fällt. An der Vierung von Mittel- und Querschiff ist unter einem prachtvollen Kuppelgewölbe der Ritterheld El Cid mit seiner Gemahlin Doña Jimena begraben. Nur ein Unterarmknochen des Kriegers liegt noch im silbernen Reliquiar des Rathauses, wo die Überreste des Leichnams bis 1921 aufbewahrt wurden.

Zu den Besonderheiten der Kathedrale gehören die Kapellen, vier davon in der Größenordnung kleinerer Landkirchen. Die mächtigste und schönste von ihnen, die **Capilla del Condesta-**

Die Kathedrale von Burgos

Von den Pyrenäen bis Burgos

Atlas: S. 237

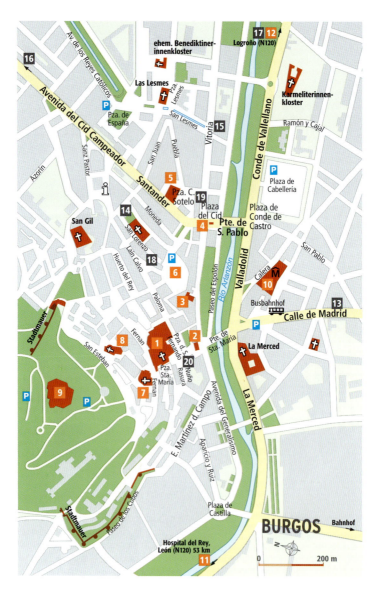

Burgos

Stadtplan S. 92

ble, gestaltete ein weiteres Mitglied der Kölner Baumeisterdynastie, Simon von Köln, 1494 auf sechseckigem Grundriss. Die Buntglasfenster sind nur hier noch original. Doch wie so oft ist nicht das künstlerisch besonders Wertvolle anziehend, sondern das besonders Kuriose: Eine Berühmtheit ist in der Kathedrale – im linken Seitenschiff bei der Capilla Santa Tecla – die koboldhafte Figur einer Spieluhr von 1519: Bei jedem Glockenschlag reißt sie den Mund auf. Ob sie dabei eher die Zeit verkündet, ihre Betrachter nachahmt oder nach Fliegen schnappt, muss jeder selbst entscheiden. Der Volksmund hat sich schon geeinigt und nennt die Figur ›Papamoscas‹: ›Fliegenfresser‹.

In der Südwestecke der Kathedrale befindet sich die **Santísimo Cristo-Kapelle** mit einer weiteren Attraktion: Die Figur des ›allerheiligsten‹ *(santísimo)* Christus aus dem 13. Jh. ist mit Büffelleder, menschlichen Haaren und Fingernägeln ausgestattet, um einem echten Leichnam möglichst ähnlich zu sehen. Das tut sie.

Stadtrundgang

Wenige Schritte zum Arlanzón-Fluss hin erhebt sich das einstige Stadttor **Arco de Santa María** **2**. Im 16. Jh. ist dort nach einem lokalen Aufstand der Triumphbogen als Zeichen königlicher Macht entstanden, an dem neben der Figur von König Carlos I die des Cid nicht fehlen durfte. Östlich davon liegen im **Rathaus** **3** (Casa Consistorial) noch eine Abschrift des Heldenepos ›Cantar del Mío Cid‹ und eine Nachbildung seines Schwertes Tizona, das so legendär geworden ist wie die Waffe Durandal des Roland aus dem ›Rolandslied‹. Auch der vermeintliche Unterarmknochen des Kriegers wird hier in einem silbernen Reliquiar bewahrt. Die Wassermarken an der Casa Consistorial erinnern noch an eine Flutüberschwemmung im 19. Jh., welche die gesamte Flaniermeile Paseo del Espolón mit ihren Bänken und Grünflächen unter Wasser setzte. Auch die Brücke San Pablo weiter

Sehenswürdigkeiten

1. Kathedrale
2. Arco de Santa María
3. Rathaus
4. Reiterstandbild El Cid
5. Casa del Cordón
6. Plaza Mayor
7. Kirche San Nicolás
8. Kirche San Esteban
9. Castillo (Burgruine)
10. Museo de Burgos (Stadtmuseum)
11. Huelgas Reales (Kloster)
12. La Cartuja de Miraflores

Unterkunft

13. Corona de Castilla
14. Norte y Londres
15. Manjón
16. Jugendherberge
17. Campingplatz Fuentes Blanca

Essen & Trinken

18. Casa Pancho
19. Casa Ojeda
20. Don Nuño

Von den Pyrenäen bis Burgos

Atlas: S. 237

nördlich wurde dabei in Mitleidenschaft gezogen, wo Franco 1955 höchstpersönlich das monumentale **Reiterstandbild des El Cid** 4 enthüllte. Die **Casa del Cordón** 5 unweit der Statue ist heute Sitz eines Geldinstitutes, damals war das Sandsteingebäude mit der Kordel *(cordón)* am Portal erste Adresse für Empfänge: Die Katholischen Könige begrüßten hier Christoph Kolumbus nach seiner zweiten Amerikareise.

Cafés unter Laubengängen an der **Plaza Mayor** 6 laden zu einer Pause ein, bevor es weiter Richtung Burgruine geht. Am Hang neben dem Westportal der Kathedrale liegt die **Kirche San Nicolás** 7 (15. Jh.) mit einem gigantischen Altaraufsatz aus Alabaster. Insgesamt 465 Figuren stellen hauptsächlich Szenen aus dem Neuen Testament dar. Die um 1500 entstandene Altarwand ist entsprechend eine der größten der Welt. Eine ganze Sammlung von Altaraufsätzen aus dem 16. und 17. Jh. findet sich in der **Kirche San Esteban** 8 mit ihrem gotischen Kreuzgang. Von hier aus führt ein Pfad direkt zum **Castillo** 9, das im 18. Jh. Feuer fing und seitdem Ruine ist. Die Aussicht vom Burgberg reicht über das Zentrum von Burgos weit hinaus in die Meseta.

Auf der anderen Seite des Flusses beherbergen zwei Adelspaläste das **Museo de Burgos** 10 (Mo–Fr 10–13, 16.45–19.15 Uhr, So nur vormittags). In der Archäologischen Abteilung sind neben anderen Kostbarkeiten prähistorische Sicheln, keltischer Schmuck und römische Mosaiken zu sehen, während die Abteilung der Schönen

Künste vor allem spanische Malerei aus den letzten 600 Jahren zeigt.

Klöster außerhalb der Stadt

Im westlichen Stadtbereich liegt das Zisterzienserkloster **Huelgas Reales** 11 (zu Fuß 15 Min. den Fluss nach Westen, sonst ab Ausfallstraße nach León beschildert). 1187 gegründet, diente es den ersten kastilischen Königen als Alterssitz und Grablege. (Di–Fr 10–13.15, 16–17.15, So 11–13.15 Uhr).

Die Anlage mit dem spätromanischen Kreuzgang besitzt eine ungewöhnliche Sammlung, so beispielsweise eine erbeutete maurische Standarte und gewebte Hemden mit arabischen Zeichen. Eine Jakobsstatue mit beweglichem Schwertarm wiederum hatte im Mittelalter eine ganz praktische Funktion: Sie diente zum Ritterschlag und zur Aufnahme in den Templerorden.

4 km östlich von Burgos entstand nach Plänen des Hans und Simon von Köln das Kloster **La Cartuja de Miraflores** 12 (Di–Sa 10.30–13.15, 15.30–17.45, So 10.30–14.15 Uhr). Hier befindet sich das königliche Alabaster-Grabmal der Eltern von Isabella der Katholischen. Am Hauptaltar kam 1498 erstmals erbeutetes Gold aus Amerika zum Einsatz, das Christoph Kolumbus nach Spanien gebracht hatte.

Oficina de Turismo: Plaza Alonso Martínez 7, Tel. 947 20 18 46, Fax 947 27 65 29.

****Corona de Castilla** 13: Madrid 15, Tel. 947 26 21 42, Fax 947 20 80 42, hotel@hotelcoronadecastilla.com.

94

Stadtplan S. 92 | **Burgos**

Am südlichen Altstadtrand gelegenes Hotel, geschmackvoll eingerichtet, mit Garage. 120–150 €.
**Norte y Londres 14: Plaza Alonso Martínez 10, Tel. 947 26 41 25, Fax 947 267 73 75. Schmuckes Mittelklassehotel nahe der Tourismusinformation, an der Rezeption erklärt man gerne den nahen Weg ins Parkhaus unterhalb der Plaza Mayor (sinnvoll). Schöne, aber auch etwas knarrende Holzdielen. 55–66 €.
*Manjón 15: Conde Jornada 1, Tel. 947 20 86 89. Sauberes Hostal im siebten Stock. Rund 25 €.
Jugendherberge 16: Albergue Juvenil, Avda, General Vigón s/n, Tel. 947 22 03 62. Fungiert gleichzeitig als Studentenwohnheim, daher nur Juli bis Mitte August geöffnet, rund 1 km nordöstlich des Zentrums.
Camping
Fuentes Blancas 17: Carretera Burgos–Cartuja de Miraflores, 4 km östlich des Zentrums, geöffnet April–Sept. Mit Restaurant, relativ schattig.

Casa Pancho 18: San Lorenzo 13, Tel. 947 20 34 05. Zur großen Weinauswahl werden z. B. serviert: Blutwurst mit Reis (*morcilla de Burgos*) oder gebratene Wachteleier mit scharfer Paprikawurst (*cojonudos*). Tagesgerichte 15–30 €.
Casa Ojeda 19: Vitoria 5, Tel. 947 20 90 52. So Abend geschl. Hier gibt es, was schon die Urgroßväter Kastiliens mit größter Lust verschlangen: Lammbraten (*cordero*) aus dem Holzofen. 15 €.
Don Nuño 20: Nuño Rasura 3, Tel. 947 20 03 73. Ebenfalls köstliches gebratenes Milchlamm, aber auch Steak Tartare und selbst gemachte Desserts, in Hörweite der Kathedralenglocken. 12–25 €.

Markt ist Mo–Sa vormittags an der Calle Miranda nahe dem Busbahn-

Zu den singenden Mönchen

Rund 60 km südöstlich von Burgos liegt das Benediktinerkloster Santo Domingo de Silos (11.–18. Jh.), über dem ab und an die Gänsegeier aus der nahen Yecla-Schlucht kreisen. Die hiesigen Mönche sind so gastfreundlich wie musikalisch. Mit ihren gregorianischen Gesängen haben sie schon Preise gewonnen und unfreiwillig Mitte der 1990er Jahre die spanischen Pop-Charts gestürmt: Diskos hatten die Lieder als ›Rausschmeißer‹ berühmt gemacht (zur CD s. S. 217). Vor Ort singen die Mönche zu den Messen Mo–Sa um 9 Uhr und So um 12 Uhr, Führungen Di–Sa 10–13, 16.30–18 Uhr.

hof. Zu den lokalen Spezialitäten gehört der Frischkäse Queso de Burgos.

Zwischen Fluss, Kathedrale und Plaza de España liegen zahlreiche Bars und Diskos, vor allem in den Straßen San Lorenzo und Huerto del Rey.

Karwoche (*Semana Santa*): Umzug mit vermummten Büßern, die Heiligenfiguren tragen; Hauptfest **San Pedro y San Pablo** (Peter und Paul): 29. Juni–8. Juli, Musik, Stierkampf und Umzüge.

Bahn: Plaza de la Estación s/n, Tel. 947 20 35 60, u. a. 5–7 x tgl. nach León, 3 x tgl. nach Logroño, 1 x tgl. nach A Coruña.
Bus: Miranda 4, Tel. 947 28 88 55, 1–2 x tgl. nach León, Lugo und Santiago.

Von Frómista bis Santiago

Atlas: S. 237

VON FRÓMISTA BIS SANTIAGO

Höhepunkte im weiteren Verlauf des Jakobswegs sind neben der mittelalterlichen Kirche von Frómista auch die bizarre Minenlandschaft der Römerzeit Las Médulas, Leóns stimmungsvolle Altstadt und Astorgas Gaudí-Palast. Ab und zu lohnt auch ein kleiner ›Umweg nach Santiago‹: etwa über das stille Palencia südlich von Frómista. Zur sonnengetränkten Mittagszeit hört man dort häufig nur die Störche klappern.

Frómista

Jakobsweg: Atlas: S. 237, E 4
Fast verloren wirkt der kleine Ort an einer Straßenkreuzung zunächst, doch die Kirche San Martín macht schnell klar, dass hier einmal ein Pilgerzentrum erster Güte war. Auf Fotos sieht man dem Gotteshaus nicht an, dass es zu den frühen Großbauten des Mittelalters zählt. Der harmonische Bau ist im 11. Jh. als klassisches Kunstwerk der Hochromanik entstanden, mit Tonnengewölbe, schmalen Treppenrundtürmen, achteckigem Vierungsturm, drei Apsiden und immerhin über 300 Konsolsteinen unter dem Dach. Sie stellen Fabelwesen, Fratzen, Tierköpfe und menschliche Figuren dar. Seltenheitswert hat dabei eine erotische Figur am Giebel des nördlichen Querschiffs: ein kleiner Phallusmann.

Oficina de Turismo: Aníbal 2, Tel. 979 81 01 13.

*Centro San Telmo: Martín Veña 8, Tel. 979 81 10 28. Ansprechendes Landhaus mit schönem Innenhof, Zimmer mit und ohne Bad, auch für Rollstuhlfahrer. 32 €.

In der Umgebung der Kirche San Martín liegen einfache Bar-Restaurants mit preiswerten Mittagsgerichten.
Hostería de los Palmeros: Plaza San Telmo/Mayor 4, Tel. 979 81 00 67. Kastilisches Rind und Wolfsbarsch aus dem Ofen werden in einem früheren Pilgerhospiz gereicht. À la carte ca. 30 €.

Palencia

Atlas: S. 237, E 4
Dass die Provinzhauptstadt am Carrión-Fluss kaum Besuch bekommt, wird an den fehlenden Souvenirständen und Terrassencafés vor der gewaltigen Kathedrale deutlich. Sie liegt 40 km südlich des Jakobswegs, etwas abseits, doch genau das macht sie so reizvoll.

Die Kathedrale entstand im 14. Jh. als gotischer Bau über dem Grab des hl. Antolín, dem einzigen bekannten westgotischen Märtyrer der Christen-

Umgebung von Palencia

Atlas: S. 237

heit. Weite Parkanlagen, unzählige Storchennester und die stillen Gassen der Altstadt sind Markenzeichen dieser sonnenverwöhnten Stadt, einer keltiberischen Gründung. Besonders lebhaft geht es rund um den Hauptplatz zu, der Schaubühne der knapp 80 000 Einwohner. Unter den Säulengängen an der Plaza Mayor wird alles ganz ohne Nepp angeboten, vom Milchkaffee bis zum Spanferkel.

Oficina de Turismo: Plaza Mayor 105, Tel. 979 74 00 68, Fax 979 70 08 22.

**Don Rodrigo: Los Gatos 1, Tel. 979 70 62 80, Fax 979 70 62 81, www.hotelessuco.com/rodrigo/ro.htm. Funktionales, mit Solarenergie betriebenes Hotel, nahe Park, Schwimmbad und Kathedrale. TV und ordentliche Bäder. Rund 45 €.

Tavernen gibt es gleich mehrere zur Auswahl rund um die Plaza Mayor. **La Traserilla:** San Marcos 12, Tel. 979 74 54 21. Seekrakensalat, Kaninchen mit Schnecken, dazu im Eichenfass gereifte Rotweine und hausgemachte Nachtische. Tagesgerichte rund 30 €.

Tag des hl. Antolín: 2. Sept., auf der Plaza Mayor treten Live-Bands auf.

In der Umgebung von Palencia

Knapp 30 km südwestlich (zunächst Richtung León fahren) führt eine Straße durch flaches Land, vorbei an ein paar fast ausgestorbenen Dörfern, Weizenfeldern und einem monumentalen Zisterzienserkloster zur **Burg Ampudia** (Besuch nur Sa vormittag je nach Laune der Besitzer). Steif, grobschlächtig und ziemlich wehrhaft wirkt sie, wie so viele der mittelalterlichen Burgen *(castillos)*, die den Namen Kastilien prägten. So manches verfallene Castillo südlich des Jakobswegs haben staatliche Fördergelder inzwischen gerettet. Häufig sind junge Architekten und Ausbilder mit dem Erhalt der historischen Objekte betraut, die ihren Lehrlingen die zweijährige Ausbildung zum Schreiner und Steinmetz an wahrlich stimmungsvollen Arbeitsplätzen ermöglichen.

Der zur Burg gehörende Ort gleichen Namens ist ein verträumtes Nest mit Holzarkaden, Dorfplatz und einem ungewöhnlich hohen Kirchturm. Auffällig sind die kleinen Steinerhebungen mit Fensterchen rund um die Burg. Wie winzige Schornsteine ragen sie aus dem Boden. Diese *luceras* dienten der Lichtzufuhr darunter liegender, weitläufiger Natur-Bodegas. Wein wird dort nicht mehr gelagert, stattdessen unbemerkt so mancher erste Kuss ausge-

Pilgertorte

In dem kleinen Ort Castrojeriz zwischen Burgos und Frómista stellen Klarissinnen die *Tarta del Peregrino* her, eine kalorienreiche Leckerei aus Mehl, Zucker, Eiern, Butter, Mandeln, Zimt und süßem Sherry. Die Nonnen beliefern viele Konditoreien in der Umgebung.

Von Frómista bis Santiago

Atlas: S. 237

tauscht. Am 8. September gibt es in den Höhlen übrigens eine Fiesta zu Ehren der örtlichen Schutzheiligen Alconada. Mit Folklore, Lagerfeuer und natürlich viel *vino tinto* …

Westlich von Palencia liegt das Feuchtgebiet **Laguna de la Nava,** wo fast 3000 Vogelarten gezählt worden sind. Viele, wie die Kraniche, machen im Frühjahr und Herbst auf dem Weg von und nach Afrika hier Station. Andere, wie die Rotfußfalken, sind das ganze Jahr über da. Wer Seidenreiher, Drosselrohrsänger, Schwarzstörche und all die anderen von nahem sehen will, sollte leichte, aber mückendichte Kleidung tragen (Anfahrt: Von Palencia über die N-610 Richtung León zum Ausgangsort Fuentes de Nava. Führungen durch die Lagune über das ausgeschilderte Infozentrum, geöffnet Mi–Fr 17–20, Sa und So 11–14, 17–20 Uhr).

Carrión de los Condes

Atlas: S. 237, E 4

Endlose Weiten, von der Landflucht entvölkert, ein paar Weizenfelder, ab und an eine Schafherde, Häuserreste, da taucht in einer kleinen Senke plötzlich Carrión de los Condes auf. Das Ortsbild prägen ein Klarissinnenkonvent, Kirchen und Tavernen. Der gleichnamige Fluss Carrión bietet bei der heißen, sommerlichen Luft eine fantastische Abkühlung. Das fanden auch schon die Grafen (Condes), die hier lebten. Zwei von ihnen heirateten – so berichtet es zumindest das Heldenepos ›Cantar de Mío Cid‹ – Töchter des Cid, doch ließ der Ritter die Männer gleich nach der Hochzeit erstechen. Sie hatten ihre Bräute misshandelt.

Wie weit es mit der Gleichstellung der Geschlechter im Mittelalter her war, zeigt auch das Bogenfeld am Südportal der Kirche **Santa María del Camino** (12. Jh.). Thema ist der Jungfrauentribut, bei dem jährlich 100 *señoritas* an die Mauren ausgeliefert wurden. Doch auf dem Portal zumindest haben die Mädchen Glück. Wilde Stiere beschützen sie.

 Oficina de Turismo: Santa María s/n, Tel. 979 88 02 59 (Juni–Sept.).

***Monasterio San Zoilo: Obispo Souto s/n, Tel. 979 88 00 50, Fax 979 88 10 90, hotel@sanzoilo.com. Originelle Unterkunft in und an einem 1000 Jahre alten Benediktinerkloster. Betten gibt es in gut möblierten Mönchszellen oder auch in preiswerten 2-Personen-Häuschen. Das Restaurant für bis zu 230 Esser bietet oft Rebhuhn, Lamm und frisches Gemüse aus dem Klostergarten. Etwas außerhalb. 45–70 €.
Camping
El Edén: N-120/Ctra. Logroño–Vigo, bei km 200, Tel. 979 88 00 50. Gut 500 m außerhalb des Ortes schattig am Carrión-Fluss gelegen.

Sahagún

Atlas: S. 237, D 3

Es gibt schönere Orte am Jakobsweg, keine Frage. Eine gewisse Trostlosigkeit liegt in den Straßen des provinziellen Städtchens, das vor allem vom Fernverkehr auf der N-120 geprägt ist.

Backsteinkirche San Tirso in Sahagún

Atlas: S. 237 | Sahagún

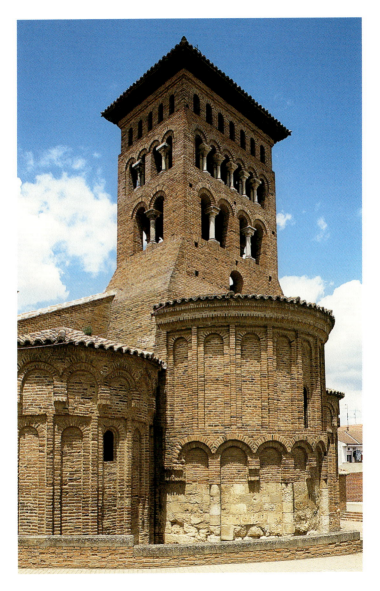

99

Von Frómista bis Santiago

Atlas: S. 236

Für Liebhaber maurisch anmutender Backsteinkirchen ist Sahagún jedoch eine Fundgrube. **San Tirso** (11. Jh.) mit seinen Hufeisenbögen besitzt einen hohen Vierungsturm, der an die berühmten Minarette in Sevilla und Marrakesch erinnert. Auf dem Hügel dahinter ist die Ruine des Franziskanerklosters **La Pelegrina** (Die Pilgerin) zu sehen. Auch **San Lorenzo** und **La Trinidad** (13. Jh.) wurden aus Backstein erbaut. Arabische Handwerker im Dienst der Christen hatten Sahagún seinerzeit zu beachtlichen Zeugnissen des Mudéjar-Stils verholfen. Allerdings ist so manches Gotteshaus verfallen. San Facundo etwa, einst das mächtigste Benediktinerkloster Spaniens, besitzt nur noch einen Turm und einen Torbogen, durch den heute keine Mönche kommen, sondern Pkw fahren.

Etwas außerhalb, kurz hinter Mansilla de las Mulas, erreicht man ein weiteres Kloster, dessen Baustil einen Vergleich mit den Bauten Sahagúns lohnt. Während islamische Baumeister in Sahagún wirkten, gründeten aus Córdoba vertriebene Mönche dort das **Kloster San Miguel de Escalada** (10. Jh.). Auch sie brachten maurische Elemente ins Spiel, etwa die Bogengalerie. Das gedämpfte Licht im schmucklosen Innern erinnert ebenfalls an die Atmosphäre in einer Moschee. Mozaraber hat man die Christen genannt, die wie diese Mönche unter islamischer Herrschaft im Süden Spaniens gelebt hatten.

Oficina de Turismo: Av. Doctor Bermejo y Calderón s/n, Tel. 987 78 21 17

Stadtfest: 10.–12. Juni, Männer treiben Jungstiere durch die Gassen.

León

Atlas: S. 236, C 3

Nicht jedem war die heutige Universitätsstadt mit ihrer engwinkligen, attraktiven Altstadt gleich rundherum sympathisch. Ein französischer Pilger notierte 1704, sie sei »arm, klein und langweilig«, und der niederländische Autor Cees Nooteboom stellte trocken fest: »bäuerlich, nicht mondän«.

Dabei strahlt die Universitätsstadt an den Flüssen Torío und Bernesga eine keineswegs museale, sondern eine jung gebliebene Atmosphäre aus. Und wer einmal an einem Freitag- oder Samstagabend durch das legendäre Barrio Húmedo, das ›Feuchte Viertel‹ gelaufen ist, muss taub sein, das lebhafte Stimmengewirr beim Aperitif nicht zu hören. Gut besuchte Tavernen, sagen die dortigen Barbesitzer, habe es 1704 dort auch schon gegeben.

Geschichte

Obwohl er sogar im Stadtwappen verewigt ist: nicht ein Löwe (león) gab der alten Römerstadt ihren Namen, sondern die VII. Legion des Servius Sulpicius Galba, die hier im Jahr 68 ihre Lagerstadt errichtete, um die nördlichen Bergregionen besser zu kontrollieren.

Im 10. Jh. machte Ordoño II die Stadt zum Königssitz Asturiens. Sie erholte sich nach den Verwüstungen maurischer Truppen 988 schnell und

León

Stadtplan: S. 102/103

war mit ihrem Königshof über zwei Jahrhunderte lang die wichtigste Stadt im christlichen Spanien. Diesen Status verlor sie erst 1230, als es zur Vereinigung mit Kastilien kam.

Damals hatten die Arbeiten an der Kathedrale gerade begonnen. Das Gotteshaus entstand genau an der Stelle, wo in der Römerzeit Legionäre in den Thermen badeten und später König Ordoño Gäste in seinen über die Reste der Thermen gebauten Palast lud.

Ob mittelalterliche Pestepidemien oder Aufstände der Minen- und Erzarbeiter im 19. Jh., nie erlebte die Pilgerstation am Jakobsweg so gelassene und friedliche Zeiten wie heute. Die Provinzhauptstadt von Kastilien-León wacht über ein weitflächiges, dünn besiedeltes und fast baumloses Gebiet.

Orientierung

Zentraler Platz und Drehscheibe zwischen Neu- und Altstadt ist die **Plaza de San Marcelo** 1 (Parkhaus für Autofahrer) mit dem markanten Backsteinturm der gleichnamigen Märtyrerkirche (13.–16. Jh.) und dem Renaissance-Rathaus von 1585. Richtung Bernesga-Fluss und seinen grünen Promenaden geht es durch ein lautes Geschäftsviertel. In entgegensetzter Richtung – zur Kathedrale hin – führt die breite Einkaufsstraße Ancha (bis vor kurzem hieß sie noch Generalísimo Franco) geradewegs in den historischen Kern Leóns: rechter Hand die Plaza Mayor und die Gassen des Ausgehviertels Barrio Húmedo, linker Hand die besser erhaltene Gegend rund um die Basilika de San Isidro und die Reste der römischen Stadtmauer.

Eine Sonnenuhr ziert die Fassade der Kathedrale in León

Von Frómista bis Santiago

Atlas: S. 236

Rundgang durch das Zentrum

Gegenüber dem Rathausplatz hat der katalanische Architekt Antoni Gaudí 1891 bis 1893 den neogotischen Palast **Casa de Botines** [2] bauen lassen. Das Haus, von einer Leoneser Sparkasse in Auftrag gegeben, gibt einen kleinen Vorgeschmack auf Gaudís modernistischen Bischofspalast im nahen Astorga. Sein Werk in León befindet sich in guter Gesellschaft, denn gleich daneben liegt der **Palacio de los Guzmanes** [3], ein 1560 begonnener Renaissance-Bau mit schönem Innenhof, in dem heute die Provinzverwaltung tagt. Einst lebte hier die Dynastie der Guzmanes, die auf einen der Helden der Reconquista aus dem 13. Jh. zurückgeht: auf Guzmán el Bueno.

Bereits von diesem Palast aus sind die über 60 m hohen Türme der **Kathedrale Santa María de Regla** [4] im Blickfeld. Auf den zahlreichen weiteren Türmchen des frühgotischen Baus sitzen an manchen Tagen ganze Kolonien von Störchen. Die Kathedrale ist ein schlanker, ockerfarbener Steinbau mit großen Fensterrosen an der West- und Südfassade. Das durch und durch französisch inspirierte Bauwerk aus dem 13. Jh., dessen erste Bauphase Meister Enrique leitete, ist eine Symphonie aus Glas: 1800 m² Fensterfläche, zum größten Teil noch original, filtern das Licht mal in sattem Gelb, mal in tiefem Blau, mal in warmem Rot. Im oft lichtgetränkten Innern fallen nicht nur das Chorgestühl aus Nussbaum und der Hochaltar mit den Tafelbildern auf, sondern vor allem die Luftigkeit der

hohen Konstruktion. Durch den Kreuzgang geht es zum **Kathedralmuseum** (Mo–Fr 9.30–13, 16–19, Sa 9.30–13 Uhr), zu dessen Schätzen wertvolle Handschriften, eine Sammlung romanischer Sitzmadonnen und eine westgotische Bibel aus dem 10. Jh. gehören.

San Isidro und die Königsgruft

Nordwestlich der Kathedale liegt, verbunden durch ein gut 600 m langes Stück mittelalterliche Stadtmauer, die Königliche Stiftskirche **Basílica de San**

Stadtplan | León

Sehenswürdigkeiten
1. Kirche und Plaza San Marcelo
2. Casa de Botines (Gaudí-Haus)
3. Palacio de los Guzmanes
4. Kathedrale
5. San Isidro und Königsgruft Panteón de los Reyes (Wandgemälde)
6. San Marcos (Parador-Hotel) und Museo de León (Stadtmuseum)

Unterkunft
7. Ríosol
8. Londres
9. Europa

Essen & Trinken
10. Adonías Pozo
11. Mesón Leonés del Rácimo de Oro
12. Chivani

Isidro 5 (Mo–Sa 10–13.30, 16–18.30, So 10–13.30 Uhr, Do Nachmittag freier Eintritt). Sie gilt als Musterbeispiel spanischer Frühromanik und birgt die Reliquien von Isidro, dem Kirchenlehrer und seit dem Jahr 600 ersten Erzbischof von Sevilla. Im Hochmittelalter wurden die Gebeine des Heiligen hierher gebracht, und es kamen infolgedessen auch viele Pilger. Wer besonders krank war, konnte an der ›Puerta del Perdón‹ (Pforte der Vergebung) schon jetzt, und nicht erst im noch weit entfernten Santiago den lang ersehnten Ablass für seine Sünden bekommen.

Westlich der dreischiffigen Kirche ruhen in der königlichen Grablege **Panteón de los Reyes** elf Könige, zwölf Gemahlinnen und mehrere Infanten. Um das Jahr 1160 herum sind in der so genannten ›Sixtinischen Kapelle der spanischen Romanik‹ einzigartige Gewölbemalereien entstanden, die zum kunsthistorisch Schönsten gehören, was man entlang des Jakobswegs sehen kann. Zum Glück, denn als napoleonische Soldaten in dem niedrigen, kleinen Raum mit seinem Kreuzgratgewölbe sämtliche Grabbeigaben plünderten, ließen sie die farbintensiven Wandmalereien respektvollerweise un-

103

Von Frómista bis Santiago

Atlas: S. 236

versehrt. Die Motive der gut erhaltenen und restaurierten Fresken zeigen Christus mit den Evangelisten (die nach ihren jeweiligen Attributen mit Löwen- oder auch Stierkopf dargestellt sind) und regelrecht zechende Apostel beim üppig gedeckten Abendmahl. Zu sehen sind aber auch Alltagsszenen, darunter Darstellungen von zeitgenössischen Hirten. Die Bilder an den Kapitellen orientieren sich wieder ganz an der Bibel: sie zeigen u. a. Moses mit der Gesetzestafel und Daniel in der Löwengrube.

Vom Pantheon der Könige geht es durch den Kreuzgang eine Treppe hinauf in das **Museum,** in dem neben einem Achatkelch und arabischen Schmuckkästchen der silberne Reliquienschrein von Isidro steht, während die Bibliothek kalbslederne Bibeln und 1000 Jahre alte Chorbücher verwaltet.

Eine Viertelstunde Fußweg ist es von hier bis zum **Hostal de San Marcos** 6 (weitgehend 16. Jh.) am Ufer des Bernesga. Hinter der 300 m breiten Fassade des Klosters schliefen einst erschöpfte Pilger unter alten Wolldecken auf Holzpritschen. Heute lässt hier ein Fünf-Sterne-Parador mit allem Komfort keine Wünsche mehr offen. Auch wer nicht Gast ist, kann sich in der Hotelbar des Prunkbaus einen Kaffee gönnen und durch den Kreuzgang spazieren.

In der ehemaligen Sakristei des Komplexes ist das Stadtmuseum **Museo de León** eingerichtet. Die Betreiber haben es vor allem mit religiösen Wertgegenständen aus nahen Klöstern bestückt: Dazu gehört ein mozarabisches Kreuz und ein kurzbeiniger

Elfenbein-Christus aus dem 11. Jh. (Di–Sa 10–14, 17–20, So und Fei 10–14 Uhr).

Oficina de Turismo: Plaza de Regla 4, Tel. 987 23 70 82, Fax 987 27 33 91.

*****Parador-Hotel San Marcos** 6: Plaza de San Marcos 7, Tel. 987 23 73 00, Fax 987 23 34 58. In dem schmucken Renaissance-Bauwerk am Río Bernesga war früher ein Pilgerhospiz untergebracht. Heute bietet es geräumige Zimmer für einen vergleichsweise guten Preis. Rund 150 €.
**Ríosol 7: Avda. de Palencia 3, Tel. 987 21 68 50, Fax 987 21 69 97. Ansprechendes Mittelklassehotel. 90 €.
*Londres 8: Avda. de Roma 1. Tel. 987 22 22 74. Funktionale Zimmer mit Bad, TV und Telefon. 40 €.
*Europa 9: Avda. de Roma 26, Tel. 987 22 22 38. Bad im Flur, in einer Straße mit mehreren einfachen Hostals dieser Art. Rund 20 €.

Adonías Pozo 10: Santa Nonia 16, Tel. 987 20 67 68, So geschl. Anspruchsvolle und marktorientierte Kochkunst rund um Fisch und Fleisch. Tagesgerichte um 30 €.
Mesón Leonés del Rácimo de Oro 11: Caño Badillo 2. Tel. 987 25 75 75 75, So Abend und Di geschl. In der Bodega mit schönem Innenhof gibt es neben Dörrfleisch in hauchdünnen Scheiben *(cecina)* vor allem Milchlamm. 12–25 €.
Chivani 12: Preiswerte Tapa-Bar, beliebt wegen der guten Happen von den Pfefferwürstchen bis zur Tortilla.

Belebt sind die Bars und Tavernen rund um die Altstadtplätze San Martín und Don Gutierre vor allem Fr und Sa ab den späten Abendstunden.

Eine **Markthalle** an der Plaza Conde de Luna ist werktags bis gegen 14 Uhr geöffnet. Shoppingmeile ist die Calle Ancha.

Karwoche *(Semana Santa):* Umzüge mit Heiligenfiguren; großes **Stadtfest:** zwischen den Feiertagen San Juan (24. Juni) und San Pedro (29. Juni).

Bahnhof: Avda. de Astorga, auf der dem Zentrum gegenüberliegenden Fluss-Seite, Tel. 987 27 02 02. 4 x tgl. nach Burgos, tgl. bis zu 3 x nach Santiago, A Coruña und Vigo.
Busbahnhof: Avda. Ingeniero Sáenz de Miera s/n, Tel. 987 21 10 00. Stdl. nach Astorga, alle 2 Std. nach Oviedo, mind. 1 x tgl. nach Burgos, 4 x tgl. nach A Coruña.

Astorga

Atlas: S. 236, B 3
Drei Dinge sind es, die in der 13 000-Einwohner-Kleinstadt am Fuß der Berge von León gleichzeitig auffallen: die römische Mauer, der von Antoni Gaudí geschaffene Bischofspalast und die benachbarte Kathedrale. Die Kleinstadt 40 km westlich von León ist deshalb so reich an Sehenswertem, weil sie strategisch günstig liegt. Die Römer kontrollierten von hier aus ihre nahen Erzminen im westlichen Bierza-Gebiet. Dieses Erz war das A und O für das in Rom so geschätzte Gold und Silber. Von Asturica Augusta, dem späteren Astorga, führte die Heer- und Handelsstraße Ruta de la Plata (Silberroute) nach Süden bis Sevilla und im Norden an die Atlantikküste.

In Ost-West-Richtung wiederum verlief Jahrhunderte später der Jakobsweg – und in Astorga fanden die Pilger aus Nordeuropa und Südspanien in bis zu 25 Hospizen einen Unterschlupf, so viele wie in der damals zehnmal größeren Stadt Burgos. Astorga war der letzte größere Ort zum Verschnaufen, bevor es über den strapaziösen Pass nach Santiago ging.

Die Fuhrleute, die für die Warentransporte in alle vier Himmelsrichtungen zuständig waren, lebten in der nordwestlichen Bergregion Maragatería. Nach diesen Maragatos heißt eine berühmte Spezialität aus Astorga: der *Cocido Maragato,* ein deftiger Eintopf aus Schweineohren, Blutwurst, Zwiebeln und Kichererbsen.

Der 1889 begonnene **Palacio Episcopal** (tgl. 9.30–12, 16.30–18 Uhr) ist ein Werk von Antoni Gaudí, der zeitgleich an der weltberühmten Sagrada Familia im fernen Barcelona arbeitete. Der neogotische Bischofspalast ist weniger verspielt und organisch, als man es von dem Katalanen sonst gewohnt ist. Andererseits wirkt das schlossartige Bauwerk mit seinen Spitztürmen, schmalen Fenstern und Erkern eher wie eine Unterkunft für Schneewittchen statt für einen Ordinarius. Eben deshalb gab es 1893 auch handfesten Ärger. Als der auftraggebende Bischof starb, monierte sein Nachfolger die hohen Baukosten und ließ durchblicken, dass er die in seinen Augen geschmacklich durchwachsene Residenz niemals beziehen wolle. Kritik am Baustil wurde lauter. Gaudí, längst nur noch Lob und Hochachtung gewöhnt, tobte vor Wut.

Bischofspalast in Astorga ▷

Von Frómista bis Santiago

Atlas: S. 236

Astorga

Von Frómista bis Santiago

Atlas: S. 236

Er trat von dem Projekt zurück, und so konnte es erst zehn Jahre später von einem anderen Architekten beendet werden. Tatsächlich hat bis heute niemals ein Bischof in dem märchenhaften Bau aus hellem Granit gewohnt.

Stattdessen beherbergt er im Erdgeschoss das **Museo de los Caminos.** In dem Museum der Pilgerwege (Mo–Sa 11–14, 15.30–18.30 Uhr) sind Erinnerungsstücke von Wallfahrern zu sehen, darunter Kürbisflaschen, Pilgerstäbe oder Jakobsmuscheln aus verschiedenen Materialien.

Neogotisch der Bischofspalast, spätgotisch die **Kathedrale Santa María** daneben. Auch wenn das Querhaus fehlt, das dreischiffige Langhaus wirkt für den kleinen Ort sehr mächtig. Die Bischofskirche entstand seit dem 15. Jh. und bekam später noch eine Renaissance-Fassade aus rötlichem Sandstein. Im noch ganz von der Spätgotik bestimmten Innern fällt ein Chorgestühl mit 97 Nussbaumsitzen auf, das Hans von Köln zugeschrieben wird. Angeschlossen ist ein kleines **Diözesanmuseum** (Mo–Sa 10–14, 16–20 Uhr).

Als ›süßer‹ Abschluss der Besichtigung bietet sich das **Schokoladenmuseum** in der Straße José María Goy an (Di–Sa 11–14, 16.30–20, So 11–14 Uhr). Das Museo del Chocolate erinnert mit Geräten und Produkten an die Kakaofabriken Astorgas aus dem 18. und 19. Jh. Natürlich gibt es auch einen Direktverkauf für die leckere Schokolade.

Oficina de Turismo: Glorieta Eduardo de Castro s/n, Tel. 987 61 68 38.

***Hotel Gaudí: Plaza Eduardo de Castro, Tel. 987 61 56 54, Fax 987 61 50 40. Schöne, etwas kleine Zimmer gleich gegenüber dem Bischofspalast (auch günstige Tagesmenüs im angeschlossenen Restaurant). Ab 55 €.

**La Peseta: Plaza de San Bartolomé 3, Tel. 987 61 72 75. Außer im Aug. So und Di Abend geschl. Preiswerter Klassiker kastilischer Hausmannskost, u. a. Wildplatte, Bohnen mit Mandeln *(alubias con almejas)* und Milchreis *(arroz con leche)*. Den regionaltypischen Eintopf *Cocido Maragato* gibt es im Winter immer samstags oder auf Vorbestellung. Tagesgerichte ab 20 €.

Mantecadas Alonso: de los Sitios 12. Hier gibt es die bunt verpackte, kalorienreiche Astorga-Leckerei *mantecadas* aus Weizenmehl, Eiern und Zucker.

Fiesta Santa Marta: Ende Aug., Volkstänze.

Bahnhof: Pedro de Castro s/n, Tel. 987 61 64 44, am nördlichen Stadtrand. 7 x tgl. nach León und A Coruña. **Busbahnhof:** Avda. de las Murallas 54, Tel. 987 61 91 00. 7 x tgl. nach Ponferrada, doppelt so oft nach León.

Über den Rabanal-Pass

»*Se venden cerezas*« (»man verkauft Kirschen«) steht im Frühsommer oft auf den Schildern am Straßenrand, wo fliegende Händler Kirschen an die Pilger verkaufen. Hier, gleich hinter Astorga, geht es in die raue Landschaft Maragatería auf den Rabanal-Pass zu. In der Gegend lebten einst die Maragatos. Als Fuhrleute mit dunklen Pluderhosen be-

Atlas: S. 236 | **Ponferrada**

förderten sie Waren zum Atlantik. Bis heute halten sich die Gerüchte, diese offenbar etwas düsteren Menschen am Rande der Zivilisation stammten von den Berbern oder Germanen ab. Mitten in der Maragatería liegen kleine leonesische Ortschaften wie **Muria** und **Castrillo de los Polvazares.** Mit ihren ursprünglichen Gassen und malerischen Natursteinhäusern wirken sie so herausgeputzt, als würde dort jeden Moment ein Werbefilm für den Fremdenverkehr gedreht. In Castrillo heben Pilger einer langen Tradition nach einen Stein auf und tragen ihn – vorbei an dem rustikalen Steindorf Rabanal del Camino und dem halb verfallenen Foncebadón – hinauf zum oft von Nebel verhüllten Eisenkreuz **Cruz de Ferro.**

Unter dem Kreuz auf dem Rabanal-Pass (1504 m) hat sich entsprechend ein gigantischer Steinhaufen angesammelt.

Ponferrada

Atlas: S. 236, A 3

Umgeben von Kohlebergwerken und den dunklen Schlackenhalden der Montes de León liegt die Industriestadt Ponferrada (60 000 Einwohner). Ihr weit sichtbares Markenzeichen ist die formschöne Templerburg auf dem Schieferplateau am Altstadtrand (Di–Sa 10–14, 17–20, So 10–15 Uhr). Mit einem Grundriss von 160 mal 90 m, Steinbrücke, Zinnen und Türmen wirkt sie

Hier gruben die Römer nach Gold: Las Médulas

109

Von Frómista bis Santiago

Atlas: S. 236

wie eine überdimensionale Spielzeugburg. Sie diente im Mittelalter als Schutz für die Pilger, die hier über eine Eisenbrücke *(pons ferrata)* weiter nach Santiago liefen. Neben einer Visite der relativ ruhigen Altstadtgassen sind vor allem Ausflüge in das römische Goldminengebiet Las Médulas und zu der attraktiven mozarabischen Steinkirche Peñalba de Santiago interessant.

Oficina de Turismo: Gil y Carrasco 4, Tel./Fax 987 42 42 36.

****El Temple: Av. de Portugal 2, Tel. 987 41 00 58, Fax 987 42 35 25. In den 1970ern gebauter Hotelblock, dessen Interieur mittelalterlich gestylt ist. Die 114 Komfortzimmer sind relativ günstig: Um die 85 €.

Abstecher nach Las Médulas

Atlas: S. 236, A 3
25 km südwestlich von Ponferrada beginnt eine zerklüftete, bizarre Landschaft mit Höckern, Stümpfen und Höhlen, die vor 25 Mio. Jahren entstand und vor kurzem von der UNESCO zum Weltkulturerbe erklärt wurde. Das Areal gleicht einer rotbraunen Mondlandschaft und ist eine Hinterlassenschaft der Römer aus dem 1. Jh. Bis zu 4000 asturische Arbeiter trieben tiefe Schächte in die Erde, um im Lauf der Jahre insgesamt fast 5000 kg Gold zu fördern. Las Médulas war wahrscheinlich die wichtigste Mine des gesamten römischen Imperiums. Mit dem Gold konnte Rom einen Großteil der Heeresbesoldung gewährleisten. Die Arbeiter lebten in *castro*-Dörfern vor allem von

---

Aussichtspunkt der Mine Las Médulas

Vor allem an sonnigen Spätnachmittagen erstrahlt die römische Goldmine im wärmsten Licht. Da lohnt sich ein günstiger Standort, um das Gelände und die Umgebung gut zu überblicken. Bevor man die Ortschaft Médulas erreicht, zweigt ein beschilderter Weg ab zum Mirador de Orellán. Von dort eröffnet sich die schönste und fotogenste Sicht auf die Mine.

---

den proteinreichen Esskastanien. Die Bäume hatte Rom anpflanzen lassen – eine wichtige Maßnahme, denn noch bis in das letzte Jahrhundert überlebte die verarmte Landbevölkerung in Hungerzeiten dank dieser Bäume.

Sklaven, wie so oft behauptet, waren die Goldminenarbeiter nicht, denn sie durften frei wohnen, Gemüse anbauen, heiraten und Kinder zeugen. Am Ortsrand informiert das kleine Museum Aula Arqueológica über die Lebensweisen zu jenen Zeiten (Di–So 9.30–13.30, 16–20 Uhr).

Abstecher nach Peñalba de Santiago

Atlas: S. 236, A 3
20 km südlich von Ponferrada liegt der fast ausgestorbene Weiler an den Ausläufern der Montes Aquilanos. Wer die engen Serpentinen zu dem abgelegenen Dorf fährt (1 Std.), wundert sich, dass hier überhaupt jemals ein Mensch

O Cebreiro

Atlas: S. 236

leben konnte, zumal die wenigen Bewohner im Winter von der Außenwelt abgeschnitten sind. Erst seit 1977 gibt es in dem ›Tal des Schweigens‹ (Valle de Silencio) elektrisches Licht, doch schon seit 909 eine ebenso kleine wie berühmte Kirche mit einem schlichten Kreuzgrundriss und mozarabischen Stilelementen. Der doppelte Hufeisenbogen am Portal und die Hufeisenformen im Innern blieben im Original erhalten. Die Kirche ist ein Juwel der Frühromanik in einer wahrhaft herb schönen Landschaft. In den Steinhäusern verkaufen die wenigen Bauern zudem fantastischen, selbst gemachten Honig *(miel)*.

Villafranca de Bierzo

Atlas: S. 236, A 3

Das Bierzo-Gebiet ist für seinen Wein bekannt, und so finden sich außer im Etappenort Cacabelos vor allem in Villafranca einige Bodegas, die mit gutem Rotwein, Rosé und Weißwein handeln. Doch auch geräucherte Paprika und in Likör eingelegte Kastanien gehören zu den Spezialitäten des Ortes.

Villafranca ist der letzte größere Ort vor Galicien und besticht durch sein wuchtiges Kastell (15. Jh., Privatbesitz), die lebhafte Plaza Mayor mit den wappengeschmückten Adelshäusern und die hoch gelegene romanische Santiago-Kirche. Kranken Pilgern erteilte man ähnlich wie in León an der Puerta del Perdón (Pforte der Vergebung) bereits die Absolution, wenn sie es voraussichtlich nicht mehr bis Santiago schafften.

Oficina de Turismo: Travesía de San Nicolás, Tel. 987 54 00 89.

***Parador: Avda. de Calvo Sotelo s/n, Tel. 987 54 01 75, Fax 987 54 00 10, www.parador.es. Einfache Variante der Hotelkette, dafür relativ günstige Zimmer zwischen 75 und 90 €.

Bodega Palacio de Arganza: Avda. Díaz Ovelar 17. Gute Weine vom Erzeuger.

O Cebreiro

Atlas: S. 233, F 4

Von Villafranca aus haben Jakobspilger den immerhin fast 1300 m hohen Pass von Cebreiro vor sich, bevor es leicht abwärts nach Santiago geht. Das gleichnamige 100-Einwohner-Dorf be-

O Cebreiro

111

Von Frómista bis Santiago

Atlas: S. 233

steht aus urigen *palloza*-Hütten, die nach keltischem Vorbild als Rundbauten und mit weit heruntergezogenen Strohdächern entstanden. Noch vor wenigen Jahrzehnten fanden hier Mensch und Tier Unterschlupf. Nun bringt der Tourismus Geld ein und, gut restauriert, haben sich die Häuschen in Andenkenläden, Unterkünfte (Casa Carola, Casa Valiña) und ein kleines Volkskundemuseum verwandelt.

Seit Bestehen des Jakobswegs gab es zunächst ein großes Kloster mit Spital, wo sich die erschöpften Pilger ausruhen konnten. Geblieben ist davon die frühromanische Iglesia Santa María la Real, in deren Innern ein Hostienteller und ein Kelch zu sehen sind. Sie waren um das Jahr 1300 ›Zeugen‹ eines Wunders, als sich bei einer Messe Brot und Wein in Fleisch und Blut verwandelt haben sollen.

**San Giraldo de Aurillac: im Ort, Tel. 982 36 71 25. Charmant. Hier bekommt man ein Gespür dafür, wie Pilger früherer Generationen übernachteten. 40 €.

San Julián in Samos

Atlas: S. 233, E 4
Auf dem Weg nach Portomarín liegt in Samos das Benediktinerkloster San Julián (tgl. 10.30–13, 16.30–19 Uhr). Die mächtige, barock-klassizistische Anlage hat im 18. Jh. ein Mönch des Klosters selbst entworfen. Berühmt sind die beiden Kreuzgänge, der eine gotisch, der andere klassizistisch. Letzterer ist zweistöckig und hat mit seinem Garten die sagenhaften Maße 54 m mal 54 m. Einen größeren *claustro* gibt es am ganzen Jakobsweg nicht.

Portomarín

Atlas: S. 233, E 4
Wenn der Wasserstand des türkisgrünen Belesar-Sees niedrig ist, ragen noch die Überreste von Alt-Portomarín aus der spiegelglatten Oberfläche. Das Dorf wäre in den 1960er Jahren fast dem neuen Stausee am Miño-Fluss zum Opfer gefallen. Doch dann kam die rettende Entscheidung, die wichtigsten Gebäude abzutragen und Stein für Stein weiter oberhalb wieder aufzubauen. Wie gut dies gelungen ist, lässt sich am neu errichteten Altstadtplatz Plaza Mayor erkennen, um den sich die zum zweiten Mal gebauten Kirchen San Pedro, San Nicolás und einige Adelshäuser gruppieren. Im Schatten der Arkaden liegen mehrere sympathische Cafés und Restaurants.

Vilar de Donas

Atlas: S. 233. D 4
Das Innere der romanischen Kirche San Salvador in Vilar de Donas schmückt Außergewöhnliches: gut erhaltene, in Nordwestspanien einzigartige gotische Wandmalereien (14. Jh.) sowie zwei Sarkophage mit Ritterfiguren und Wappen der Jakobskrieger. Der winzige Ort liegt 6 km vor Palas de Rei. Fotografen sollten ein Stativ dabei haben.

Stadtplan: S. 118/119

Santiago de Compostela

SANTIAGO DE COMPOSTELA

Santiagos Altstadt gleicht einer steinernen Theaterkulisse, in der die Besucher und Bewohner ihre Rollen nie auswendig lernen mussten: Schnell unter die Arkadengänge und in die Cafés, wenn der Regen einsetzt, und ebenso schnell wieder auftauchen, sobald das fantastische Granit-Ensemble neues Sonnenlicht reflektiert. Regie jedenfalls führt nur einer: Apostel Santiago.

Atlas: S. 232, B/C 3

Zuerst die gute oder die schlechte Nachricht? Beginnen wir mit der schlechten: Es regnet in Santiago durchschnittlich an 165 Tagen im Jahr. Und jetzt die gute: Der Regen ist gar kein Regen. Er ist Champagner. Das jedenfalls behaupten die 95 000 Bewohner. Regen sei hier kein nervendes Nass, sondern ›Champagner des Alltags‹. Kein barocker Bau, keine Kirchenfassade, kein schmucker Adelspalast käme so gut zur Geltung, würde der edle Tropfen dem Gemäuer nicht diesen unverwechselbaren Schimmer verleihen. Und deshalb, heißt es, sei sogar der Regen selber Kunst: »la lluvia es arte«. Die Compostelaner erzählen das, ohne eine Miene zu verziehen, und setzen gleich noch einen drauf: Es sei gar nicht falsch, wenn man im sonnenverwöhnten Andalusien behaupte, Galicier kämen schon mit einem Regenschirm zur Welt. »Wir sind eben etwas praktischer veranlagt als die da unten im Süden.« Natur-Champagner gibt es allerdings vor allem in den Wintermonaten, und so ›muss‹ man im Sommer mit zahlreichen sonnigen Tagen rechnen.

Ob Schauer oder nicht, Santiagos Altstadt ist immer einen Besuch wert. Die Stadt verdankt dem Heiligen Jakob fast alles: ihren Namen, ihren Ursprung, ihren Ruf und ihre perfekt erhaltene Altstadt aus Granit. Sie wurde mit Rom und Jerusalem im Mittelalter nicht nur eine der drei wichtigsten Stätten der Christenheit, sie ist inzwischen auch politisches Zentrum Galiciens und eine ausgesprochen quirlige Universitätsstadt. Ihr Kern ist ein traumhaftes romanisches Gebilde mit barockem Überbau und einer der bedeutendsten Kathedralen der Welt. Das gesamte Ensemble hat die UNESCO folgerichtig zum Weltkulturerbe bestimmt.

Stadtgeschichte

Der Name der Stadt geht auf den Heiligen Jakob (Sant-Iago) zurück, dessen Grab ein Einsiedler im 9. Jh. auf einem Sternenfeld (lat. Campus stellae =

113

Santiago de Compostela

Atlas: S. 232

Die Kathedrale von Santiago de Compostela im Abendlicht

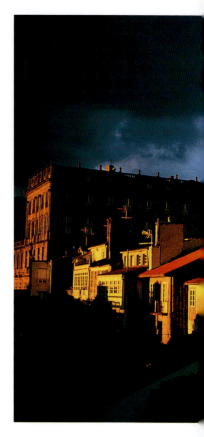

Compostela) gefunden haben soll. Die Stadt hatte damit ihren Ursprung und entwickelte sich bald zu einem geistigen Zentrum im Kampf gegen die Mauren. Der Emir von Córdoba schickte darauf 997 den gefürchteten Feldherrn Almanzor (al-Mansur) nach Santiago, der mit seinen Truppen die gut 100 Jahre zuvor errichtete Pfeilerbasilika samt der umliegenden Bauten kurz und klein schlug. Damals wertete so mancher Bewohner den Überfall als Vorbote der anstehenden Apokalypse der Jahrtausendwende. Doch statt unterzugehen, blühte Santiago erst richtig auf. Bereits 1188 war die romanische Kathedrale an der Stelle der einstigen Basilika mit ihrem Pórtico de la Gloria fertig gestellt. Die Stadt avancierte zu einem der bedeutendsten Pilgerziele der europäischen Christenheit.

Allerdings, der Ruhm hielt nicht an. Während die Kathedrale im 17. Jh. ihre barocke Westfassade und die Zwillingstürme bekam, wurde es auf dem Jakobsweg nach Santiago und in den Gassen der Stadt immer stiller. Ganz Galicien wandelte sich schon seit der Reformationszeit vom Mittelpunkt der religiösen Welt zur bloßen Randerscheinung. Politisches Gewicht bekam die Stadt erst wieder 1981 mit dem neuen Autonomiestatut der Nach-Franco-Zeit. Seither wacht der galicische Präsident im Parlament (Xunta) über die Geschicke der vier Provinzen Galiciens, wobei Santiago administrativ der Provinzhauptstadt A Coruña untergeordnet ist.

Stadtbesichtigung

Der ›Platz des goldenen Werks‹

Als Johannes Paul II. im Jahr 1982 Santiago besuchte, tat er dasselbe wie Jahre später der kubanische Staatschef galicischer Herkunft, Fidel Castro, oder die jährlich Millionen Pilger und

Stadtplan: S. 118/119

Der ›Platz des goldenen Werks‹

Touristen: Er ging sofort auf die **Praza do Obradoiro** [1], den zentralen ›Platz des goldenen Werks‹.

Das Kirchenoberhaupt war begeistert von der Kulisse aus Granit, der barocken Kathedralenfassade, die dem Platz ihren Namen gab, nicht zuletzt aber – schon lange vor seiner ersten CD – auch von der Akustik. Das wundert nicht. Das weitflächige Quadrat ist eingerahmt von illustren Bauwerken, deren Fassaden damals nicht nur die Worte des Papstes widerhallen ließen, sondern auch die begnadete Stimme der Salsa-Sängerin Celia Cruz oder die alljährlichen Feuerwerks-Knaller in der Nacht zum 25. Juli beim Jakobsfest.

Scharenweise finden sich Pilger auf dem weiten Platz ein, laufen akkurat gekleidete Bodyguards neben den Par-

Santiago de Compostela

lamentariern her, werben Hostal-Besitzerinnen für ihre Zimmer und gehen Dudelsackbands ihrem einträglichen Studentenjob nach. Der Obradoiro-Platz ist die Schaubühne Santiagos und daher sicher ein guter Ausgangspunkt für einen Stadtrundgang.

Das **Hostal dos Reis Católicos** 2 im Norden des Platzes ließen die Katholischen Könige 1498 zunächst als Pilgerhospiz errichten, heute beherbergt der Bau den berühmtesten und teuersten Parador ganz Spaniens. Nur wenige Jahre nach der Gründung entstand auch das ornamentreiche Eingangsportal, im plateresken Stil – es wirkt wie von Silberschmieden gefertigt. Rätsel gibt ein Wasserspeier gleich neben der Königlichen Suite an der Frontseite auf, weil keine Einigkeit darüber herrscht, warum er ausgerechnet ein menschliches Hinterteil darstellt. Mancher Kunsthistoriker glaubt, ein galicischer Steinmetz habe damit sein Verhältnis zur kastilischen Krone ausdrücken wollen.

In den Ausmaßen nicht minder beeindruckend als der Parador zeigt sich das Rathaus, das in dem klassizistischen **Pazo de Raxoi** 3 (1777) untergebracht ist. Benannt ist der lang gestreckte Bau des *pazo* (Palast) nach dem Auftraggeber, Erzbischof Raxoi.

An der Ostseite des Palastes, links neben der Kathedrale, liegt der wesentlich ältere **Pazo de Xelmírez** 4 (auch Palacio de Arzobispo) aus dem 12./13. Jh. Das wichtigste romanische Zivilgebäude der Stadt besitzt einen immerhin 32 m langen und 8 m breiten großartigen Festsaal. Da hier oft Grafen und sogar Könige ihre Hochzeits-

bankette ausrichteten, sind entsprechende Festmahlszenen an den Kapitellen und Kragsteinen zu sehen (Di–So 10–13.30, 16.30–19.30 Uhr).

Schlicht wirkt demgegenüber das **Colexio de San Xerome** 5 an der Südseite des Platzes mit seinem romanisch-gotischen Figurenportal (1490).

Die Kathedrale

Glanzstück und Orientierungspunkt des Platzes aber ist natürlich die **Kathedrale** 6 (tgl. 9–20, im Winter 9–19 Uhr). Hinter der imposanten Westfassade, die Fernando Casas y Nóvoa im 18. Jh. im üppigen spätbarocken Stil gestaltete, verbirgt sich der dreischiffige romanische Innenraum (1075–1211), der später mit Elementen der Gotik und Renaissance modernisiert wurde. Über eine doppelläufige Freitreppe, unter der die so genannte Alte Kathedrale mit ihren massiven Pfeilern besichtigt werden kann, geht es zu dem kunsthistorischen Juwel des Baus, dem romanischen **Pórtico de la Gloria.**

20 Jahre lang, 1168–1188, überwachte ein Baumeister namens Mateo die Gestaltung dieser Steinsymphonie aus über 200 Figuren. Das dreiteilige ›Tor der Glorie‹ repräsentiert das Weltgericht. Es zeigt im Tympanon des mittleren Bogens Christus als Erlöser, umgeben von den vier Evangelisten. Die Plastiken präsentieren hervorragend ausgearbeitete Details der Werkzeuge des Martyriums wie Geißel und Lanze ebenso wie zeitgenössische Musikinstrumente, welche die 24 Ältesten der Apokalypse in den Händen

Die Kathedrale

Stadtplan: S. 118/119

halten. Der Betrachter kann sich kaum satt sehen an den nackten Figuren von Adam und Eva, den Weihrauch spendenden Engeln, den gefräßigen Ungeheuern, Bären, Löwen und Adlern. Die mittlere Säule, über der der Apostel Jakobus zu sehen ist, stellt die Wurzel Jesse dar. Heute wie damals berühren Pilger am Ende der Wallfahrt die Wurzel aus Stein, bevor sie durch das Längsschiff zum Grab des Apostels gehen. Mit den Fingern greifen sie dabei in die Vertiefung der Säule, wie es vor ihnen schon Millionen anderer Pilger gemacht haben, der Segnung wegen. Brauch ist es auch, die Stirn leicht gegen den Kopf des Meisters Mateo zu stoßen, der sich hinter der Säule selbst dargestellt hat, in der Hoffnung, dass etwas von seiner Genialität übertragen werde.

Der Pórtico de la Gloria hat nicht nur die Baumeister zahlreicher anderer Kirchen inspiriert. Die Musikinstrumente

Sehenswürdigkeiten

1. Praza do Obradoiro
2. Hostal dos Reis Católicos (Parador)
3. Pazo de Raxoi (Sitz des galicischen Präsidenten)
4. Pazo de Xelmírez (Bischofspalast)
5. Colexio de San Xerome
6. Kathedrale
7. Praza das Praterías
8. Praza da Quintana
9. Kloster San Paio de Antealtares
10. Casa da Parra
11. San Martiño Pinario (Kloster)
12. Markthallen
13. Casa da Troia
14. Colexio de Fonseca
15. Stadtpark Carballeira de Santa Susana
16. Santo Domingo de Bonaval
17. Museo do Pobo Galego (Galicisches Volkskundemuseum)
18. Centro Galego de Arte Contemporánea (Museum für Moderne Kunst)
19. Museo das Peregrinacións (Pilgermuseum)
20. Kirche Santa María la Real de Sar

Unterkunft

21. Virxe da Cerca
22. Hesperia Gelmírez
23. Alameda
24. Suso
25. Pazo de Agra

Essen & Trinken

26. Toñi Vicente
27. Sexto II
28. El Asesino
29. El Estanco
30. O Dezaséis
31. Terra Nosa
32. Prada a Tope
33. Mesón Cortegada
34. A Tulla
35. Casa Manolo

Stadtplan S. 118/119 ▷

Santiago de Compostela

Atlas: S. 232

Stadtplan   # Santiago de Compostela

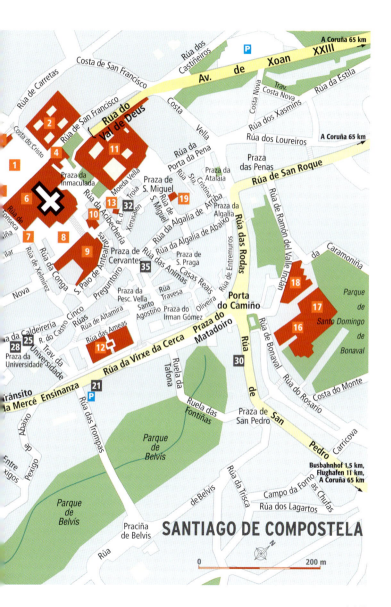

119

Santiago de Compostela

Atlas: S. 232

der 24 ›Alten‹ beispielsweise, die sie für den Fall des Jüngsten Tags stimmen, sind detailgenau rekonstruiert worden. Und so wird auf den Holzinstrumenten wie der augenförmigen Fiedel, der Drehleier, der länglichen Laute und der Harfe so manches mittelalterliche Konzert musiziert.

Auch als Romanvorlage hat der Pórtico schon gedient. In ›Der Bleistift des Zimmermanns‹ lässt der galicische Autor Manuel Rivas einen republikanischen Gefangenen im Spanischen Bürgerkrieg zu Bleistift und Papier greifen, um das ›Tor der Glorie‹ neu zu entwerfen. Er malt im Gefängnis – das sich tatsächlich gleich hinter dem Rathaus von Santiago befindet – den Eisenbahngewerkschaftler als Evangelisten Johannes, den ehemaligen Bürgermeister als Moses mit der Gesetzestafel, den etwas einfältigen Mithäftling Dombadán als Engel mit der Trompete und seine Franco-Peiniger selbstredend als die Ungeheuer mit den Raubtierkrallen. Die Hauptfigur im Roman, ein Arzt, wird auf dem Blatt Papier zum Propheten Daniel. An dem romanischen Tor ist diese Figur übrigens die einzige, die lächelt. Es heißt in Santiago, der Prophet schaue zu dem einst übergroßen Busen der Königin Esther herüber, deren ›Gesichtsfarbe‹ bis heute etwas errötet. Ein sittenstrenger Bischof habe deshalb durchgesetzt, den Busen abzumeißeln.

Im **Innenraum** der 94 m langen und 63 m breiten Kathedrale (allein der Kreuzgang ist 44 mal 44 m breit) erhebt sich über dem Grab des Apostels der goldverzierte Hauptaltar Capilla Mayor mit einer versilberten Jakobsfigur. Über

eine hintere Treppe kann man sich der Heiligenfigur nähern. Mit einem Kuss auf die Rückseite der Skulptur manifestieren Pilger die endgültige Ankunft nach der langen Wallfahrt. Von diesem Platz hinter der Jakobsfigur bietet sich ein grandioser Blick auf den Innenraum mit seinen zahlreichen Seitenkapellen. Eine schmale Treppe führt unterhalb des Altars zu dem Schrein mit den Gebeinen des Apostels. Die Debatte um die Echtheit der Reliquie bleibt, zumal auch die französische Stadt Toulouse die Reliquie des ›wahren Jakob‹ für sich beansprucht.

Vor der Capilla Mayor hängt unter der 33 m hohen Vierungskuppel an Feiertagen der *botafumeiro,* ein über 50 kg schweres Weihrauchgefäß, das sechs

120

Stadtplan: S. 118/119

Praza das Praterías und Quintana

Messe in der Kathedrale

Noch älter als der Pórtico de la Gloria ist die **Puerta de las Platerías,** die ›Pforte der Silberschmiedearbeiten‹. Der Figurenschmuck am Südportal stammt teilweise noch aus dem 11. Jh. Zu sehen sind etwa die Heilung eines Blinden, die Dornenkrönung und auch eine Frau mit einem Totenkopf auf dem Schoß. Auch hierzu wissen die Bewohner eine Geschichte, warum die Steinmetzen das Motiv meißelten: Der Schädel gehörte ihrem Mann, dem sie zu Lebzeiten geschworen hatte, täglich seinen Kopf zu küssen.

Links vom Portal, fast in Augenhöhe zum Betrachter, ist König David mit der Fiedel dargestellt, die mit Abstand meist fotografierte Figur des Tores, wenn nicht sogar der ganzen Kathedrale.

bis acht Männer an Feiertagen durch das mittlere Querschiff schwingen. Das ist schon seit dem 14. Jh. Tradition. Damals – darauf machen die Führer durch die Kathedrale gerne aufmerksam – diente der Weihrauch nicht zuletzt dazu, den Geruch der lange gepilgerten Menschen zu ›harmonisieren‹, die in der oberen Etage der Kathedrale schliefen.

Zu den **Museen der Kathedrale** (tgl. 10–13.30, 16–19.30, im Winter 11–13.30, 16–18 Uhr) gehören der Kirchenschatz *(tesoro)* im rechten Seitenschiff mit Goldschmiedearbeiten und liturgischen Gewändern sowie die Bibliothek im südlichen Querschiff und das Teppichmuseum mit Werken von Bayeu, Goya und Rubens.

Rund um Praza das Praterías und Quintana

Durch das Südportal der Kathedrale geht es zu einer breiten, oft von Besuchern belagerten Treppe mit bester Aussicht auf die **Praza das Praterías** [7]. Im Schatten des 72 m hohen Uhrenturms der Kathedrale, dem Torre del Reloj, speien vier steinerne Pferdeköpfe Wasser in einen Brunnen. Auf dem Weg zur angrenzenden Praza da Quintana fällt links an einer Mauerecke der Kathedrale eine frei stehende Säule auf, die nach oben hin leicht verdickt ist. Ihr Schatten, hervorgerufen durch eine abends leuchtende Laterne, fällt so an die Kathedralenwand, dass die Umrisse eines Pilgers mit Mantel und Stab erscheinen. Berühmter noch als

Santiago de Compostela

Atlas: S. 232

der Pilgerschatten ist die Puerta Santa, das Heilige Tor der Catedral. Es wird nur im Heiligen Jahr geöffnet, wenn der Tag des Apostels (25. Juli) auf einen Sonntag fällt.

Die weite **Praza da Quintana** 8 war einst ein stiller Stadtfriedhof, heute ist der Platz Treffpunkt von Studenten und der galicischen Linken, die hier an jedem 25. Juli lautstark für mehr Autonomie plädieren.

Das nüchterne **Kloster San Paio de Antealtares** 9 an der Ostseite des Platzes bewohnen schon seit dem 18. Jh. Benediktinerinnen. Namensgeber war Pelayo (galicisch: Paio), der Einsiedler also, der das Grab des Apostels entdeckte.

Eine breite Treppe führt hinauf zur **Casa da Parra** 10, einem verspielten Barockgebäude mit Balustraden, vor dem oft einige Tische und Stühle zum Verweilen einladen.

Nördlich der Casa werden heute im gewaltigen **Monasterium San Martiño Pinario** 11 an der Praza da Inmaculada Priester ausgebildet. Es war im Mittelalter ein mächtiges religiöses Zentrum der Stadt, dem zeitweise über 30 Klöster und Priorate unterstanden. Die barocke Klosterkirche aus dem 17. Jh. besitzt eine platereske Hauptfassade und eine goldglänzende, hochbarocke Altarwand von Fernando Casas y Nóvoa (1730).

Die Rúas – Santiagos romantische Altstadtgassen

Südlich der Kathedrale liegt die Rúa do Franco, benannt nach den damaligen französischen Händlern (nicht nach dem Diktator). Sie, die Rúa Nova und die Rúa do Vilar sind stimmungsvolle, im Mittelalter angelegte und ziemlich lang gezogene Gassen. In ihnen und in den kleinen Querverbindungen haben sich unter den Arkadengängen zum Teil sehr gemütliche Tavernen eingenistet, aber auch himmelschreiende Souvenirshops, die den Apostel schon mal als Donald Duck aus Plastik anbieten. Eine der Gassen, genannt Entrerrúas, ist so schmal, dass an manchen Stellen mit einem aufgespannten Regenschirm kein Durchkommen ist.

Kaum ein Baum wächst hier, stattdessen säumen herrschaftliche Adelshäuser die Gassen, ein Theater und – weiter östlich – die Universität sowie die alten **Markthallen** 12. Darin verkaufen Bauern der Umgebung vormittags galicische Spezialitäten in Hülle und Fülle: sattgrüne Paprikaschoten aus Padrón, junge Cachelos-Kartoffeln aus Ourense, die man mit Schale isst, Entenmuscheln aus Corme und gefüllte Teigtaschen *(empanadas)* aus Santiago selbst. Tagsüber ist es in den nahen Gassen Feixóo, Cinco Rúas und San Paio viel stiller als rund um die Rúa do Franco, nach 20 Uhr locken aber Bars wie das ›Crechas‹, das ›Paraíso Perdido‹, das ›Metate‹ und das ›Modus Vivendi‹ viele Nachtschwärmer an. Zwei dieser Bars heißen – zufällig oder nicht – ›Paris‹ und ›Dakar‹, was Studenten ab und an zu einer stets vollgetankten Sauf-Rallye motiviert.

Ihr Stammhaus ist die **Casa da Troia** 13 nördlich der Praza da Quintana. Dort, in der Rúa da Troia, liegt auch ein gleichnamiges Studentenhaus, das vor langer Zeit durch eine humorvolle

122

Novelle des Schriftstellers Alejandro Pérez Lugín berühmt wurde: ›La Casa de la Troya‹ schrieb er 1915 als aufmerksame und bisweilen bissige Milieustudie.

Zurück zur Rúa do Franco. Dort liegt der belebte, kleine Fonseca-Platz. Das Kolleg gegenüber, das **Colexio de Fonseca** 14, hat ein gleichnamiger Erzbischof im 16. Jh. für junge Theologen bauen lassen. Heute ist es ein Kulturzentrum mit einem beachtlichen Renaissance-Portal, ionischen Säulen, einem zweigeschossigen Innenhof und einer Mudéjar-Täfelung in der alten Aula.

Von dem Platz geht auch die Rúa da Raíña ab, die schmale ›Gasse der Königin‹ mit ihren Weintavernen, in denen es den leichten, süffigen Ribeiro-Weißwein aus kleinen, weißen Porzellantassen gibt.

Der Park Carballeira de Santa Susana

Von der Kathedrale aus führt die Rúa do Franco geradewegs auf Santiagos Stadtpark **Carballeira de Santa Susana** 15 zu und mündet zunächst in den terrassengesäumten Platz Porta de Faxeiras. An der Alameda stehen still und gusseisern die zwei Marías. Nie waren die beiden so still wie heute, die Statue Las Dos Marías ist eine Reverenz an die größten Schwatzbasen des compostelanischen 20. Jh. Zu Lebzeiten, heißt es, sprachen und fluchten Doña María und Doña María in den Altstadtgassen jeden an, wirklich jeden.

Ein Parkspaziergang nach rechts herauf bietet die schönsten Ausblicke der Stadt auf die Kathedrale, die hier, vor allem vom Abendlicht und den Strahlern beleuchtet, herrlich zur Geltung kommt.

Jenseits des Pilgertors

Über das Pilgertor Porta do Camiño führt der Weg zum **Kloster Santo Domingo de Bonaval** 16 (18. Jh.). In einem Seitenflügel ist das **Museo do Pobo Galego** 17 (Di–So 10–13, 16–19 Uhr) untergebracht. Die verschiedenen Stockwerke präsentieren archäologische Funde, galicische Gemälde und Alltagsgegenstände. Verbunden sind sie durch eine fantastische, dreifache Wendeltreppe. Sehenswert ist auch das Pantheon illustrer galicischer Persönlichkeiten, u. a. mit den Gräbern der Dichterin Rosalía de Castro (1837–1885) und des Satirezeichners und Politikers Alfonso Daniel Castelao (1886–1950).

Der Granitkasten links neben dem Kloster ist zwar keine Schönheit, doch zeigt das **Centro Galego de Arte Contemporánea** 18 (Di–Fr 10–20, Sa 10.30–13.30, 17–20, So 10.30–13.30 Uhr) gelegentlich sehenswerte Wechselausstellungen zeitgenössischer galicischer Künstler. Auch der Panoramablick ist von hier aus beachtlich. Dahinter stehen im Park Santo Domingo de Bonaval einige Statuen des berühmten Basken Eduardo Chillida.

Nicht weit entfernt liegt an der Praza de San Miguel das kleine Pilgermuseum der Stadt, das **Museo das Peregrinacións** 19 (Di–Fr 10–20, Sa 10.30–13.30, 17–20, So 10.30–13.30 Uhr). Das gotische Haus gibt einen

Santiago de Compostela

Atlas: S. 232

Überblick über die Geschichte der Wallfahrt nach Santiago. Besonders attraktiv: Anhand von Modellen lassen sich die einzelnen Bauphasen der Kathedrale nachvollziehen.

Außerhalb der Stadt

Zahlreiche Klöster, der relativ neue Universitätskomplex, das moderne Auditorio de Galicia und die umstrittene Ciudad de la Cultura des amerikanischen Architekten Peter Eisenman liegen rund um Santiago.

Vor allem aber eine kleine Kirche, 1 km südöstlich der Altstadt, lohnt den Besuch. **Santa María la Real de Sar** 20 (Di–Sa 10–13, 16–19 Uhr) erreicht man über die Straßen Castro Douro/Sar de Afora. Der dreischiffige romanische Bau (12. Jh.) ist im Lauf der Jahrhunderte oft verändert worden. Im Kircheninnern kann es dem Besucher schon mulmig werden, denn die Pfeiler und Mauern sind erheblich geneigt. Strebepfeiler müssen den Bau davon abhalten, gänzlich einzustürzen. Im alten Kreuzgang sind noch neun romanische Bögen mit 24 Kapitellen erhalten, die aus der Werkstatt von Meister Mateo stammen sollen, der auch den Pórtico de la Gloria der Kathedrale schuf.

25 km südöstlich liegt an der N-525 ein besonders schmuckes galicisches Landhaus, der **Pazo de Oca** (tgl. 10–13, 15–20 Uhr). Ausgestattet ist er mit Barockmöbeln, Wandmalereien und einer eigenen Hauskapelle. Im Park sind neben Myrten und Rosen verschiedene exotische Pflanzen zu sehen.

Oficina de Turismo: Rúa do Vilar 43, Tel. 981 58 40 81, Fax 981 56 51 78, www.santiagoturismo.com. Weitere Infostellen an der Praza de Galicia, dem Flughafen, Bahnhof und Busbahnhof. **Pilgerinformation:** Rúa do Vilar 1, Tel. 981 56 24 19.

******Hostal dos Reis Católicos** 2: Praza do Obradoiro 1, Tel. 981 58 22 00, Fax 981 56 30 94, santiago@parador.es, www.parador.es. Neben der Kathedrale gelegene Nobelunterkunft und einstiges Pilgerhospiz der Katholischen Könige. Rund 200 €.

*****Virxe da Cerca** 21: Virxe da Cerca 25, Tel. 981 56 93 50, Fax 981 58 69 25. Ritterliches Ambiente, herrliches Frühstückshäuschen im Garten, naher Parkplatz. 120 €.

*****Hesperia Gelmírez** 22: Hórreo 92, Tel. 981 56 11 00, Fax 981 55 52 81. Ansprechendes Mittelklassehotel mit 138 Zimmern in der Neustadt. Parkhäuser in der Nähe, 5 Minuten Fußweg in den Altstadtkern. 90–120 €.

****Alameda** 23: San Clemente 32, Tel. 981 58 81 00, Fax 981 58 86 89. Südwestlich gelegenes, sauberes Hostal (Zimmer mit und ohne Bad). 45 €.

***Suso** 24: Rúa do Vilar 65, Tel. 981 58 66 11. Nahe dem Tourismusamt sehr zentral gelegen, oft von Pilgern frequentiert. 40 €.

***Pazo de Agra** 25: Rúa da Caldeirería 37, Tel. 981 58 35 17. Sehr preiswert, kleine Zimmer teils mit Blick auf die alte Uni, ruhig gelegen. 40 €.

Toñi Vicente 26: Rosalía de Castro 24, Tel. 981 59 41 00, So und erste Hälfte Aug. geschl. Die preisgekrönte Köchin aus einer galicischen Kochfamilie (s. Interview S. 127) serviert marinierten Seebarsch, Jakobsmuscheln auf Zucchini, Lachs mit einer leichten Spinatcreme und selbst gemachte, hauchdünne Man-

Stadtplan: S. 118/119

Santiago de Compostela

Überall in den Markthallen von Santiago gibt es den Kuhkäse *queso de tetilla*

delteigröllchen. Entsprechende Preise, aber einmal im Urlaub sollte man sich einfach etwas gönnen. Ab 50 €.

Sexto II 27: Raiña 23, Tel. 981 56 05 24, So Abend geschl. Miguel González kocht gerne aus seinem selbst verfassten Kochbuch ›O sexto cociñar‹. Stars sind Pasteten *(empanadas)*, Kalbskoteletts und die relativ preiswerten Meeresfrüchte. À la carte rund 30 €.

El Asesino 28: Praza da Universidade 16, Tel. 981 58 15 68. ›Mörder‹ (Asesino) riefen die Studenten, als der Koch mit einem riesigem Messer bewaffnet vor der benachbarten Fakultät für Geisteswissenschaften ein entflohenes Huhn verfolgte. Die traurige Nachricht: Der Koch erwischte das Federvieh. Sehr beliebt. Tagesgerichte 15–30 €.

El Estanco 29: Hórreo 26, Tel. 981 56 38 08. Galicische Küche sowie Paella, angemessene Preise, etwas steriles Interieur. Moderat. Das Estanco teilt sich die Küche mit dem viel teureren **Fornos**, einem Klassiker unter Santiagos Edelrestaurants gleich um die Ecke an der Praza de Galicia. 15–30 €.

O Dezaséis 30: San Pedro 16, Tel. 981 57 76 33. Hier erlebt man, was Galicier unter zünftig verstehen. Sehr *galego* von der Seekrake *(pulpo)* bis zur Paprikaschoten-Tortilla, dazu süffige Landweine – vor allem – in Weiß. 15–35 €.

Terra Nosa 31: Rúa Nova de Abaixo 5, Tel. 981 59 73 54, So geschl. Bei den Anwohnern in der Neustadt beliebt, denn hier gibt es eine bezahlbare, beachtliche Auswahl an deftigen Suppen, Muschel-Pilz-Pfannen, Fleischgerichten und Nachtischen. Rund 20 €.

Prada a Tope 32: Troia 10, Tel. 981 58 19 09. Gemütliche Tapa-Bar mit Käse, Tortilla, Pfefferwürsten und so manchen Spezialitäten aus León. 10–25 €.

Santiago de Compostela

Atlas: S. 232

Mesón Cortegada 33: San Clemente 2, Tel. 981 56 50 30. Winzig, dabei akzeptable Gerichte, vor allem das preiswerte Menü. Rund 12 €.

A Tulla 34: Entrerrúas s/n, Tel. 981 58 08 89. Bar-Restaurant mit Terrasse auf einem winzigen Platz, wo man sich mit kleinen Tapas verwöhnen lassen kann. Preiswert.

Casa Manolo 35: Pl. Cervantes s/n, Tel. 981 58 29 50. Sehr preiswerte Tagesmenüs und ordentliche Auswahl an Fisch und Fleisch, gut besucht. Menü (ohne Wein) unter 10 €.

Cafés: Schon vormittags ist das altehrwürdige Café Derby (Huérfanas 20, an der Praza de Galicia) mit seinem Jugendstildekor einen Besuch wert. Caféterrassen gibt es u. a. auf der Praza da Quintana und an der Porta Faxeiras.

Kunsthandwerk vom Gagatstein bis zu Spitzendecken gibt es vor allem in den zentralen Gassen Rúa Nova und Rúa Vilar.

Ébano: Rúa do Vilar 77. Konditorei, u. a. mit den nahrhaften Santiago-Kuchen mit ausgepudertem Jakobskreuz *(tarta de Santiago).*

Sargadelos: Rúa Nova 16, in der Altstadt. Kunterbunte Keramik aus der berühmtesten Fabrik gleichen Namens im Norden Galiciens. Besonders beliebt: die farbenfrohen Schutzamulette in Form eines Fisches, einer Hand oder eines Labyrinths gegen den bösen Blick, Hinterhältigkeiten und vieles mehr.

Centro Comercial Compostela: Rúa do Restollal 50, Kaufhausgigant südöstlich der Altstadt und des Bahnhofs.

Adolfo Domínguez: Senra s/n. Galicische Damenmode, teuer und elegant.

Roberto Verino: Xeneral Pardiñas 8. Die etwas günstigere, schlichtere Konkurrenz mit Mode aus dem südgalicischen Verín.

Zara: Praza de Galicia Ecke Montero Ríos. Mode für Sie und Ihn aus der Schneiderfabrik in A Coruña, um Längen preiswerter als bei uns.

Beliebt sind die ehemalige Schokoladenfabrik **Metate** (zwischen den Gassen San Paio und Preguntoiro), die Kelten-Bar **Crechas** (Ecke Azabachería, San Paio), das wenige Meter weiter westlich gelegene, höhlenartige **Paraíso Perdido** und die Disko **Liberty** (Alfredo Brañas s/n, in der Neustadt) mit vorwiegend lateinamerikanischen Klängen. Gute Cocktails gibt es im **Momo** (›A Rúa‹) südöstlich des Marktes.

Kinos: Yago, Rúa do Vilar 51, im Zentrum; Compostela, Ramón Piñeiro 3–5, nahe dem Bahnhof.

Theater: Teatro Principal, Rúa Nova 34, Tel. 981 58 19 28. Die Real Filharmonía de Galicia tritt im hypermodernen Auditorio de Galicia auf, Avda. do Burgo das Nacións s/n, Tel. 981 57 10 26. Programm beim Tourismusamt.

Fiestas de Santiago: 16.–31. Juli, Fest zu Ehren des Schutzpatrons Santiago. Theater, Livemusik überall in der Stadt. Höhepunkt ist der 25. Juli.

Flughafen: Der Aeropuerto de Lavacolla liegt 11 km östlich des Zentrums. Tel. 981 59 15 75 (kein Last minute). Inlandsflüge sowie nach Berlin, Frankfurt, Hamburg, München, Genf, Zürich.

Bahnhof: Hórreo s/n, Tel. 981 52 02 02. 12 x tgl. nach A Coruña. Stdl. über Pontevedra nach Vigo, 6 x tgl. nach Ourense, 1 x tgl. nach León und Burgos.

Busbahnhof: San Cajetano s/n, Tel. 981 58 77 00. Bus Nr. 10 verkehrt zwischen der Estación de Autobuses und der zentralen Praza de Galicia. Stdl. nach A Coruña, Pontevedra und Noia, 7 x tgl. nach Lugo, 1–2 x nach Fisterra.

Taxi: Tel. 981 56 10 28.

»AM LIEBSTEN IN DIE FISCHERKNEIPE«

Interview mit der Starköchin Toñi Vicente des gleichnamigen Restaurants (s. S. 124f.):

In den 1980er Jahren haben Sie den Internationalen Gastronomiepreis von Bordeaux gewonnen. Sind Sie der Bocuse Galiciens? (lacht) Das müssen andere entscheiden, der Preis und ein Stern im Michelin waren natürlich schon ein großes Lob.

Sind Galicier Gourmets? Wir haben hier die besten Produkte der Welt – das macht 60 % eines gelungenen Gerichts aus. Wir haben alle erdenklichen Meeresfrüchte, herrliches Fleisch, wunderbare Gemüse. Aber unsere Köche haben sich in den Lehnstuhl der Produktvielfalt gefläzt und beim Kochen herumgedöst. Es geht eben auch um die 40 % Fantasie, da haben uns z. B. die Basken etwas vorausgehabt.

Wie wurden Sie Köchin? Meine Eltern haben mir keine Wahl gelassen (lacht). Sie hatten ein Restaurant in Tomiño bei Tui und ich bin in dieser Welt aufgewachsen bis ich etwas über zwanzig Jahre alt war. Dann habe ich ein eigenes Restaurant in Vigo aufgemacht, bevor ich nach Santiago kam.

Was sind die beliebtesten galicischen Produkte? Vor allem unsere Austern, Miesmuscheln, Herz- und Venusmuscheln, da versorgen wir ganz Spanien. Dazu kommen gute Kuhkäse, Kalbfleisch und natürlich die Weißweine wie der Rosal, der Ribeiro und der Albariño.

Bieten Sie selber galicische Küche an? Natürlich, sehen Sie, ich führe ein Spitzenrestaurant, da bekommt man selten Steckrüben mit Schinken. Aber wir arbeiten selbstverständlich mit den frischen Produkten Galiciens, vom Kalb über die Languste bis zur Entenmuschel. Jakobsmuschelsalat gehört zu meinen Spezialitäten.

Was essen Sie am liebsten? Ich gehe besonders gerne in die Fischerkneipen am Atlantik, ich mag die Atmosphäre dort. Ein Teller Venusmuscheln und eine Schale Weißwein, das ist das Größte.

Wie gut sind hier die Weine? Albariño-Weißweine wie von Martin Codax und Gran Bazán sind sehr gut, aber auch teuer. Es liegt daran, dass die Anbaugebiete klein sind in Galicien. Es gibt hier auch unzählige kleine Höfe, wo jeder seinen Wein anbaut, der durchaus auch preiswert sein kann. Vor allem bei A Guarda im Rosal-Gebiet oder rund um Cambados. Ich kaufe dort gerne für mein Restaurant ein. Rotweine besorge ich aber eher aus der Rioja und Navarra, da sind sie einfach besser.

Stimmt es, dass Seekraken und Austern sexuell stimulieren? Warum nicht, naja, man hat ja viel geschrieben über erotische Küche, Vázquez Montalbán etwa. Es kann gut sein, dass eine Seekrake ein Aphrodisiakum ist. Aber für einen echten physischen Effekt müsste man unglaublich viel davon essen. Wirklich erotisch ist aber sicher die Begleitung beim Essen, der Blickkontakt.

Haben galicische Emigranten Rezepte aus deutscher Küche eingeführt? Kaum, wir machen schließlich auch gute Schinken und Würste (lacht). Ich glaube, in Vigo gibt es aber ein deutsches Restaurant. Da soll es ausgezeichnetes Sauerkraut und Bier geben. Da muss ich unbedingt auch mal hin.

Die Nordküste Galiciens

An der Hafen-
promenade in
A Coruña

Atlas S. 232–233

A Coruña

Atlas: S. 232

A CORUÑA

An Spaniens Westzipfel glaubten sich die Pilger des Mittelalters am ›Ende der Welt‹, und wer die bizarren Riffe der Todesküste an den nördlichen, fjordartigen Rías Altas Galiciens gesehen hat, wird dies nachfühlen können. Eine Augenweide sind auch die kleinen Fischerdörfer, während die weltoffene ›gläserne Stadt‹ A Coruña viel urbanes Leben ausstrahlt.

Atlas: S. 232, C 2

Auf die Hauptstadt der Provinz Galicien zuzusteuern mag zunächst wenig ermunternd wirken. Allzu funktional und kastenartig sind die Gebäude des Neustadtrings aus dem Boden gestampft. Doch ist erst einmal das Zentrum der Hafenmetropole erreicht, verbessert sich die Laune schlagartig. Originell auf einer Halbinsel gelegen und vom Atlantik umspült, liegt die Altstadt von A Coruña (La Coruña) zwischen Hafen und Stränden. Ihr Wahrzeichen ist der Herkulesturm, der in bester Lage auf einem Kap vor der Stadt Wache hält, und dies schon seit 2000 Jahren.

Bei einem Hafenspaziergang wird deutlich, warum die fast 300 000 Bewohner von A Coruña ihren Wohnort die ›gläserne Stadt‹ nennen: Denn die *galerías* – verglaste, weiß gestrichene Holzvorbauten aus dem 19. Jh. – sind hier so zahlreich und charakteristisch wie nirgendwo sonst in Spanien. Und erlebt man die Open-Air-Konzerte im Feiermonat August, versteht man, wie der galicische Ausspruch gemeint ist:

»In Santiago wird gebetet, in Vigo gearbeitet und in A Coruña gelebt.«

Stadtgeschichte

Auch wenn schon Phönizier und Römer die Hafenstadt kannten, wirklich berühmt machte sie erst das Jahr 1588, als die ›unbesiegbare‹ spanische Armada von hier aus zur Invasion gegen England aufbrach – und am Ärmelkanal geradewegs in die Katastrophe segelte. Schon wenige Monate später kam der Rückschlag, und die englische Flotte unter Sir Francis Drakes zerstörte mit ihren Kanonen große Teile der Altstadt. Allerdings organisierten sich die Bewohner zum erfolgreichen Widerstand, der eine Eroberung verhinderte. Dabei ging eine Fleischersfrau namens María Pita besonders energisch gegen die bewaffneten Mannen des Ex-Piraten vor. So energisch, dass später nach ihr der Rathausplatz und das Stadtfest im August benannt wurden.

A Coruña lebte schon im 19. Jh. nicht schlecht von dem traditionellen Hafen und der Konservenindustrie. Auch die örtliche – noch heute betriebene – Tabakfabrik trug seit Mitte des Jahrhunderts zum Wohlstand bei. Hier kam es zu den ersten proletarischen Streiks in Galicien. Inzwischen profitiert die Stadt nicht mehr nur von Schiff- und Maschinenbau, Eisen- und chemischer Industrie, sondern auch zunehmend vom Tourismus und von den Modehäusern, deren erfolgreichstes ›Zara‹ ist.

Bummel durch die Hafenstadt

A Coruña besteht aus mehreren attraktiven Vierteln. Zum einen ist da die Hafenpromenade mit der sich nordöstlich anschließenden Altstadt. Der Rathausplatz María Pita und die südlichen Altstadtgassen sind reich an Fischer-

tavernen, kleinen Läden und Cafés, in denen Domino das Spiel der Spiele ist. Wenige Schritte weiter westlich liegen die sauberen Stadtstrände Orzán und Riazor vor schmucklosen Betonhäusern mit Meerblick. Strände und Hafen trennen an der engsten Stelle der Halbinsel kaum 500 m. Nördlich der Strände schließlich liegen attraktive Museen und der Herkulesturm als Wahrzeichen der Stadt. Genau dort, wo »der Wind pfeift, solange A Coruña existiert« (Pablo Picasso).

Der **Hafen** [1] ist ein beliebter Treffpunkt und guter Ausgangspunkt für eine Stadtbesichtigung. Kaum ein Stadtprospekt, der nicht die typischen, lichten **Glasveranden** [2] (galerías) an der Avenida de la Marina abdruckt und darunter schreibt: »ciudad cristal«, Glasstadt. Denn die weiß gestrichene Häuserfront mit ihren galerías

---

Sehenswürdigkeiten

[1]	Hafen	[15]	Museum Domus-La Casa del Hombre
[2]	Glasveranden	[16]	Casa de las Ciencias
[3]	Méndez-Núñez-Gärten		
[4]	Hauptplatz María Pita		**Unterkunft**
[5]	Rathaus	[17]	Finisterre
[6]	Museo de Bellas Artes	[18]	Riazor
[7]	Markthalle	[19]	Pazo do Souto
[8]	Santiago-Kirche	[20]	España
[9]	Kirche Santa María del Campo	[21]	La Palma
[10]	Kirche Santa Barbara		
[11]	Jardín de San Carlos		**Essen & Trinken**
[12]	Castillo de San Antón (Burg mit Archäologischem Museum)	[22]	Casa Pardo
		[23]	Casa Jesusa
[13]	Herkulesturm	[24]	Os Dous de Sempre
[14]	Aquárium Finisterre (Meeresmuseum)		Stadtplan S. 132/133 ▷

A Coruña

Atlas: S. 232

132

Stadtplan — A Coruña

133

A Coruña

Atlas: S. 232

aus dem 19. Jh. bildet ein weitgehend homogenes Bild. Fast alle dieser verglasten Balkonhäuser entstanden in den Jahren 1870 bis 1884. Die Bewohner hinter den Veranden gehen vor allem am späten Nachmittag gerne in die gegenüberliegenden **Méndez-Núñez-Gärten** 3 , um an Pavillon, Jugendstil-Kiosk und zahlreichen Palmen vorbei zu spazieren. Hier hat ein Coruñenser selbst gebaute Pferdchen-Kettcars aus Fiberglas und Polyester aufgestellt, die je zwei Kinder per Pedal und Fahrradkette in Bewegung setzen. Das beliebteste Stadtspielzeug wollte schon manch reicher Nordeuropäer mit nach Hause nehmen, jedoch vergeblich. Die ›Pferdchen von A Coruña‹ sind unverkäuflich.

Bevor es weiter zur Altstadt geht, lohnt ein Bummel durch die schmalen Gassen Riego de Agua und Franja mit

Stadtplan: S. 132/133

Altstadt und Kastell

Das neoklassizistische Rathaus von A Coruña

in Nordspanien. Einstige Müllhalden an den Klippen machten einer schmucken Promenade Platz, welche die ganze Halbinsel umrundet; gigantische Tiefgaragen dämmten das Verkehrschaos ein, und moderne Museen wie das relativ neue Kunstzentrum ziehen immer mehr Gäste an, so das **Museo de Bellas Artes** 6 (Di 10–15, Mi–Fr 10–20, Sa 10–14, 16.30–20, So 10–14 Uhr). In dem preisgekrönten Bau des Architekten Manuel Gallego Jorreto aus Aluminium und Glas, der ein ehemaliges Kapuzinerkloster mit einbezieht, ist neben romanischen Skulpturen vor allem europäische Malerei des 16.–19. Jh. zu sehen, darunter Werke von Goya, Velázquez, van Dyck und Rubens.

Altstadt und Kastell

Auf dem Weg zur Altstadt passiert man die **Markthalle** 7. An der Praza San Agustín davor prägen die Figuren von Snoopy, Asterix und auch des bebrillten Journalisten Alvaro Cunqueiro (1911–1981) auf einer Steinbank den ›Platz des Humors‹. Nur wenige Schritte nordöstlich des Rathausplatzes ist die **Altstadt** *(ciudad vieja)* erreicht. Sie liegt auf einer Anhöhe mit zahlreichen krummen Gassen, verschwiegenen Plätzen und kleinen Kirchen. Zu ihnen gehört die dreischiffige **Iglesia de Santiago** 8 als ältestes Gotteshaus der Stadt (ab 1162), die ebenfalls romanische **Santa María del Campo** 9 an der höchsten Stelle der Altstadt und die spätgotische Abteikirche **Santa Bar-**

ihren zahlreichen Restaurants und Bars, wo die fangfrischen Muscheln und Seekraken teils zu Spottpreisen über die Theke gehen. Diese Gassen führen geradewegs auf den **Hauptplatz María Pita** 4 zu, den das neoklassizistische **Rathaus** 5 mit seinem kupferglänzenden Dach dominiert. Der dort regierende Bürgermeister Paco Vázquez hat in den letzten Jahren mehr getan als so mancher seiner Kollegen

A Coruña

Atlas: S. 232

bara [10] an einem der stillen, kleinen Plätze der *ciudad vieja*. Ebenfalls eine Oase ist der Garten **Jardín de San Carlos** [11], in dem ein Denkmal an General John Moore erinnert. 1809 half der Brite, die Stadt gegen die Franzosen zu verteidigen, während A Coruña noch gut 200 Jahre zuvor von Francis Drake unter englischer Flagge fast in Schutt und Asche gelegt worden wäre. Der um 1843 angelegte romantische Stadtgarten bietet eine weite Sicht auf den Hafen, dümpelnde Boote und die gewaltigen Stahlarme der Verladekräne. Zwischen den groben Steinen an der Promenade und dem Wasser hausen so einige hagere, sehr zähe Katzen.

Auch Reste der Stadtmauer und das vorgelagerte **Castillo de San Antón** [12] liegen vom San-Carlos-Garten aus im Blickfeld. Einst Verteidigungsburg und Gefängnis, beherbergt San Antón heute das auf Archäologie spezialisierte **Museo Arqueolóxico e Histórico** (Di–Sa 10–19, So 10–14.30 Uhr). Zu den interessantesten Funden zählen keltische, suebische und westgotische Halsketten und Werkzeuge.

Von dem Kastell aus umrundet eine historische Bahn gegen den Uhrzeigersinn die Halbinsel vorbei am Herkulesturm bis zu den Stränden. Aber auch zu Fuß ist es ein schöner Weg.

Leuchtturm und Museen

Der Leuchtturm **Torre de Hércules** [13] (April–Sept. tgl. 10–19, sonst 10–18 Uhr) ist das Wahrzeichen der Stadt aus römischer Zeit. Als er um 100 n. Chr. errichtet wurde, erreichten die Wärter die 50 m Höhe noch über eine Außenrampe, die 242 Stufen im Innern entstanden erst 1785. Der Name des Bauwerks geht auf eine Legende zurück, nach der Herkules hier drei Tage und Nächte lang gegen den Giganten Gerion kämpfte. Als er den Tyrannen schließlich besiegte, nutzte der Grieche Gerions Schädel als Fundament für den Leuchtturm und stellte an seine Spitze einen magischen Spiegel. Dieser reflektierte das Licht einer Kerze so

Torre de Hércules in A Coruña

136

Stadtplan: S. 132/133

Leuchtturm und Museen

weit, dass es den Seefahrern noch in fernen Ländern Orientierung gab.

Von oben reicht der Blick nicht ganz so weit, doch bietet die Leuchtturmspitze eine gute Übersicht über die anfahrenden Schiffe und die beiden neuesten Museen der Stadt. Im nahen Museum für Meerestiere, **Aquárium Finisterre** 14 (Juli und Aug. 10–22, sonst 10–19 Uhr), kann man Rochen und Haie aus nächster Nähe beobachten. Hier leben viele der meist grau und rötlich gefärbten Tiere des Atlantik, von der Meerspinne bis zur Zahnbrasse, vom Butt bis zur Seekrake. Im Humboldt-Saal schwimmt dagegen die farbenfrohe Unterwasserwelt der Karibik. Die größten Fische tummeln sich in der ›Nautilus‹, einem 4,5 Mio. Liter fassenden Becken. In dem modernen Museum erklingen verschiedene Möwenstimmen per Mausklick, Entenmuscheln lassen sich anzoomen, zu sehen sind auch Fossilien, versteinerte Meereslebewesen, etwa ein 150 Mio. Jahre alter Ichthyosaurus. Besonders Kinder haben hier ihren Spaß. Fünfjährige steuern in einem separaten Becken

A Coruña

Transport- und Polizeischiffe fern. Noch mehr Begeisterung kommt am Außenbecken auf, wo sich von der niederländischen Küste stammende Seehunde tummeln. Ein paar Meter weiter ist eine norwegische Harpune ausgestellt. Mit solchem Gerät gingen galicische Fischer noch bis zum Walfangverbot 1982 auf ihre waghalsigen Jagdfahrten. Man erfährt in dem lichten Bau auch etwas über die Geschwindigkeit der Meerestiere: So schafft ein Schwertfisch 95 km/h, ein Thunfisch 75 km/h, ein Delfin nur 55 km/h, doch die wirkliche ›lahme Ente‹ ist die Grundel mit 1 km/h. Nicht viel schneller sind die Besucher unterwegs, die sich für den interessanten Rundgang gut drei Stunden Zeit nehmen sollten. Zur Verschnaufpause laden Außenterrassen mit Strandblick ein sowie ein Tapa-Restaurant, das neben Stangenbrot und Tortilla mit Paprika und Meersalz garnierte Seekraken-Häppchen *(pulpo)* bietet.

Architektonisch weit auffälliger als das Aquárium ist das Museum **Domus-La Casa del Hombre** 15 (tgl. 10–19, Juli und Aug. 11–21 Uhr), dessen rosa Granitfassade der Japaner Arata Isozaki Anfang der 1990er Jahre als ›windgefülltes Segel‹ entwarf. In den interaktiv eingerichteten Ausstellungsräumen dreht sich alles um die Spezies Mensch, von der Identität des Einzelnen über die Bevölkerungsentwicklung bis zu den Organen. Beachtlich ist auch das Gesicht der ›Mona Lisa‹ von Leonardo da Vinci: Es setzt sich aus 10 062 Porträtfotos aus 110 Ländern zusammen.

Ein weiteres modernes Museum steht schon seit 1983 am anderen Ende des Stadtzentrums im Parque de Santa Margarita, eine stadtplanerische Meisterleistung: die **Casa de las Ciencias** 16 (tgl. 10–19, Juli und Aug. 11–21 Uhr). Um ein foucaultsches Pendel herum ist auf mehreren Stockwerken die Welt der Technik und Naturwissenschaften ausgestellt. Hier können die Gäste das Planetarium besuchen oder Musik am Computer komponieren.

Oficina de Turismo: Dársena de la Marina s/n, Tel. 981 22 18 22.

****Finisterre** 17: Paseo del Parrote s/n, Tel. 981 20 54 00, Fax 981 20 84 62, www.hotelfinisterre.com. Äußerlich ein langweiliger Kasten, der Luxus im Innern hat es aber in sich. Mit Blick auf den Hafen, Schwimmbad und Tennisplatz. 125–170 €.

***Riazor** 18: Avda. Pedro Barrié de la Maza 29, Tel. 981 25 34 00, Fax 981 25 34 04. Mittelklassehotel mit Garage und Aussicht auf den Strand. Rampen für Rollstuhlfahrer. 90–110 €.

***Pazo do Souto** 19: Torre 1, Sísama-Carballo, 33 km von A Coruña und 2,5 km von dem Ort Carballo entfernt. Tel. 981 75 60 65, Fax 981 75 61 91, www.pazodosouto.com, reservas@pazodosouto.com. Restauriertes Steinhaus mitten auf dem Land, mit eigener Kapelle, schönem Blumengarten, sieben Zimmern und fünf Suiten. Hunde sind auch willkommen. 60 €.

España 20: Juana de Vega 7, Tel. 981 22 45 06, Fax 981 20 02 79. Einfach, aber nahe Parkmöglichkeiten (u. a. an der Plaza de Pontevedra) und wenige Schritte zu Strand und Hafen. 60 €.

*La Palma** 21: Riego de Agua 38, Tel. 981 22 96 94. Im fünften Stock eines Hauses mit mehreren Pensionen. Schlicht und zentral. 30 €.

Rund um die Plaza de María Pita gibt es zahlreiche Tavernen, die sich auf

Stadtplan: S. 132/133

A Coruña

Seekrake *(pulpo)*, Tapas-Häppchen oder Meeresfrüchte spezialisiert haben. Besonders zahlreich sind die *bares* und *mesones* in den Gassen Franja, Olmos und Barrera.
Casa Pardo 22: Novoa Santos 15, Tel. 981 28 00 21, So geschl. Die galicische Fachwelt schwärmt von den ›Goldhänden‹ am Herd. Vor allem die Zubereitungen von Seeteufel *(rape)* und Kaisergranat *(cigalas)* sind berühmt. 20–50 €.
Casa Jesusa 23: Franja 8, Tel. 981 22 19 00. Klassische galicische Küche mitten im coruñensischen ›Kiez‹. 15 €.
Os Dous de Sempre 24: Boquete de San Andrés 12, Tel. 981 20 45 18. Mini-Restaurant mit Menüs für rund 10 € und einigen originellen Gerichten.

Aniceto: Cantón Pequeño 23. Um 1800 gegründeter Delikatessenladen mit allerart galicischer Feinkost.
Nicetrip: Curros Enríquez 29. Designerpostkarten mit flippigen Coruña-Motiven, T-Shirts und ausgefallene Geschenkideen in einem flugzeugartig eingerichteten Laden nahe dem Marte-Park.
Märkte: Große Halle an der Praza San Agustín (vormittags). Am lebhaftesten ist der Markt an der Praza de Lugo, wo Fischerfrauen ihren Kabeljau zum Spaß auch schon mal in der Tracht des lokalen Fußballclubs verkaufen, Fanlieder singend, versteht sich.
Modeläden: Galicische Modemacher wie Zara, Roberto Verino, Adolfo Domínguez und Kina Fernández haben ihre Läden u. a. in der Calle del Real.

Östlich der Plaza María Pita wird es in den Tavernen ab 22 Uhr lebendig. Nach Mitternacht geht es u. a. in der Gasse Pasadizo del Orzán weiter, z. B. in der fast schon legendären Salsa-Tanzbar **Latino.** Ein blutjunges Publikum zieht die **Disco Green** nahe dem Stadion Riazor in Strandnähe an.

María Pita zu Ehren

Im August feiert die Stadt ihre Heldin mit Feuerwerk, Kunsthandwerksmärkten und Konzerten u. a. am Strand. Das Coliseo wird in dieser Zeit zur einzig überdachten Stierkampfarena der Welt.

Noite da Queima (San Juan): 23. Juni, bei dem Feuerspektakel brennen am Orzán-Strand selbst gebaute Karikatur-Puppen aus Holz und Pappmaschee; **Stadtfest María Pita:** 1.–31. Aug.

Riazor und Orzán heißen die beiden zentralen **Stadtstrände** auf der gegenüberliegenden Seite des Hafens. Sie sind sauber und sehr gut besucht. Mitunter kann es eine starke Brandung geben. Den Santa-Cristina-Strand erreicht man mit einem Schiff (s. Verkehr).

Aktuelle Abfahrtszeiten stehen in der Tageszeitung ›Voz de Galicia‹, die in allen Bars ausliegt.
Flughafen: Aeropuerto de Alvedro, 9 km südlich des Zentrums, Tel. 981 18 72 00. Tgl. nach Madrid und Barcelona.
Bahn: Estación San Cristóbal, Avda. de la Sardiñeira s/n, Tel. 981 15 02 02. Mehrmals tgl. in alle größeren Städte Galiciens sowie nach Pamplona, Bilbao und Barcelona.
Bus: Caballeros s/n, Tel. 981 23 90 99. Stdl. nach Santiago und zu den Orten der näheren Umgebung wie Sada und Betanzos.
Der **Stadtbus** Nr. 4 verbindet das Zentrum mit dem Bahnhof.
Schiff: Vom Hafen (Dársena de la Marina) stdl. zum Strand Santa Cristina.
Taxi: Tel. 981 28 77 77.

139

Von Betanzos nach Viveiro

Atlas: S. 233

VON BETANZOS NACH VIVEIRO

Kenner Galiciens schätzen die raue Küstenlandschaft im äußersten Norden. Dahinter ragt die Serra da Capelada auf, die Wildpferde durchstreifen. Ritterlich geht es in der Adelsstadt Betanzos zu, mythisch im kleinen Ort San Andrés de Teixido, wo dem Volksmund nach Tote in Tiergestalt unterwegs sind.

Betanzos

Atlas: S. 233, D 2

Schwungvoll eingerahmt von den Flüssen Mendo und Mandeo liegt das Stadtzentrum da wie eine mittelalterliche Filmkulisse. Die alten Herrenhäuser, Stadtmauerreste, Paläste und Arkadengänge formen sich zu einem Ganzen, das die 12 000 Bewohner stolz die ›Stadt der Ritter‹ *(ciudad dos cabaleiros)* nennen. Reiche Adelsgeschlechter kontrollierten von Betanzos aus die Umgebung, und wer dazu gehörte, wie Graf Fernán Pérez de Andrade, ließ sich außerordentlich standesgemäß bestatten. Der Graf stiftete im 14. Jh. die gotische Klosterkirche **San Francisco** und verfügte, dass nach seinem Tod ein Sarkophag unter der Empore des Gotteshauses aufgestellt werde – verordnet, vollbracht. Er zeigt den Grafen als Liegefigur in Ritterrüstung, getragen von Eber und Bär, Tieren, die der Machtmensch zu Lebzeiten besonders gerne erlegte.

Einem ganz anderen Hobby widmete sich ein weiterer berühmter Sohn der Stadt: Juan García Naveira (1849–1933) war Weltenbummler. Um 1900 ließ der steinreiche Händler außerhalb des Zentrums einen verspielten ›Zeitvertreibs-Park‹ errichten. In diesem **Parque O Pasatempo** ließ der Visionär und Volkspädagoge antike Mythen, biblische Legenden, Päpste, Schriftsteller, ein Mädchen mit Telefonhörer in der Hand, exotische Tiere, Zeppeline, Höhlen, Teiche und Aussichtspunkte aus einer damals völlig neuartigen Materie entstehen: aus Zement. Doch in der Folgezeit verfiel der Park, die 265 Figuren bröckelten vor sich hin, und im Spanischen Bürgerkrieg der 1930er Jahre dienten sie den Rekruten Francos sogar als Zielscheibe für Schießübungen. Die Restaurierung des Parks hat den endgültigen Verfall inzwischen zwar stoppen können, ihm mit dem neuen Betonvorplatz und den langen Gittergängen aber wahrlich nicht gut getan. Kritiker meinen, eine solch geschmacklose Instandsetzung gebe es in ganz Nordspanien nicht einmal.

Auch die Statue des Gründers stand einst im Park, schmückt heute aber die zentrale **Praza dos Irmáns García Naveira.** An jedem 16. August wird dieser

Atlas: S. 233

Pontedeume

Hauptplatz zur Schaubühne eines kuriosen Festes. In der Nacht lassen die Bewohner den ›größten Papierglobus der Welt‹ (Eigenwerbung) in den Himmel steigen.

Oficina de Turismo: Emilio Romay s/n, Tel. 981 77 19 46.

***Los Angeles:** Los Angeles 11, Tel. 981 77 15 11. Zentral nahe dem Hauptplatz Praza dos Irmáns García Naveira. Sauber, mit Bad, zwischen 15. Aug. und 15. Sept. fast um ein Drittel teurer. 45 €.

La Casilla: Avda. de Madrid 90 (Parkplatz), Tel. 981 77 01 61, Mo geschl. Deftige Küche wie Kutteln mit Kichererbsen, Seekrake, Seehecht und die populäre, gerade so eben gare Tortilla de Betanzos. Ein Gedicht ist der hausgemachte Pudding *(flan)*. Gerichte um 15 €.

 Markt auf dem Platz Irmáns García Naveira Di, Do und Sa.

Fiestas de San Roque y Santa María del Azorge: 14.–25. Aug., seit dem Jahr 1814 steigt am 16. Aug. ein riesiger Papierballon gen Himmel. Am 18. und 24. Aug. lassen die Bewohner bei den Romerías de Os Caneiros auf dem Río Mandeo bunt geschmückte Schiffe zu Wasser; **Festa do Mosto:** 28./29. Sept., bei diesem Weinfest wird ein erfrischend saurer Rotwein unter die Leute gebracht.

Pontedeume

Atlas: S. 233, D 2
Das 9000-Einwohner-Städtchen wirkt etwas wie die kleine Schwester von Betanzos. Eine Brücke *(ponte)* führt über den Fluss Eume in die Altstadt von Pontedeume. Hier ließ das Adelsgeschlecht der Andrade im 13. Jh. einen Verteidigungsturm bauen, der noch heute über die hübschen Arkadenhäuser des verkehrsberuhigten Zentrums wacht. In den urigen Gassen Real, Dos Freires und Virtudes lohnt eine kleine Verschnaufpause, bevor es zu den umliegenden Highlights geht.

 Beliebt ist in Pontedeume der **Samstagsmarkt** mitten im Zentrum mit Agrarprodukten und Kunsthandwerk.

Ausflüge von Pontedeume

Auf der N-651 nach Süden weist kurz vor Campolongo ein Schild zu der kleinen romanischen Kirche **San Miguel de Breamo** (1187). Die wenige Kilometer lange Anfahrt lohnt sich vor allem wegen des Panoramas. Denn aus gut 300 m Höhe lässt sich von hier aus herrlich die weite Bucht Ría de Betanzos überblicken.

Auf der LC-152 wiederum geht es 12 km am Eume-Fluss entlang bis zu den **Ruinen des Klosters San Juan de Caaveiro.** Der besonders schöne Ausflug führt durch den geschützten Naturpark **Fragas de Eume.** Vorbei an Eichen, Stechpalmen und Birken geht es bis zu einem Parkplatz und von dort 10 Min. zu Fuß zu den efeuüberwucherten Ruinen aus dem Jahr 934. Die Gräber, der Glockenturm (12. Jh.) und das Wappen über dem Torbogen sind 1999 restauriert worden.

141

Von Betanzos nach Viveiro

Atlas: S. 233

Noch verfallener zeigt sich das von Pontedeume 20 km entfernte **Monasterio de Monfero** (ausgeschildert). Zisterzienser haben es im Hochmittelalter gegründet und bis zur Enteignung 1834 geführt. Danach verrottete die große Anlage (nicht antippen, Einsturzgefahr!) zu einem gespenstisch-morbiden Komplex. Was so stimmungsvoll wirkt, ist kunsthistorisch ein Jammer. Denn das romanische Monasterio hatte im 16. Jh. der berühmte Escorial-Architekt Juan de Herrera im Renaissance-Stil erneuert.

Ferrol

Atlas: S. 233, D 2
Auf dem Weg nach Norden liegt der Marinehafen Ferrol (87 700 Einwohner). Die Stadt ist keine Schönheit, besitzt aber eine der größten Werftindustrien Nordspaniens. Hier kam 1892 Francisco Franco zur Welt, weshalb Ferrol während der spanischen Diktatur ›Ferrol del Caudillo‹ (Ferrol des Führers) hieß. Die 7 t schwere Bronzestatue Francos ›zierte‹ noch bis Juli 2002 den Hauptplatz, bevor ein Lastkran das größte und umstrittenste Reiterstandbild Spaniens ins örtliche Marinemuseum beförderte.

Oficina de Turismo: Magdalena 12, Tel. 981 31 11 79.

Nördlich von Ferrol

Nördlich der Hafenstadt Ferrol haben sich seit jeher nur wenige Menschen angesiedelt. Zu stürmisch ist die See, zu unruhig das Wetter an der rauen Felsküste. Grünes, welliges Hügelland, Maisfelder und kleine Siedlungen an der gezackten Küstenlinie prägen das Bild. Die langen Strände sind dem At-

Atlas: S. 233

Serra da Capelada

lantik relativ ungeschützt ausgeliefert, an manchen Abenden machen ausgedehnte, einsame Strandspaziergänge hier besonders viel Spaß.

Cedeira

Atlas: S. 233, D 1
Der Fischerort Cedeira (4500 Einwohner) bildet in der rauen Umgebung eine große Ausnahme, denn seine Hausstrände Magdalena und Area Longa an der weiten Bucht liegen vergleichsweise windgeschützt. Nur im August wird es voll, wenn vor allem spanische Familien zum mehrwöchigen Urlaub kommen, um die Atmosphäre auf der schönen Promenade zwischen den kleinen Booten und Tavernen zu genießen. Im Juni und September bekommt man aber leicht noch ein Zimmer in dem angenehmen Strandort am Atlantik.

Auf der Halbinsel Bares

*Chelsea: Praza Sagrado Corazón 9, Tel. 981 48 11 11. Wenige Schritte bis zum Strand, Zimmer mit Bad und TV für knapp 30 €.
Camping
Valdoviños: Ctra. Ferrol-Cedeira, km 13, Tel. 981 48 70 76, Fax 981 48 61 31. Komplett ausgestattet und relativ schattig, Juni–Sept.

Brisas: Almirante Moreno 8, Tel. 981 48 00 85. Do und So Abend geschl. In Hafennähe. Außer Entrecôte gibt's schmackhaften Thunfisch und marinierten Hering *(arenque marinada)*. Tagesgerichte um 15 €.

 Wildpferdetreiben in der Serra da Capelada: am letzten Wochenende im Juni.

Serra da Capelada

Atlas: S. 233, D 1
Cedeira liegt am Rande der bis zu 620 m hohen Steilküste Serra da Capelada, einer kargen Landschaft, in der zwischen Pinien und seltenen Distelarten plötzlich eine Gruppe von Wild-

Surfparadies

Die gut 35 km zwischen Cedeira und Ferrol sind bei Surfern für den hohen Wellengang an zahlreichen Stränden berühmt. Auf ein Bad sollte man wegen der teils starken Strömung aber besser verzichten.

143

Von Betanzos nach Viveiro

pferden auftauchen kann. Am vierten Sonntag im Juni werden sie für einen lokalen Rodeo in einen Pferch getrieben (Rapa das Bestas, s. S. 182), danach aber wieder in die wunderbare Küstenlandschaft entlassen. Das ganze Jahr über ungestört leben die Seevögel, die sich in den Felswänden und auf den vorgelagerten Inselchen einnisten.

San Andrés de Teixido

Atlas: S. 233, D 1
Auf dem Weg durch die abwechslungsreiche Gegend führt eine Straße zu der Wallfahrtskirche San Andrés de Teixido. Sie thront hoch über dem Meer und ist zwischen Mitte September und Ende November das ungewöhnliche Ziel vieler Pilger. Ein galicisches Sprichwort verrät den Grund: »Ao San Andrés de Teixido vai de morto, o que no foi de vivo« (»Wer nicht als Lebender nach San Andrés pilgert, muss es als Toter tun«).

Christus, heißt es, habe San Andrés etwas aus dem Schatten Santiagos heben wollen, in dem er diese Order aussprach. Tatsächlich ist San Andrés nach Santiago Galiciens wichtigster Wallfahrtsort geworden. Mancher Pilger nimmt noch heute die Seele eines Toten im Bus mit, löst entsprechend zwei Fahrkarten und gibt dem Verstorbenen den Fensterplatz. Andernfalls, so heißt es, müssen die Seelen Tiergestalt annehmen und nach San Andrés krabbeln und kriechen. Daher die dringende Bitte: Treten Sie vor allem hier nicht auf Käfer und Schnecken, es wäre grauenvoll!

 Hauptwallfahrten nach San Andrés gibt es am 8. Aug. und am 29. Sept.

Estaca de Bares

Atlas: S. 233, E 1
Auf dem Weg (C-642) nach Viveiro zweigt eine Straße zu der Landzunge Estaca de Bares ab, dem nördlichsten Zipfel Galiciens. Vor der windumtosten, steilen Felsküste liegt die Insel Coelleira, wo zur Zugzeit Sturmtaucher, Seeschwalben, Pfuhlschnepfen und Basstölpel Station machen. Für Menschen ein attraktives Ziel ist der kleine Ort **Bares** (O Porto de Bares) mit seinem wunderschönen, halbrund geschwungenen und relativ windstillen Strand.

Viveiro

Atlas: S. 233, E 1
Bei einem abendlichen Spaziergang entlang der schönen, verglasten Häuserfassade an der breiten Uferpromenade kommt das Ambiente Viveiros besonders zur Geltung. Stimmungsvoll sind auch die kleinen zentralen Gassen in dem an einem Hügel angelegten Küstenstädtchen. Seine 15 000 Bewohner glauben sich nicht zu Unrecht in dem lebendigsten Ort weit und breit an der Küste. Und Viveiro geben sie den Zusatz »la ciudad, que siempre ríe« (›die Stadt, die immer lacht‹).

Berühmt, weil sehr aufwändig, ist die Prozession während der Karwoche, die an der romanischen **Kirche Santa María del Campo** beginnt. Nördlich davon liegt der **Konvent Concepción**

144

Atlas: S. 233

Viveiro

Franciscana aus dem Jahr 1701. Gleich gegenüber entstand 1925 die **Gruta de Lourdes,** eine Reproduktion der Grotte in Südfrankreich, in der die Gläubigen Wachsfiguren für die gewünschte Heilung aufhängen.

Sehenswert sind auch die Reste der Stadtmauer mit dem alten Tor **Puerta de Carlos V** (1548).

Eine steile Straße führt von Viveiro aus auf den Monte de San Roque. In 357 m Höhe steht hier, umgeben von Picknickbänken, die kleine **Kapelle San Roque,** wo am 15.–16. Aug. ein feuchtfröhliches Patronatsfest gefeiert wird. Ganzjährig bietet sich von hier aus ein weiter Blick auf Viveiro und die Bucht.

Oficina de Turismo: Avda. Ramón Canosa, Tel. 982 56 04 86.

***Pazo da Trave: Galdo s/n, gut 3 km außerhalb, Tel. 982 59 81 63, Fax 982 59 80 40, webrural@xunta.es. Stilvolles Landhaus mit einem Turm (15. Jh.), Schwimmbad und Tennisplatz. 90 €.
Camping
Viveiro: Tel. 982 56 00 04. Lage 500 m jenseits der Brücke, schattig, Juni–Sept.

In den Gassen rund um die Rúa Melitón Cortiña gibt es zahlreiche Tavernen.
Nito: Am Area-Strand, Tel. 982 56 09 87. Neben Steinbutt und Seehecht *a la galega* gibt es auch Entenmuscheln und exzellentes Fleisch aus der Region, und alles mit Meerblick. Gerichte 20–40 €.

In der **Karwoche** findet die berühmte **Prozession** ab der Kirche Santa María del Campo statt. Ein feuchtfröhliches **Patronatsfest** wird am 15.–16. Aug. bei der Kapelle San Roque gefeiert.

3 km östlich von Viveiro liegt der **Strand** Praia de Area, ausgezeichnet mit der blauen Umweltflagge.

Bahn: Westlich des Zentrums; tgl. 2–3 x nach Ferrol und Ribadeo.
Bus: Busbahnhof östlich der Porta de Carlos V.; nachmittags 1 x nach Lugo und Ribadeo.

Magische Amulette aus Sargadelos

14 km östlich von Viveiro liegt in Sargadelos die gleichnamige Keramikfabrik, in dessen Laden nicht nur edle und farbenfrohe Teller und Tassen ausliegen, sondern auch kleine Amulette gegen böse Geister. Um den Hals gehängt, bieten sie Schutz vor Liebeskummer, nervigen Kollegen, herabstürzenden Blumenkübeln und selbstredend dem bösen Blick. Verkaufsschlager ist die *Figa* (schmale Hand). Sie hilft gegen jede Form der Hinterhältigkeit und soll den Träger sogar vor Gruselträumen von der Exfrau bewahren.

Traditionell verwendet Galiciens Ober- und Mittelschicht Keramik aus Sargadelos, während in einfachen Haushalten vor allem die beige glasierte Keramik aus Buño steht. Rund 150 € kosten z. B. die originellen, in satten Grundfarben lasierten Kopfkrüge, die den Maler Picasso oder auch die Dichterin Rosalía de Castro darstellen (Laden der Keramikfabrik Sargadelos: Mo–Fr 8.30–13, 14.30–19.30 Uhr).

Entlang der Todesküste

ENTLANG DER TODESKÜSTE

An der Costa da Morte liegen authentische Fischerorte, deren Bewohner seit Jahrhunderten gegen Wind und Wetter kämpfen. Einst zogen die *pescadores* auf Walfang, heute ernten sie an den scharfen Riffen vor allem Entenmuscheln, die nach der Ölpest 2002 allerdings vorübergehend importiert werden. Auch das Baden ist hier vorläufig noch nicht zu empfehlen, zudem sind die Brandungen oft zu gefährlich.

Die Costa da Morte (›Todesküste‹) ist eine wilde Landschaft mit hohen, spitzen Klippen, vorgelagerten Inseln, badegefährlichen Buchten und muschelreichen Felsvorsprüngen. Den Heimatkundler Otero Pedrayo (1888–1975) erinnerten die schroffen, vom stürmischen Atlantik ausgewaschenen Granitfelsgebilde gar an ›riesenhafte Zyklopen‹. Dazwischen liegen kleine, hübsche und äußerst lebendige Fischerdörfer mit ein paar Kneipen, einer Hafenmole, einer Halle für Fischversteigerungen und der obligaten Kirche mit Bootsmodellen gleich neben dem Kruzifix. Die Fischer leben hauptsächlich von den Meeresfrüchten, mit denen der Küstenabschnitt gesegnet ist. Leuchttürme haben schon vor aberhundert Jahren den Weg an der hochgefährlichen Küste gewiesen – immer schon konnte eine Fahrt durch die Ría de Corme y Laxe oder entlang dem Kap San Adrián die letzte sein. Kreuze am Meer und Matrosenfriedhöfe künden von den zahllosen Katastrophen, die sich am äußersten Rand Galiciens ereignet haben.

Malpica

Atlas: S. 232, B 2

Zu den größeren Orten an der Todesküste gehört das 8500-Seelen-Dorf Malpica mit den vorgelagerten **Islas Sisargas.** Die Inseln sind ein Vogelparadies für bedrohte Arten wie die Iberische Trottellumme, deshalb sind sie für Besucher nicht zugänglich. Ganz anders ist das mit den Fischertavernen des Ortes selber, der wie ein Horn in den Atlantik ragt. Dort gibt es preiswert das Frischeste vom Frischen, ob Entenmuscheln, Barsch oder Seeteufel. Malpicas kastenförmige, nicht gerade architekturpreisverdächtige Häuser umgeben die kleine Landkirche **San Juan de Malpica,** in der neben Heiligenbildern auch Fischerbootminiaturen an der Wand hängen. Gottes Segen ist bei der stürmischen See gefragt. Die großen Schiffsvarianten dümpeln oft Dutzendweise farbenfroh im Hafenbecken. Malpica lebt vom Meer. In den frühen, nebligen Morgenstunden machen sich die Fischer mit ein paar Ba-

146

guettes in der Sporttasche und einem kleinen Tresterschnaps im Magen auf zur Fahrt. Den Fisch nehmen Stunden später die Frauen entgegen. Die Männer arbeiten auf dem Meer, die Frauen an Land, so war das immer hier.

Über eine Stichstraße geht es zum windumtosten **Kap San Adrián** mit seiner gleichnamigen kleinen Kapelle. Von hier aus hat man vor allem in den Abendstunden einen fantastischen Blick auf Malpica.

Casa de Laxe: O Rueiro-Buño (beim Töpferort Buño), Tel./Fax 981 71 10 72. Maria del Carmen führt 9 km südlich von Malpica ein geschmackvolles und dennoch preiswertes Landhaus mit weißen Glasveranden, soliden Steinmauern und rustikalen Zimmern. 40–60 €.

Corme

Atlas: S. 232, B 2

Zu den Orten an der Todesküste gehört auch die freundliche Siedlung Corme. Am äußersten nördlichen Ende des Hafens führt eine unscheinbare Straße durch einen Tunnel zum idyllischen Leuchtturm des Rotundo-Kaps. Hier erinnern zwei windumtoste, weiß getünchte Steinkreuze an die Unglücke früherer Jahre. Die Bewohner leben vom Fischfang vor den gefährlichen Klippen am Atlantik. Mehr noch als

Abendstimmung am Strand von Malpica

Entlang der Todesküste

Atlas: S. 232

Keramik aus Buño

Der kleine Ort Buño ist ganz auf Keramik eingestellt. Es lohnt sich, die kleinen Töpfereien *(alfarerías)* zu besuchen, wo auch viele einheimische Familien ihr Geschirr einkaufen. Neben Tapa-Tellern und Weinkrügen gibt es auch feuerfeste Töpfe und kleine Tassen für den heißen Tresterpunsch *queimada* (s. S. 48).

Dorsch und Kabeljau bringen die Entenmuscheln ein. Sie sind in Spanien eine Delikatesse. Der Teil, den man essen kann, saugt sich am Felsen fest. Er sieht aus wie ein Schlauch in Miniaturform, unter dem sich das zarte, salzige Muskelfleisch verbirgt. Daran schließt die krallenförmige, harte Schale an, die Nahrung aus dem Wasser filtert. In den Bars und Häusern rund um den Hafen werden die Entenmuscheln nur knapp drei Minuten in Salzwasser und etwas Lorbeer gekocht und häufig mit Kartoffeln gereicht. Vor allem beim Entenmuschelfest im Juli biegen sich die Verkaufsstände am geräumigen Hafenplatz. Doch die Ernte ist riskant. Wegen der kleinen *percebes* haben schon viele Bewohner von Corme ihr Leben gelassen (s. S. 149).

Percebes-Fiesta: Je nach Wetter an einem der Samstage im Juli, dabei werden am Hafen von Corme gut 1400 kg des delikaten, frischen Krebstieres unter die Leute gebracht. Dazu gibt es Kartoffeln, Seekraken und trockenen, leicht säuerlichen galicischen Weißwein.

Zwischen Corme und Camariñas

Atlas: S. 232, A–B 2

Die Gegend ist landwirtschaftlich geprägt, die vereinzelten Siedlungen weit weniger reich als im südlichen Teil Galiciens und die nahen Riffe der Todesküste nur etwas für knallharte Überlebenskünstler. Ein paar schwere Granitbrocken, ein paar Eukalyptusbäume – wenige Besucher verirren sich in diese Landschaft. Zu erleben gibt es aber schon etwas, abgesehen vom authentischen Lebensstil der Bewohner.

5 km hinter Ponteceso geht es links Richtung Baio zurück in die Steinzeit: zum 4500 Jahre alten **Dolmen de Dombate.** Dieser als Grabkammer errichtete ›Felsentisch‹ (so die Übersetzung des keltischen Worts *dolmen*) gehört zu den ganz wenigen Spuren aus der Megalithzeit in Galicien.

Wesentlich jünger ist der 500 m entfernte **Castro A Cida,** eine vermutlich schon im 6. Jh. v. Chr. errichtete Keltensiedlung. Die Grundmauern entstanden noch früher als die der spektakulären Siedlung Santa Tegra bei A Guarda an der portugiesischen Grenze.

Camariñas und Umgebung

Atlas: S. 232, A 2

Weniger gefährlich als die *percebeiros* im nördlichen Corme leben an der Todesküste die Spitzenklöpplerinnen in Camariñas. Im kaum verbauten Küstenort mit seinem kleinen Hausstrand wird das Spitzenklöppeln noch heute

Percebes (Entenmuscheln)

PERCEBES – ENTENMUSCHELN

Daumengroß kleben die trotz ihres Namens zu den Krebstieren gehörenden *percebes* (Entenmuscheln) an den bizarren, scharf-glitschigen Felslandschaften voller Löcher und Spitzen. Rund 100 *percebeiros* aus Corme machen sich morgens bei Ebbe auf den Weg: mit Haftsohlen, Seilen, Plastikeimern und Bürsten. Mittels Holzstangen, an denen flache Eisenaufsätze angebracht sind, kratzen sie das Tier vom Fels. Delikaterweise sind vor allem die *percebes* weit unten im Wasser gefragt, weil sie ständig umspült werden und zu keiner Zeit im Sonnenlicht antrocknen. Um sie zu erreichen, werden die Fischer an Seilen ins Wasser gelassen. Doch eine plötzliche Strömung kann bei den scharfen Klippen zum blutigen Verhängnis werden, in den letzten zehn Jahren sind drei Bewohner von Corme bei der Arbeit gestorben. Abgeschreckt hat das indes niemanden: »Weil so eine kleine Muschel viel Geld einbringt und wir doch sonst keine Arbeit haben«, sagt einer der Männer. Sein Monatslohn betrage exakt 800 €, die Regeln sind streng. Die *percebeiros* müssen in Santiago bei der Xunta-Regierung eine Lizenz beantragen, sammeln dann pro Arbeitstag 4 kg und müssen sie am Hafen abwiegen lassen. Ein Wächter passt auf, dass nichts in die eigene Tasche wandert. Die Xunta verkauft die Delikatesse dann für gutes Geld. Hier am Hafen kostet eine Ration Entenmuscheln kaum 14 €, in den Edelrestaurants von Madrid und Barcelona das Drei- bis Vierfache. Doch der Verkauf dorthin lässt inzwischen merklich nach. Der Grund: So manches Restaurant bereitet als galicische Feinkost zu, was günstig und weniger frisch aus Marokko stammt.

Entlang der Todesküste

Atlas: S. 232

praktiziert, obwohl das Handwerk allmählich auszusterben droht. Deshalb gibt es inzwischen auch das Museo do Encaixa (im Sommer tgl. 11–14, Do-Sa auch 17.30–19 Uhr) mit über 900 Mustern und Spitzenstücken, die teils noch aus dem 17. Jh. stammen.

Knapp 4 km nordwestlich leuchtet der *faro* am **Cabo Vilán** 40 Seemeilen weit hinaus aufs Meer. Versteckte kleine Strände, ein Friedhof englischer Matrosen und ein Forschungszentrum für Windenergie liegen in der direkten Umgebung des wildromantischen Kaps, wo Wanderfalken und Kormorane nur selten aufgescheucht werden. Eine paar kleine Buchten liegen weiter südlich Richtung Muxía, so die verschwiegene **Area Blanca.**

Muxía

Atlas: S. 232, A 3
Die 1500 Einwohner von Muxía wohnen an der weiten, windigen Camariñas-Bucht, wo schon vor 800 Jahren Mönche lebten und sich von den ortsüblichen *caldeiradas* ernährten, Fischplatten mit Kartoffeln. In den schmalen Gassen und am Hafen werden sie bis heute frisch zubereitet. Auf einer Landzunge etwas außerhalb liegt seit dem 17. Jh. wildromantisch eines der berühmtesten Heiligtümer Galiciens: das **Santuario de Nosa Señora da Barca,** ›unserer Frau vom Boot‹. Der Legende nach soll hier die Gottesmutter mit einem Steinschiff gelandet sein, um dem Apostel Jakob bei seiner Missionstätigkeit zu helfen. Nahe der Wallfahrtskirche liegt ein 9 m breiter und stellenweise nur 30 cm dicker Stein *(Pedra da abalar).* In ihm sieht der Volksglaube das Segel des wunderlichen Schiffes. Bis Dezember 1978 konnten Besucher versuchen, den gewaltigen Stein zum Wackeln zu bringen, um so einen Wunsch frei zu haben. Eine heftige Sturmwelle war dann aber auch die letzte, die an dem ›Segel‹ rüttelte. Sie verschob den 60-Kilo-Stein an eine Stelle, wo ihn bis jetzt partout niemand mehr zum Wackeln gebracht hat.

Camping Lago Mar: oberhalb des Lago-Strands, Tel. 981 75 06 28. Schattig.

Wallfahrt und Tanz um das ›Felssegel‹ Pedra da abalar: am ersten Wochenende nach dem 8. Sept.

Der **Dünenstrand Lago** liegt attraktiv in einer kleinen Bucht etwa 5 km von Muxía entfernt.

Atlas: S. 232

Fisterra (Finisterre)

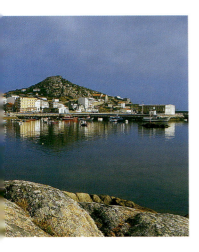

Fisterra (Finisterre)

Atlas: S. 232, A 3
Fisterra ist der berühmteste Ort an der Todesküste. Kelten, Römer und mittelalterliche Pilger vermuteten hier das Ende (lat. *finis*) der Welt *(terra)*. Besucht man das 3,5 km entfernten **Kap** mit seinem Leuchtturm, glaubt man tatsächlich, am äußersten Rand der Erdscheibe zu stehen. Allerdings: Das nördlich davon gelegene, weit weniger frequentierte **Touriñan-Kap** ist in Wirklichkeit der westlichste Zipfel Spaniens.

Im Ort selbst erwarten einen zahlreiche, nicht ganz preiswerte Fischrestaurants. Ein Spaziergang lohnt sich entlang dem Hafen zur romanischen **Kirche Santa María das Areas.** Sie ist das letzte Gotteshaus am Jakobsweg.

Oficina de Turismo: Patres 2, Tel. 981 74 00 01.

Muxía an der Costa da Morte

*O Semáforo: Ctra. do Faro s/n, Tel. 981 72 58 69, Fax 981 72 58 70, semaforo@finisterrae.com. Grandioser Blick auf den Ozean. 85 €.
*Finisterre: Federico Avila 8, Tel. 981 74 00 00, Fax 981 74 00 54. Großes Mittelklassehotel aus weißem Granit mit modernen, geräumigen Zimmern. 40 €.
*Rivas: Estrada do Faro, Tel. 981 74 00 27. Sehr preiswerte Herberge mit nur neun Zimmern an der Straße zum Kap. 25 €.
*Casa Velay: A Cerca s/n, Tel. 981 74 01 27. Familiäre Bleibe plus angeschlossenes Restaurant. Einfache Zimmer, zum Hafen mit Blick auf den Sonnenuntergang. 25 €.
Camping
Ruta de Finisterre: Tel. 981 74 63 02. Großer, ordentlich geführter Platz zwischen Fisterra und Corcubión, Juni–Mitte Sept.

Einfache Tavernen gibt es am Hafen und an den nahen Stränden Langosteira und O Sardineiro.
Don Percebe: Carretera del Faro s/n, Tel. 981 74 05 12. Neben Entenmuscheln *(percebes)* gibt es auch deliziöse Schwertmuscheln *(navajas)*. Teuer.
Tira do Cordel (auch: Baixa Mar): San Roque 2, Tel. 981 74 06 97. María Carmen kocht in dem alten Steinhaus beim Strand Langosteiro so nah am Meer, dass sie die Meeresfrüchte und Fische fast nur mit einer Leine herausziehen muss (Tira del Cordel). Ein Gedicht sind die gebratenen *robalizas* (kleine Wolfsbarsche). 30 €.

Strände: Mehrere Sandstrände zwischen Fisterra und Corcubión. Rund 10 km nördlich liegt der etwas abgeschiedenere Strand Praia do Rostro.

151

Die Westküste Galiciens

Muschelsammler unterhalb Castro de Baroña

Atlas S. 232, 234

VON FISTERRA NACH NOIA

Als Gott die Erde in sechs Tagen erschaffen hatte, geht die Mär, nahm er sich am siebten eine Auszeit und stützte sich an der Westküste Galiciens auf. Seine Finger gruben sich dabei in den Küstenstrich und hinterließen fünf Buchten: die Rías Baixas. Mit ihren schönen Stränden sind sie längst beliebte Urlaubsziele geworden. Guten Wein liefern angesehene Winzer ganz in der Nähe.

Südlich von Fisterra

Atlas: S. 232, A 3

Von der rauen Klippenküste bei Fisterra wird die Landschaft Richtung Santiago immer sanfter, vorbei an kleinen Orten wie **Cee** und **Corcubión.** Sie liegen auf dem Weg nach **Carnota** mit seinem langen Strand und einem Maisspeicher, der dem Strand offenbar Konkurrenz machen will. Dieser *hórreo* aus dem Jahr 1768 ist – statt sonst rund 3 m – sage und schreibe 35 m lang und steht auf 22 Stelzenpaaren. Solche Vorratskammern gibt es überall in Galicien. Sie haben anders als in Asturien keinen quadratischen, sondern einen lang gezogenen Grundriss. Wie dort soll die Bauweise auf Stelzen den Inhalt vor Fäulnis und Nagetieren schützen. Mais wird in den Bauten erst seit dem 16. Jh. luftgetrocknet, doch sollen ihre Vorläufer schon in keltischer Zeit errichtet worden sein. Und so kommt es auch, dass das oft ziegelgedeckte Dach nicht nur ein christliches Kreuz schmückt, sondern auch eine pyramidenförmige *fica:* das keltische Symbol für Fruchtbarkeit.

Muros

Atlas: S. 232, A 4

Muros (2800 Einwohner) ist einer der schönsten Fischerorte an den südgalicischen Meeresbuchten. Unter den Arkadengängen der gotischen und barocken Granithäuser beobachten die Anwohner den Betrieb am Hafen. Und in der denkmalgeschützten Altstadt dahinter leiten schmale Gassen – mit Namen wie ›Geduld‹, ›Schmerz‹, ›Bitternis‹ oder ›Gesundheit‹ – zu kleinen Plätzen, Kapellen, Wegkreuzen *(cruceiros)* und zu der spätgotischen **Pfarrkirche San Pedro.** Vor ihr traf sich im Hochmittelalter der Stadtrat. In der Kirche fällt heute ein Weihwasserkessel auf, in dem sich ein kurios verdrehtes Schlangenmotiv befindet.

Eine noch etwas ältere gotische **Kirche** ist **Virxe do Camiño.** Sie stammt ebenfalls aus dem 14. Jh. und liegt am

Noia

Atlas: S. 232

Ortsausgang Richtung Noia. Von ihrer Holzdecke baumeln kleine Boote herab, mit denen die Fischer die ›Heilige des Weges‹ *(virxe do camiño)* um ihren Segen bei der Arbeit bitten. Nach der Arbeit treffen sie sich oft in den einfachen Tavernen an der Avenida da Marina am Hafen oder in der Gasse Pescadería (›Fischgeschäft‹), um einen Kräuterschnaps zu trinken und den Frauen nachzuschauen. Grund haben sie: Die *señoras* von Muros gelten als die schönsten Galiciens.

Oficina de Turismo: Curro da Praza 1, Tel. 981 82 01 58.

*Convento de los Padres Franciscanos: Tel. 981 82 61 46, in Louro, etwa 4 km westlich von Muros. Trotz Strandnähe herrscht im Franziskanerkonvent die Ruhe selbst. Nur im Sommer öffnen die Mönche die 25 Zimmer im oberen Stock des Kreuzgangs für Gäste. Im Klostergarten haben die *padres* einen guten **Campingplatz** eingerichtet (Juni–Sept.). Die Einnahmen aus dem Betrieb tragen zum Erhalt des Konvents aus dem 17. Jh. bei.

A Esmorga: Paseo Bombé 5, Tel. 981 82 65 28, am Ortsausgang von Muros Richtung Louro. Auf einer Anhöhe mit Meerblick gibt es in dem preiswerten Restaurant u. a. Paella, galicischen Ribeiro-Weißwein und zum Nachtisch die ortstypische ›tortilla romana‹. 15 €.

Virgen del Carmen: 16. Juli, Meeresprozession zu Ehren der Schutzheiligen der Fischer; **Gran Prix de Carrilanas:** am Wochenende unmittelbar vor oder nach dem 18. Juli im westlich an der C-50 gelegenen Ort Esteiro, bei dem sich alles um handgemachte, motorlose Holzwagen dreht; **San Pedro:** 29. Juli, mit Feuerwerk und Pasteten-Wettbewerb.

Strände: Nicht in Muros selbst, aber wenige Kilometer außerhalb liegen mehrere feinsandige Strände, z. B. die 3 km entfernte, windgeschützte Praia de San Francisco (Duschen vorhanden) oder der Nudistenstrand Ancoradoiro. Im Hochsommer zieht das türkisblaue Wasser zahlreiche Badegäste an.

Bus: Station an der Avda. de Castello s/n. Castromil-Busse rund 8 x tgl. über Noia nach Santiago und A Coruña.

Noia

Atlas: S. 234, B 1

Mit dem 30 km entfernten Muros teilt sich Noia (7000 Einwohner) eine der schönsten Buchten Galiciens, die Ría de Muros e Noia. Der Name der Kleinstadt am Río Tambre, so will es die Le-

---

Spanischkurse in Noia

Warum nicht in Galicien Spanisch lernen? Zwar ist Salamanca die Hochburg des edelsten Kastilisch, aber in Noia gibt es preiswertere Kurse, nette Lehrer, Unterbringung in gut ausgestatteten 4–8-Personen-Appartements, Kontakt zu Galiciern und dazu gratis das Meer (Escuela Ibérica, Alvaro de las Casas 5, E-15200 Noia, Tel./Fax 981 82 04 15, www.academiaiberica.com).

KULINARISCHE IMPRESSIONEN

Stellen Sie sich eine Bar vor, sagen wir in dem kleinen Ort Combarro am Atlantik: eine lange Theke, eine Porzellan-Zapfanlage mit dem Schriftzug der Biersorte Estrella de Galicia (Galicischer Stern), ein paar flache Keramiktassen für leichten Weißwein, dahinter Barkeeper Manuel, der gleichzeitig Fischer und Automechaniker ist, und dahinter wiederum eine Menge Miniatur-Fischerbötchen und Heiligenbilder. *Tapeo* ist jetzt angesagt, das Probieren von dem, was so eine Kneipe zu bieten hat. Per Fingerzeig macht man sich leicht verständlich, schwierig ist höchstens die Auswahl. Denn Manuel hat wieder an einer Fischauktion teilgenommen, hart am Hafen um Sardinen und Kabeljau gefeilscht und dann dies und jenes kunstvoll in Pastetenteig gewickelt: *empanadas* heißen die Kunstwerke. Mundgerecht als *tapas,* als kleine Appetitanreger, liegen sie in jeder vernünftigen Taverne Galiciens aus.

Oder nehmen wir eine Bauernküche in, sagen wir, dem kleinen Nest A Graña östlich von Pontevedra. Hier lebt Carmen mit ihren 14 Katzen und der betagten Eselin Molina (Mühle). Mit ihrer Nachbarin Carolina geht sie gerne spazieren, vor allem aber kochen die beiden sich ab und an eine richtige nahrhafte Suppe. Besonders wenn rund um die Granitmauern der Frühjahrsnebel aufsteigt, dampft es in der alten Bauernküche. Carmen bereitet *caldo galego* zu, aus einem Schinkenknochen, Steckrübenblättern, grob gehackten Würsten und weißen Bohnen. Ein Kochbuch gibt es in der Küche nicht, denn Carmen weiß alle Rezepte im Kopf, bis weit in das 18. Jh. zurück. Und lesen könnte sie das Buch ohnehin nicht, das hat sie nie gelernt, die Geldscheine erkennt sie an den Farben.

Oder zappen wir noch einmal weiter, mitten in die Hafenmetropole Vigo. Dort arbeiten Antonia und Rosa schon seit über 15 Jahren an Klapptischen. Schürze um, Klappmesser auf und Austern in der Schale servieren. ›Austernstraße‹ heißt die kleine Gasse gleich neben dem Markt Mercadillo de la Piedra in der Altstadt. Gegessen, besser gesagt geschlürft wird unter freiem Himmel. Antonia erzählt, die Austern gingen hier weg wie in Dortmund Pommes mit Bratwurst. Sie weiß das. Ihr Mann hat dort viele Jahre auf Montage gearbeitet.

gende, leitet sich von Noah ab, der demnach nicht in Armenien, sondern hier gestrandet sein soll. Kein Zufall also, dass sich seine Arche im Stadtwappen wiederfindet. Nach Noah – das gehört nicht mehr ins Reich der Legenden – steuerten zahlreiche Pilger aus England, Schottland, Irland und Holland den inzwischen versandeten Hafen an, um von dort aus nach Santiago zu pilgern. Und weil auch Noia einige hübsche Paläste und Kirchen hat, nannten sie den Ort nicht nur ›Schlüssel zu Galicien‹, sondern auch ›kleines Santiago‹. Dem Beinamen alle Ehre macht die spätgotische **Wehrkirche**

Atlas: S. 234

Kulinarische Impressionen

San Martiño. Ihr Portal mit den zwölf Aposteln und den musizierenden Ältesten ist gekonnt dem Pórtico de la Gloria in Santiago de Compostela nachempfunden. Noch beeindruckender ist der **Friedhof** der Kirche **Santa María a Nova** (erste Hälfte 14. Jh.). Rätsel geben die rund 500 Grabsteine aus dem Mittelalter auf. Statt Namen tragen sie Zunftzeichen und geometrische Bilder. Es heißt, die Friedhofserde habe man per Schiff aus dem Heiligen Land importiert.

Noia ist in zwei Bereiche aufgeteilt: die Altstadt mit den zahlreichen Tavernen wie der Tasca Tipica nahe San

Von Fisterra nach Noia

Atlas: S. 234

Martiño, die in einem der schmucken Paläste aus dem Mittelalter untergebracht ist, und die nordwestlich anschließende Gartenanlage Jardínes Felipe de Castro und das Stadtviertel O Calveiro, das vor allem für seine Kneipen und Musikbars berühmt ist.

**O Ceboleiro: Galicia 15, Tel. 981 82 44 97. Mittelklassehotel gegenüber der Gartenanlage Felipe de Castro, Zimmer mit Bad und TV (Parabolantenne). 47 €.
*Casa do Torno: Lugar do Torno 1, Tel. 981 84 20 74, Fax 981 84 23 76. Ländliches Gasthaus, das von jungen Besitzern geführt wird, 1 km südlich oberhalb von Noia, mit Meerblick. Ein panoramareicher Spazierweg führt bis ins Ortszentrum von Noia. 36–46 €.
Camping
Punta Batuda: Wenige Kilometer von Noia Richtung Ribeira, Tel. 981 76 65 42. Gute Anlage direkt am Meer.

Arborés: Ferreiro 28, Tel. 981 82 01 52, im Winter Mo geschl. In der Restaurant-Gasse gelegen, bietet das Lokal ein bezahlbares, breites Angebot von Calamares bis zur Jakobsmuschel (vieira). Moderat.
O Ceboleiro: Galicia 15, Tel. 981 82 44 97. Wohl bestes Restaurant der Stadt in dem gleichnamigen Zwei-Sterne-Hotel. Spezialisiert u. a. auf Herzmuschel-Pasteten (empanadas de berberechos) und Kalbsfilet in Portweinsauce (solomillo al oporto). 15–45 €.

Tasca Típica: Nahe San Martiño, Altstadt-Taverne in einem Palast aus dem Mittelalter.

San Bartolomé: 24.–28. Aug., Patronatsfest u. a. mit Folklore und

158

Atlas: S. 234

Serra de Barbanza

einem kulinarischen Pasteten-Wettbewerb.

Strände: Südwestlich an der C-550 Richtung Ribeira liegen mehrere attraktive Strände.

Bus: Der Busbahnhof liegt gegenüber der Alameda an der Hafenmole, 6 x tgl. nach Santiago und Muros.

Halbinsel Serra de Barbanza

Atlas: S. 234, A 1
Von Noia führt die C-550 einmal rund um die Halbinsel der Serra de Barbanza. Eine schöne Fahrt, zumal sie immer wieder an versteckten und weniger versteckten Strandbuchten vorbeiführt.

5 km südlich des Badeorts **Porto do Son** taucht der **Castro de Baroña** auf, eine formvollendet auf einem Felsvorsprung gelegene Keltensiedlung, deren Bewohner von oben vor 2000 Jahren eine gute Aussicht auf den halbrunden Strand im Süden hatten. Noch gut erkennbar sind die Eingangsbereiche des Mauerrings und die typischen runden Grundrisse der Hütten.

Hinter dem Leuchtturm der Halbinsel am **Cabo Corrubedo** erstreckt sich nach Süden hin der größte Dünenstrand Galiciens, **Dunas de Corrubedo.** Die fast 1 km lange und 15 m hohe Wanderdüne formt mit den Lagunas de Vixán eine attraktive Einheit an den galicischen Rías Baixas. Die Lagunen sind Brutplatz für über 100 Vogelarten.

Im Osten liegt an der LC-303 der **Dolmen de Axeitos** (auch: Pedra do Mouro). Der ca. 4500 Jahre alte Megalithbau ist eines der seltenen prähistorischen Zeugnisse an der galicischen Atlantikküste und besitzt eine immerhin 4,5 mal 3,5 m große Steinplatte.

Ganz im Hier und Heute lebt der Thunfisch-Hafen **Ribeira** (Santa Uxia). An der schnörkellosen Fischerstadt beginnt die Arousa-Bucht, in der Miesmuschelflöße im seichten Wasser dümpeln. Das nährstoffreiche Wasser eignet sich bestens für die Zucht der *mejillones,* die an Seilen unter den Flößen zur vollen Größe heranwachsen (s. S. 20).

Camping Coroso: 3 km östl. von Ribeira, Tel. 981 83 80 02. Großer, akzeptabler Platz an einem Strand, auch Bungalow-Vermietung.

Wildpferde an der galicischen Küste

159

ZWISCHEN PADRÓN UND PONTEVEDRA

Entlang der Buchten Ría de Arousa und Ría de Pontevedra erwarten den Besucher die wärmsten Badestrände, die beliebtesten Urlaubsorte und manch schmucker Altstadtkern. Und schließlich hat Wildpferdetreiben nirgends so viel Tradition wie im unmittelbaren Hinterland der galicischen Westküste.

Padrón

Atlas: S. 234, B 1

Wenn der Verwalter der kleinen Santiago-Kirche am Flussufer richtig in Stimmung ist, erzählt er die Legende noch einmal: Am Hafen des römischen Iria Flavia sei das Boot mit dem enthaupteten Leichnam des Apostels Jakob gelandet. So sei der Heilige in das Land zurückgekehrt, in dem er einst missioniert habe. Das Boot, weiß der Mann, wurde an einem säulenartigen Stein (›pedrón‹) festgebunden. Zum Beweis öffnet er am Hauptaltar zwei Holztüren, und unter dem Altar kommt der Findling zum Vorschein. Aus *pedrón* wurde Padrón, aus Padrón aber nicht das Zentrum der Pilgerfahrt, obwohl ein Einsiedler das Grab des Apostels im 9. Jh. ganz in der Nähe fand. Zu gefährlich nah an der Küste lag der Ort, und weil die Kirchenväter mit den zerstörerischen Überfällen struppiger Wikinger schlechte Erfahrungen gemacht hatten, verlegten sie das Pilgerzentrum kurzerhand etwas weiter ins Inland – und nannten es Santiago de Compostela.

Nicht als Anlandungsplatz für den Apostel ist die Kleinstadt Padrón (4000 Einwohner) spanienweit bekannt. Ein galicischer Refrain verrät, wofür: »Os pementos de Padrón, uns pican, outros non« (Paprikaschoten aus Padrón, einige nicht scharf, andere schon). Anfang August feiern die Bewohner zu Ehren der Schote sogar ein Erntefest. Dabei werden die kurz angebratenen Früchte wie ›kulinarisches Roulette‹ serviert, denn wie gesagt: Einige sind schon scharf!

Auch große Literaten brachten der kleinen Stadt Ruhm ein. Literaturnobelpreisträger Camilo José Cela (1916–2002) kam hier zur Welt und schrieb so packende – auch ins Deutsche übersetzte – Romane wie ›Mazurka für zwei Tote‹ über den Spanischen Bürgerkrieg im galicischen Hinterland. Das **Museum Camilo José Cela** am Stadtausgang Richtung Santiago (Di–Fr 9–14, 16–19, Sa und So 11–14 Uhr) zeigt neben Manuskriptfragmenten und Gemälden zahlreiche Flaschen mit illustren Autogrammen. Der Romancier hatte andere Künstler immer wieder zum Wein eingeladen

Atlas: S. 234

Padrón

und sich von ihnen die Etiketten unterzeichnen lassen. So kam mit der Zeit die kuriose Sammlung zustande. Celas Großvater leitete übrigens das Eisenbahnunternehmen ›West Galicia‹, das die erste Bahnlinie zwischen Santiago und Vilagarcia de Arousa installierte. Deshalb umfasst das Haus zusätzlich noch ein paar Ausstellungsstücke rund um die Lokomotive.

Bereits im 19. Jh. machte Galiciens berühmteste Dichterin **Rosalía de Castro** (1837–1885) Padrón zu ihrer Wahlheimat. Sie war als Halbwaise in einem Krankenhaus in Santiago zur Welt gekommen und hat zu Lebzeiten nie einen Hehl daraus gemacht, Tochter eines Pfarrers gewesen zu sein. Ihr Wohnhaus dient heute als **Museum** (ausgeschildert; Di–Sa 9.30–14, 16–19, So 9.30–14 Uhr). ›An den Ufern des Sar‹ ist ihr letztes und wohl bestes Werk. Die Lyrikerin, die in galicischer Sprache schrieb und damit der Sprache zu neuem Leben verhalf, machte Trauer und Einsamkeit der zurückgelassenen Frauen auf dem Land zum Thema, deren Männer nach Lateinamerika emigriert waren. Einen ihrer Gedichtbände nannte sie entsprechend ›Witwen der Lebenden‹ (›Viudas de vivos‹). Nachdem man sie auf dem örtlichen Friedhof Adina bestattet hatte, kam es Jahrzehnte später zum Eklat. Die Regierung in Santiago ließ den Leichnam in den ›Pantheon illustrer galicischer Persönlichkeiten‹ der galicischen Hauptstadt überführen. Ein Bewohner soll daraufhin bei der Stadtverwaltung in Santiago angefragt haben, ob man nach dem Leichnam des Apostels Jakob und der Dichterin Ro-

Wikinger-Fiesta in Catoira

Der erste Sonntag im August ist in Catoira zwischen Padrón und Vilagarcía wild bis ungestüm. Nachgestellt wird die Landung von Wikingern, die in einem formvollendet gebauten Schiff angerudert kommen.

Ob bei der anschließenden mit Plastikschwertern ausgefochtenen Schlacht die in Felle gehüllten, Hörnerhelme tragenden Heiden oder die Kreuzritter siegen, bleibt das Geheimnis der Organisatoren. Schauplatz der kriegerischen Auseinandersetzung ist die Festungsruine Torres del Oeste. Erzbischof Gelmírez hatte sie im 12. Jh. zum Schutz des Hafens von Padrón errichten lassen. Als Tribüne mit hervorragender Sicht auf das Spektakel dient die Betonbrücke über dem Fluss.

Es lohnt sich allerdings, bereits vor elf Uhr da zu sein und keine teure Kleidung anzuziehen – Rotweinspritzer sind unvermeidlich. Inzwischen stellen nicht mehr nur Studenten aus Santiago die Wikinger dar. Denn seit das galicische Catoira mit Frederikssund auf der dänischen Insel Seeland unweit von Kopenhagen eine Städtepartnerschaft eingegangen ist, verbergen sich auch schon mal echte Nordmänner unter den Helmen. Die Galicierinnen jedenfalls sind begeistert.

161

Zwischen Padrón und Pontevedra

Atlas: S. 234

Blick auf Combarro an der
Ría de Pontevedra

salía jetzt jeden Toten aus Padrón stehlen wolle.

Chef Rivera: Enlace Parque 7, Tel. 981 81 04 13, So Abend im Winter geschl. Foie gras in Armagnac und geschmorter Seeteufel *(rape)* sind in dem preisgekrönten Restaurant nicht teuer. Neben den Untertanen aus Padrón nimmt auch schon mal das spanische Königspaar Platz. 20–38 €.

Die Arousa-Insel

Atlas: S. 234, B 1
Hinter der Hafenstadt Vilagarcia de Arousa und dem Fischerort Vilanova de Arousa mit seinem hübschen Stadtkern führt eine lange Brücke zu der vorgelagerten Insel Illa de Arousa. Die Strände und der (mäßig saubere) Campingplatz des 6 km langen Inselchens locken viele Besucher an. Wildcampen ist streng verboten. Verboten war auch der Schmuggel, aber gerade der florierte auf der Insel noch bis vor kurzem.

 Miesmuschelfest: In der Zeit um den 25. Juli im Ort Illa da Arousa.

Cambados

Atlas: S. 234, B 1
Der kleine Ort (5500 Einwohner) ist das Zentrum des Albariño-Anbaus. Die Rebe wird zu wohlschmeckenden Weißweinen gekeltert, die zum Hauswein vieler Spanier geworden sind. Mönche aus Cluny hatten die Traube hierher gebracht, und an jedem ersten Augustsonntag ist der *vino blanco* schon seit 1952 Mittelpunkt des ältesten Weinfestes Galiciens.

Cambados besteht aus drei Ortsteilen: Fefiñáns, Cambados und Santo Tomé. Überall stehen prächtige Adels-

Cambados

häuser mit üppig gestalteten Wappen an den Frontseiten. So umgibt den **Fefiñáns-Platz** neben der Kirche Sam Benito (18. Jh.) und den Weinhandlungen auch ein burgähnliches Adelshaus mit zinnenbekrönten Türmen. Bauen ließ es José Pardo de Figueroa, der im 17. Jh. einen überaus exotischen Job bekam: Der Mann wurde spanischer Botschafter am russischen Zarenhof.

Das Gutshaus Pazo Bazán wiederum gehörte im 19. Jh. der coruñensischen Autorin Emilia Pardo Bazán, die mit ihrem Buch ›Mutter Natur‹ die Gemüter ihrer Zeitgenossen zum Kochen brachte: Sie beschrieb als Erste das Tabuthema Inzucht. Der Pazo ist inzwischen ein ansehnlicher Parador geworden. Der Palast Santo Tomé des Marquis von Montesacro zeigt zum Meer hin.

Zwischen Padrón und Pontevedra

Atlas: S. 234

Fefiñáns-Platz in Cambados

Wie alle größeren barocken Adelshäuser besitzt der Bau eine eigene Hauskapelle.

Doch nicht nur ältere Paläste, auch modernere Bauten zeugen vom Reichtum Cambados'. Ursache hierfür ist zum einen der in Spanien heiß geliebte Weißwein. Ein Übriges tat das unrühmlichere Kapitel Schmuggel. Noch bis weit in die 90er Jahre des 20. Jh. blühte der Handel mit gefälschten Zigaretten und harten Drogen, bis aus Madrid gesteuerte Razzien dem Spuk ein Ende bereiteten. Vor allem der damals noch blutjunge Staatsanwalt Baltasar Garzón machte auf sich aufmerksam. Gerne ließ er sich auf Schmugglerbooten inmitten der heißen Ware fotografieren und arbeitete so an seinem Ruf als unerbittlicher Kämpfer für die gerechte Sache. International berühmt wurde er später durch die vergebliche Forderung an London, den chilenischen Ex-Diktators Pinochet nach Madrid zu überführen. Spanier hatten Klage gegen Pinochet erhoben, weil sie unter dessen Diktatur in Chile gefoltert worden waren.

Aber zurück zum Ort: Zu den ältesten Gebäuden von Cambados gehört der **Turm San Sardoniño,** der vor dem Hafen auf einer kleinen Insel steht und im 10. Jh. als Leuchtturm fungierte. Gut 500 Jahre später entstand gleich in der Nähe die heute morbid-schöne Ruine der **Kirche Santa Mariña de Dozo.** Sie steht inzwischen unter Denkmalschutz. An der Hauptkapelle und der Sakristei sind noch Spuren verblasster spätgotischer Wandgemälde zu erkennen. Zwischen den alten, zugigen Gemäuern und Gewölbebögen liegt mitten im ruinösen Gotteshaus der romantische Friedhof von Cambados.

Atlas: S. 234

O Grove/Isla A Toxa

 Oficina de Turismo: Praza do Concello s/n, Tel. 986 52 07 86.

 ***Parador del Albariño: Paseo da Calzada s/n, Tel. 986 54 22 50, Fax 986 54 20 68. Noble Unterkunft mit Tennisplatz und Garten. 115 €.
***Pazo Carrasqueira: in Sisán-Ribadumia, knapp 3 km von Cambados entfernt, Tel./Fax 986 71 00 32, p.carrasqueira@ret email.es. Traumhaft ruhige Finca mitten im Albariño-Weintal Salnés, Schwimmbad plus angeschlossene Bodega. Doppelzimmer rund 80 €.
*/**Carisán: Eduardo Pondal 3, Tel. 986 52 01 08, Fax 986 54 24 70. Schön gelegen, Zimmer mit TV. 43 €.

O Arco: Real 14. Tel. 986 54 23 12. Frischer Kabeljau, Seezunge, Langusten und auch Lamm aus dem Ofen, serviert in einem verkitschten Ambiente gleich neben der Villa Fefiñáns. Rund 25 €.
Casa Rosita: Avda. Villagarcía 8, Tel. 986 54 28 78, So Abend geschl. Etwas außerhalb, gute Meeresfrüchtesalate *(salpicón de marisco)*, ab und an auch schmackhafte Flussforellen *(truchas)*. 18 €.

Neben den zahlreichen **Bodegas** im Zentrum lohnt sich ein Besuch des **Weinguts Agro de Bazán** in Treomedo, Tel. 986 55 55 62, 5 km nordöstlich von Cambados. In dem schmucken Bau umgeben von Weinfeldern wird u. a. der gehaltvolle Gran-Bazán-Weißwein gekeltert.

Im Sommer sind **Katamaran-Fahrten** durch die Arousa-Bucht im Angebot, u. a. vorbei an den Zuchtbecken von Austern und den Miesmuschelflößen. Im Herbst lohnen sich geführte **Touren durch das Albariño-Weingebiet**. Nähere Infos über das Oficina de Turismo.

 Bus: 10 x tgl. nach Pontevedra, 5 x tgl. nach Padrón.

O Grove/Isla A Toxa

Atlas: S. 234, B 1
So wie Cambados als Hauptstadt des Albariño-Weins gilt O Grove als die Hauptstadt der *mariscos,* der Meeresfrüchte. Und auch O Grove lässt es sich nicht nehmen, deshalb ein großes Fest zu feiern: das Fest der Meeresfrüchte im Oktober.

Bei Ebbe sieht man viele der rund 10 000 Bewohner bei der Ernte der Herz- und Venusmuscheln. Dem Fischerort mit seinen umliegenden Stränden ist die kleine Insel **A Toxa** (La Toja) vorgelagert, die seit 1909 eine Brücke mit dem Festland verbindet. A Toxa besitzt ein Thermalbad, ein Grandhotel, Spielkasinos, zahlreiche Souvenirstände und eine ganz mit Jakobsmuscheln ausgeschmückte Kapelle, die angeblich meistfotografierte Nordspaniens. Die Insel war der Vorläufer des modernen Tourismus, und der aus Galicien stammende Schnulzensänger Julio Iglesias verhalf ihr mit seinen Besuchen immer wieder zu sommerlichem Glamour.

Während A Toxa im Sommer dem Rummel ausgesprochen betuchter Gäste ausgesetzt ist, geht es in O Grove weitaus familiärer zu. Der mit seiner Kastenarchitektur etwas verbaute Ort ist auch bei deutschen Sprachschülern beliebt.

Eine Attraktion ist das **Aquárium Galicia** (Sommer 10–20, Winter 11–14, 16–20 Uhr). Es liegt im Norden der

165

Zwischen Padrón und Pontevedra

Atlas: S. 234

Halbinsel und ist das zweitgrößte Aquarium der Region nach dem in A Coruña. 15 000 Meerestiere sind in den 18 Becken zu sehen. Die Betreiber organisieren auch Fahrten entlang der Bucht in Katamaran-Booten (Näheres beim Infoamt).

Oficina de Turismo: Praza do Corgo s/n, Tel. 986 73 14 15, Fax 986 73 13 58.

**Argibay: Rúa Castelao 200, Tel. 986 73 04 49. Einfache Zimmer mit TV, Blick auf die Insel A Toxa. Rund 60 €.
**La Noyesa: Praza Arriba 5, Tel. 986 73 09 23. Zentral gelegenes Mittelklassehotel, Parkgarage in der Nähe, Preis inkl. Frühstück. Ab 55 €.
*Casa Campaña: Avda. de Castelao 60, Tel. 986 73 09 19, Fax 986 73 22 77. Sehr einfach möbliert, aber ok. 20–30 €.
Camping
Moreiras: Tel. 986 73 16 91. 3,5 km westlich von O Grove Richtung San Vicente. Kleiner Platz mit Bar, Terrasse und viel Schatten am gleichnamigen Strand.

Am Hafen sind die Restaurants etwas touristischer und teurer als rund um den Platz Praza do Corgo.
Paraíso del Marisco: Teniente Domínguez s/n, Tel. 986 73 21 53. Unten Taverne, oben Restaurant. In dem ›Paradies der Meeresfrüchte‹ sind selbige erschwinglich. Spezialität u. a. Seehecht mit Venusmuscheln (merluza con almejas). Moderat/teuer.

Festa do Marisco: Am zweiten Oktoberwochenende stehen die Meeresfrüchte ganz im Mittelpunkt, dazu Wein, Tanz und Musik.

Bus: Praza do Corgo, am Hafen nahe Infostelle. Stdl. nach Pontevedra,

mehrmals tgl. über Vilagarcía nach Santiago, 2 x tgl. nach Vigo.
Schiff: Unregelmäßige Verbindungen nach Ribeira und Cambados.

A Lanzada Strand

Atlas: S. 234, A 1–2
Südlich von O Grove geht es Richtung Sanxenxo entlang feinsandiger Strandbuchten zu der 7 km langen Praia A Lanzada. Hier ist das Wasser etwas kühler, und die Strömungen weiter draußen sind nicht ganz ungefährlich. A Lanzada, mit der blauen Umweltflagge ausgezeichnet, macht im Hochsommer seinem Ruf als bestbesuchter Strand Galiciens alle Ehre. Auch Windsurfer fühlen sich hier wohl. Dabei war und ist der Strand nicht nur bei Tage interessant. An Mitternacht zum Sonntag – bei Vollmond und nur in Monaten ohne ›r‹ im Namen – haben Galicierinnen früher versucht, hier schwanger zu werden: Dabei hockten sie sich in das Wasser und warteten genau neun Wogen ab, bevor sie sich wieder abtrockneten. Als besonders geeigneter Termin galt die Mitternacht zu San Juan (Johannistag, 24. Juni). Mag der Brauch auch noch so heidnischen Ursprungs sein, in der Kapelle Santa María de A Lanzada am östlichen Ende des Strandes gibt es am letzten Augustsonntag noch heute die ›Wallfahrt der neun Wogen‹. Und es heißt, selbst erfolgsverwöhnte Managerinnen aus Vigo und Santiago seien erst kürzlich nachts beim ›Baden‹ gesehen worden …

Fest in A Lanzada

Urlaubsorte an der Bucht von Pontevedra

Atlas: S. 234, B 2

Sanxenxo ist so sehr mit Appartements und Hotels übersät, dass es schon in den 1970ern völlig zu Recht den Beinamen ›Marbella Galiciens‹ bekam. Grund für die vielen Besucher – vor allem aus Madrid – sind die warmen Wassertemperaturen, die Strände, der schöne Yachthafen mit seiner Segelschule und das beachtliche Angebot an Diskotheken, das an Wochenenden die Kids aus der nahen Provinzhauptstadt Pontevedra busweise anzieht. Denn dort, sagen sie, sei nicht halb so viel los.

Die kaum besiedelte, 5 km lange **Isla de Ons** ist vor allem außerhalb der Saison ein ruhiger Ort mit kleinen Sandstränden zwischen den Felsen, einem Leuchtturm, der Felsformation Buraco do Inferno (Höllenhöhle) und Tavernen an der Anlegestelle. Hier und an der südlichen Onceta-Insel gibt es einige Seevogelkolonien.

Der östlich gelegene Fischerort **Combarro** ist vor allem wegen seiner Maisspeicher direkt am Wasser und den winzigen Gassen einen Besuch wert. 2 km entfernt liegt das **Benediktiner-Monasterium Poio** (17. Jh.), in dessen Kirche die Barmherzigen Brüder samstags das Dankgebet an die Heilige María singen. In dem angeschlossenen Gebäude ist eine Unterkunft im Stil einer Jugendherberge eingerichtet.

Zwischen Padrón und Pontevedra

Atlas: S. 234

An der Bucht von Pontevedra

Rotilio: Avda. do Porto s/n, Sanxenxo, Tel. 986 72 02 00, Fax 986 72 41 88. Zentrale Zimmer mit Balkonblick. 95 €.
Casa Ramón: Carlos Casas 2, Sanxenxo, Tel./Fax 986 72 00 31. Einfache Zimmer für max. 45 €.
*Monasterio de Poio: Tel. 986 77 00 00, 4 km vor Pontevedra. Preiswerte, jugendherbergsartige Unterkunft mit über 200 Zimmern direkt neben einem Kloster. Die dortigen Benediktiner sind nicht selten mit gregorianischen Gesängen zu hören. 25–30 €.

Rotilio: Avda. do Porto s/n, Sanxenxo, Tel. 986 72 02 00, Fax 986 72 41 88. Restaurant mit guter Fischkarte. À la carte 25–40 €.

Fähren von Sanxenxo etwa 4 x tgl. zur Ons-Insel.

Pontevedra

Atlas: S. 234, B 2

Um es gleich vorweg zu sagen: die kleine, charmante Stadt ist ein ganz besonders attraktiver Aufenthaltsort. Gleichzeitig dient er bestens als Ausgangspunkt für Exkursionen aller Art, ob nach Santiago, an die schönen Strände der Morrazo-Halbinsel oder nach Süden zur portugiesischen Grenze. Ganz anders als die brummende Hafenstadt Vigo ist Pontevedra mit seinen kaum 70 000 Einwohnern zudem eher eine ruhige Kleinstadt. Dennoch ist sie die Provinzhauptstadt der Region. Das Alter gab ihr den Vortritt. Zwar hatten die Römer sie namensstiftend Pontis Veteris (alte Brücke) genannt, doch stuften die legendenverliebten

Stadtplan: S. 170/171

Pontevedra

Bewohner das Datum ihrer Entstehung noch um zahlreiche Jahrhunderte zurück. Im Trojanischen Krieg soll der griechische Held Teukros nach seinen Irrfahrten übers Meer den Ort um 1200 v. Chr. gegründet haben. Und damit das auch jeder glaubt, heißt einer der schönsten Plätze der Stadt **Praza do Teucro** [1]. Seine Orangenbäume geben ihm ein beinahe mediterranes Flair. Der Platz liegt mitten in der Altstadt, die weit über Galicien hinaus als besonders schön gilt. Herausgeputzte Adelshäuser, kleine, mit Platanen bepflanzte Plätze, weiß gestrichene Holzbalkone und Arkadengänge aus grauem Granit sorgen genauso dafür wie so manches kuriose Bauwerk. So steht am nördlichen Rand der Alameda die morbid-melancholisch wirkende **Ruine der Kirche Santo Domingo** [2]. Sie entstand im 14. Jh. und ist seither derart verfallen, dass nur noch die fünf Apsiden mit ihren hohen, glaslosen Fenstern zu sehen sind. Im Schatten der zugigen Mauern ist die archäologische Abteilung des Provinzmuseums (s. u.) untergebracht (Di–Fr 10–14 Uhr).

In weit besserem Zustand zeigt sich die schmale barocke **Peregrina-Kirche** [3] mit ihren schlanken Türmen. 1778 legte Antonio Souto den Bau mit dem originellen Grundriss einer Jakobsmuschel an. Passend dazu ist im Kircheninnern die Darstellung der Maria als Pilgerin *(peregrina)* zu sehen. Sie ist nicht nur Schutzheilige, sondern auch ›Festheilige‹ der Stadt: Während der Fiesta de la Peregrina im August gibt es ihr zu Ehren Rock- und Keltenmusik im Fußballstadion, Stierkampf in Galiciens einziger stilechter Arena,

Schauspielkunst im **Teatro Principal** [4] und zahlreiche Kulturveranstaltungen in den modernen Stadtanlagen auf der anderen Seite des Río Lérez.

Nur wenige Schritte von der Peregrina-Kirche entfernt liegen an der weiten, zentralen Praza da Herrería kleine Gartenanlagen, Terrassen und die schwerfällige frühgotische **Kirche San Francisco** [5] mit ihrer großen Rosette. Sie steht etwas erhöht und wacht geradezu über die kleinen Gassen mit ihren Tavernen und Plätzen. Ihr wohl schönster Platz, bestückt mit einem barocken Wegkreuz, heißt **Praza da Leña** [6]. Hier befindet sich das auf mehrere Häuser verteilte, sehenswerte **Provinzmuseum** [7], Museo Provincial de Pontevedra (im Sommer Di–Sa 11–13.30, 17–20, sonst Di–Sa 9–13, 16.30–20, So 11–13/14 Uhr). Es beherbergt Schiffsmodelle aus der Zeit des Christoph Kolumbus, eine Gemäldegalerie mit Werken von El Greco, José de Ribera, Francisco de Zurbarán und Giovanni Battista Tiepolo, dazu Stierkampf-Lithografien von Francisco de Goya und bissige Polit-Zeichnungen von Alfonso Daniel Castelao. Juwel des Museums ist die einmalige Sammlung von Azabache, pechschwarzem Gagatstein. Wer sich satt gesehen hat, findet im Sommer auf der kleinen Praza da Leña Tische und Stühle für eine *ración* Herzmuscheln oder Thunfischpastete.

Oficina de Turismo: Xeneral G. Melado 1, Tel. 986 85 08 14.

***Casa do Barón [8]: Barón 19, Tel. 986 85 58 00, Fax 986 85 21 95, www.parador.es Ansprechender Parador

169

Zwischen Padrón und Pontevedra

Atlas: S. 234

Sehenswürdigkeiten
1. Praza do Teucro
2. Kirche Santo Domingo
3. Peregrina-Kirche
4. Teatro Principal (Theater)
5. Kirche San Francisco
6. Praza da Leña
7. Provinzmuseum

Unterkunft
8. Parador Casa do Barón
9. O Casal
10. Granja O Castelo
11. O Pozo
12. Madrid

Essen & Trinken
13. Doña Antonia
14. Alameda

Stadtplan — Pontevedra

171

Zwischen Padrón und Pontevedra

Atlas: S. 234

in einem Adelshaus aus dem 16. Jh. 115 €.
****O Casal 9: Tel./Fax 986 76 41 41, Reservierung auch unter: webrural@xunta.es. In Tenorio, 9 km von Pontevedra rechts oberhalb der N-541 Richtung Ourense. Die charmante María José führt eines der schönsten Landhäuser Galiciens, mit herrlichen Zimmern, Schwimmbad, Tennisplatz, Tischtennisplatte und einem weiten Blick über ein steinaltes Kloster, Weinreben und das sattgrüne Hinterland von Pontevedra, Mit behindertengerechtem Doppelzimmer. 70 €.
/*Granja O Castelo 10: Tel./Fax 986 42 59 37, castelo@comunired.com. 16 km südöstlich über die C-531 in Pontecaldelas. Mitten im Grünen, mit einem besonderen Plus: Im Angebot sind Reiten, Tennis und Fahrradverleih. Rund 50 €.
**O Pozo 11: Tel./Fax 986 76 32 50, von Pontevedra die N-541 Richtung Ourense, bei km 95,3 Richtung Carballedo, dann Richtung Borela, weiter ausgeschildert. Abgelegenes, ruhiges Landhaus mit portugiesischen Möbeln (teils ungewöhnlich hohe Betten) und einem sehr netten Wachhund. In einem kleinen Ort mit Ziegen und Eseln. Fahrradverleih. Mit behindertengerechtem Doppelzimmer. 45 €.

**Madrid 12: Andrés Mellado 5, Tel./Fax 986 86 51 80. Sauberes Hotel am Altstadtrand. 38–52 €.

Gemütlich-lebhafte **Tapa-Bars** liegen in den Gassen Figueroa und San Sebastián nahe dem Provinzmuseum sowie in der Straße San Nicolás wenige Meter vom Parador entfernt.
Doña Antonia 13: Soportales de la Herrería 4, Tel. 986 84 72 74, So geschl. Wolfsbarschsalat, gefolgt von Lamm mit Honig aus dem Ofen und vieles mehr gibt es in dem herrschaftlichen Haus mit Blick auf den Herrería-Platz. Eine der vornehmsten Adressen der Stadt, garniert mit einem Michelin-Stern. 40 €.
Alameda 14: Alameda 10, Tel. 986 85 74 12. Beliebtes Restaurant für Fisch, Meeresfrüchte und Fleisch. 25–40 €.

Haupteinkaufsmeile für Mode, Schuhe und Bücher ist die verkehrsumtoste Calle de Michelena.

Es ist einiges los ist auf dem Herrería-Platz und in den Seitengassen. An den Wochenenden fahren Nachtbusse zu den hippen Diskos des Urlaubsorts Sanxenxo, der Pontevedra in Sachen Nightlife um Längen schlägt.

Leuchtturm auf der Halbinsel Morrazo

LEUCHTTÜRME – *FAROS*

An der stürmischen Atlantikküste Galiciens waren die Leuchttürme, die Wächter der Meere, über Jahrhunderte lebensnotwendig und ein beruhigender Anblick der Seeleute, die nach Wochen auf See das rhythmisch aufblinkende Licht am Horizont erblickten. Die meisten dieser *faros* sind Zeugen früherer Zeit. Doch während auf der Insel Hiddensee 1992 der letzte deutsche Leuchtturmwärter seinen Dienst quittierte, arbeiten an Spaniens Küste noch einige Kollegen. Von spanienweit 189 Leuchttürmen sind noch 37 bemannt in Betrieb.

Mögen neue Technologien die romantischen Signalgeber abgelöst haben, besonders einer hält sich wacker, und das schon seit 2000 Jahren: der galicische Torre de Hércules in A Coruña. Der quadratische Bau ist der einzige noch funktionierende römische Leuchtturm der Welt. Westlich von ihm, an der Todesküste, leuchten ebenfalls noch *faros*, etwa auf den Illas Sisargas vor Malpica. Auf dem Inselleuchtturm arbeitet der junge Xavier Castro, *fareiro* von Beruf und ein Mann mit trockenem Humor: »Werbefachleute und Literaten, die sich der *faros* annehmen, sind wirklich heillose Romantiker«, sagt er. Wenn Xavier die langsamen Stunden im Winter beschreibt, dann sind nicht Freiheit und Sehnsucht nach dem Horizont das Thema, sondern Wäschewaschen und ein gelegentliches Telefonat. Nahrung, Zeitschriften und Bücher kommen per Boot von Malpica aus, bei Sturm auch per Helikopter. Viel zu tun hat Xavier nicht, das Leuchtturmlicht dreht sich automatisch. Sein Job ist es vor allem, das Notstromaggregat zu warten. Und zu warten.

Dabei hat der wettergegerbte Mann die letzten Jahre gut genutzt. Er hat ein Kunststudium an einer Fernuniversität begonnen und kann inzwischen alle Seevögel des sonst nahezu unzugänglichen Vogelparadieses erkennen, ob Basstölpel, Seeschwalben oder Sturmtaucher. Sein schönstes Erlebnis aber war, als ganz in der Nähe ein Schwarm Delfine aus dem Wasser sprang.

Desván de los Lumière: Rúa los Arcos 6. Freitags und samstags trifft sich ein junges Publikum ab Mitternacht unter Kino-Plakaten zum Gin Tonic.

 Teatro Principal: Kartenreservierung unter Tel. 986 85 19 32.

Romería de San Benitiño de Lérez: 11. Juli, Wallfahrt zu Ehren des Heiligen, dessen Wunder Geschwüre und Pickel entfernen (können soll);

La Peregrina: aufwändiges Stadtfest vor allem am zweiten Sonntag im August, mit Konzerten und Stierkampf. Karten-Vorverkauf im Teatro Principal.

 Bahnhof: Alféreces Provisionales s/n, Tel. 986 85 13 13. Mehrmals tgl. nach Santiago und Vigo.

Busbahnhof: Alféreces Provisionales s/n, Tel. 986 85 24 08. 12 x tgl. nach Cangas und Sanxenxo, stdl. nach Vigo und Santiago (90 Min. Fahrtzeit).

Von Pontevedra bis Portugal

Atlas: S. 234

VON PONTEVEDRA BIS PORTUGAL

Neben dem beliebten Strand von Baiona findet man auch einsame, kleine Buchten an der Morrazo-Halbinsel, die in der Nebensaison menschenleer sein können. In A Guarda am Miño-Grenzfluss gibt es die besten Langusten und auf dem nahen Santa-Tegra-Berg die spektakulärste Keltensiedlung weit und breit.

Die Morrazo-Halbinsel

Atlas: S. 234, B 2
Wer lieber nicht die Autobahn Richtung Vigo fährt, wird auf dem Küstenweg (60 km) entlang der Morrazo-Halbinsel (Península de Morrazo) nicht nur mit einer schönen Landschaft rund um den Leuchtturm am **Kap Home** (Cabo de Home) belohnt, sondern auch mit den umliegenden attraktiven Stränden. Südlich von Marín liegt auf dem Weg zum leuchtturmbewachten Udra-Kap die feinsandige **Praia de Aguete** mit kleinem Yachthafen und Restaurant sowie weiter zum Kap hin eine kleine Pferderanch (›Picadero‹).

In dem winzigen Ort **Hío** steht gegenüber dem romanischen Portal der Kirche San Andrés das eindrucksvollste Wegkreuz Spaniens: Es zeigt im obersten Teil die Kreuzabnahme. Ein Steinmetz aus Pontevedra fertigte es im 19. Jh. aus einem einzigen Granitblock. So filigran fallen die *cruceiros* normalerweise nicht aus, die an zahlreichen Weggabelungen schon seit dem 13. Jh. aufgestellt worden sind. Sie sind als Wegweiser für die vielen

Pilger bestimmt gewesen und entsprechend mit Marien- und Christusfiguren geschmückt. Doch umhüllt die Kreuze nicht nur der häufige galicische Nebel, sondern auch ein gewisser Schauer. Denn sie sollten auch die Hexen vertreiben, die gerade hier ihre Rituale vollzogen. Und wenn es in der unmittelbaren Umgebung des Kreuzes nach Wachs roch, fürchteten die Wanderer den baldigen Tod.

2 km von Hío entfernt liegt der Nudistenstrand Nerga vor dem romantischen Cabo de Home. Von diesem Kap zweigt eine Stichstraße ab zur **Praia de Melide.** Durch Kiefernwald geht es hoch über dem Meer eine kurze Strecke bis zu drei Leuchttürmen und einem winzigen Strand aus grobem Sand. Davor liegen die Cíes-Inseln: Idylle pur.

Die Cíes-Inseln

Atlas: S. 234, B 2
Im Jahr 2002 wurden die Cíes-Inseln in der lang gezogenen Vigo-Bucht zusammen mit einigen anderen Inseln vor Galiciens Westküste, insgesamt ca.

Atlas: S. 234

Cangas

1200 Hektar, zum 13. Nationalpark Spaniens erklärt. Nur zwei der drei Inseln, die **Illa do Norte** (Agudo) und die **Illa do Faro** (Medio), sind per Fähre zugänglich. Auf die Illa de Sur (San Martiño) dagegen kommt man nur mit dem eigenen Boot. Denn die dort lebenden Kormorane, Fischreiher und Lummen sollen möglichst wenig gestört werden. Ein Info-Häuschen neben der Fährstation und den Bar-Restaurants hält Karten bereit, mit denen man leicht die Spazierwege findet, so zum Leuchtturm des Archipels. Die hellen Inselstrände des Naturschutzgebiets sind im August heillos überfüllt, ansonsten aber sauber und sehr empfehlenswert.

 Fähre: Von Cangas (s. S. 178) oder Vigo aus (s. S. 176).

Cangas

Atlas: S. 234, B 2

Als Wohnort so mancher Hexe gilt seit Jahrhunderten der Fischerhafen Cangas. Ein hübscher Ort mit weiter Sicht auf Vigo, allerdings ist der Durchgangsverkehr zu den westlichen Stränden enorm. Türkische Piraten hatten 1619 die Bewohner überfallen und dabei gemeuchelt und vergewaltigt. Einige Frauen sollen darauf den Verstand verloren haben. Die Inquisition verurteilte sie im Anschluss als Hexen und behielt ihr Vermögen ein. Das Haus der Richter ist im 3 km entfernten Ort Coiro zu sehen (Boubeta Nr. 20). Die Fassade schmückt noch das Wappen der Inquisition, auf dem Feder, Kreuz und Schwert abgebildet sind: die Waffen im

Versteckter Strand an der Morrazo-Halbinsel

175

Von Pontevedra bis Portugal

Atlas: S. 234

Blick auf Vigo

Kampf gegen den vermeintlich bösen Zauber.

Info-Häuschen im Sommer an der Meerespromenade.

Camping Playa Liméns: Tel. 986 30 46 45. Platz mit Dusche, Restaurant und Bar am gleichnamigen Strand.

Casa Simón: Balea 2, 1 km Richtung Aldán, Tel. 986 30 00 16, Mo geschl. Top-Restaurant mit eigener Austernzucht. Der Koch bekam bereits zwei ersehnte galicische Gastronomiepreise: Platz eins für die ›hausgemachte Pastete‹ sowie für die ›goldene Entenmuschel‹. À la carte ab 30 €.
Gatañal: Gatañal 20, Vorort San Roque, Tel. 986 30 24 22. Neben Fisch und Fleischgerichten werden auch Pizzen serviert, und es bietet sich ein weiter Blick über die Bucht von Vigo. Tagesgerichte ab 15 €.

Patronatsfest mit Straßentheater und Feuerwerk am letzten Augustsonntag; **Meeresprozession:** 16. Sept.

Der **Hausstrand** Playa Liméns ist nicht allzu groß und im Sommer gut besucht.

Bus: Haltestelle an der Hafenmole. Nach Vigo, Pontevedra und Bueu 10–12 x tgl.
Schiff: Alle halbe Stunde nach Vigo, mittags zu den Cíes-Inseln, Karten neben dem Tourismushäuschen an der Estación Marítima.

Vigo

Atlas: S. 234, B 2
In der ausfernden Großstadt Vigo (300 000 Einwohner) dreht sich (fast) alles um Fischerei und Fußball. Die Stadt arbeitet hart, sie besitzt einen der größ-

Vigo

Atlas: S. 234

ten Handelshäfen der Welt, dazu eine beachtliche Automobil- und Werftindustrie, aber auch den Fußballclub Celta de Vigo, der dem erfolgsverwöhnten Konkurrenten Deportivo La Coruña aus dem Norden gerne die Stirn bietet. Die Vereine ›lieben‹ sich etwa so wie die Revier-Rivalen Schalke und Dortmund.

Besuch von Touristen aus dem Ausland bekommt Vigo nur selten, obwohl der nahe Strand Samil und die vorgelagerten Cíes-Inseln durchaus touristische Pluspunkte sind. Auch das alte Fischerviertel Berbés hat sehr viel Charme. Hier, oberhalb des Hafenbeckens, liegt der Markt A Pedra, von dem die berühmte Austerngasse Rúa da Pescadería abzweigt. Nirgendwo gibt es die *ostras* so frisch wie hier an den Ständen vor den Restaurants.

Einen Eindruck von der Größe der Stadt vermittelt der weite Blick von der hoch gelegenen Befestigungsanlage Castillo de Castro (17. Jh.).

Oficina de Turismo: am Hafen, Tel. 986 81 01 44.

****Gran Hotel Husa Samil: Avda. de Samil 15, Tel. 986 24 00 00, Fax 24 19 00. Eines der besten Häuser am gleichnamigen Strand. 130–150 €.
**El Aquila: Victoria 6, Tel. 986 43 13 98. Preiswert, gepflegt und sehr günstig gelegen. 37 €.

Tapa-Bars liegen in der Altstadt u. a. in den Gassen Real und Cesteiro. Neben dem Markt A Pedra gibt es Open-Air-Stände mit frischen Austern.
La Oca: Purificación Saavedra 8, Tel. 986 37 12 55, Sa und So geschl. Galicisch-baskische Kochkunst in geschmackvol-

lem Ambiente. Fleisch aus eigener Schlachterei, Fisch aus eigenen Fanggründen und selbst gemachtes Minz- und Schokoladeneis. Menü 28 €.
Puerta del Atlántico: Vía Norte 60, Tel. 986 47 00 20, So Abend und Mo geschl. Funktionales Restaurant gegenüber der Fátima-Kirche, in dem sich die Gäste durch die ganze Palette galicischer Köstlichkeiten essen können, ohne angesichts der Rechnung bleich zu werden. 15 €.
Fay Bistes: Real 7, Tel. 986 43 20 97. Einfache Hausmannskost. Ab 10 €.

Markt: Mercado A Piedra nahe dem Hafen.
La Despensa Gallega: Carral 32, Galicische Weine.
Tarot: Pi y Margall 72, Amulette gegen den Bösen Blick, Heilkräuter, Mistelpulver und Kitschhexen in verschiedenen Größen.

Im Berbés-Viertel sowie rund um die Calle Lepanto (in Bahnhofsnähe) geht das Nachtleben los, in den Diskos am Strand Samil klingt es aus.

Strände: Im Süden der Stadt liegt Vigos gut besuchter Hausstrand Samil mit der 3 km langen Meerpromenade. Dahinter folgt die kleinere Playa O Bao. Anfahrt: von Vigos Zentrum aus über die Praza de América der Avda. de Castelao folgen. **Tauchexkursionen** in der Bucht von Vigo veranstaltet Alfaya Náutica, Oporto 24, www.alfayanautica.com.

Abfahrtszeiten in der Lokalzeitung ›Faro de Vigo‹ (›Leuchtturm von Vigo‹) unter ›Servicios‹. Sie liegt tgl. in allen Kneipen und Cafés aus.
Flug: Avda. del Aeropuerto s/n, 10 km entfernt, Tel. 986 27 05 50. Inlandsflüge sowie nach Genf und Zürich.

Von Pontevedra bis Portugal

Atlas: S. 234

Bahn: Praza da Estación s/n, Tel. 986 43 11 14. Stdl. nach Pontevedra, Santiago und A Coruña, 4 x tgl. nach Tui, 11 x tgl. nach Ourense.

Bus: Avda. de Madrid s/n, im Süden der Stadt, Tel. 986 37 34 11. (Vom Zentrum erreichbar u. a. mit der Linie 7 – blau). Nach Pontevedra, Baiona und A Guarda alle 30 Min., nach Santiago stdl., mehrmals tgl. nach Madrid.

Fähre: Estación Marítima de la Ría, As Avenidas s/n, Tel. 986 43 77 77. Im Sommer tgl. zu den Cíes-Inseln (Fahrtzeit 45 Min.) ganzjährig alle 30 Min. nach Cangas.

Baiona

Atlas: S. 234, A 3

1. März 1493. Die Karavelle ›La Pinta‹ läuft im Hafen von Baiona ein. Das erste der drei Schiffe von Christoph Kolumbus bringt eine sagenhafte Nachricht mit, die bald in ganz Europa kursieren wird: die Entdeckung der ›Neuen Welt‹ (Amerika). An das Ereignis erinnert nicht nur das alljährliche Mittelalterfest am 1. März am Hafen, sondern auch der Nachbau der ›Pinta‹ am Hausstrand Ribeira.

Längst hat sich Baiona (10 000 Einwohner) von einer Hafenstadt zu einem der beliebtesten Badeorte Galiciens entwickelt. Milde Wassertemperaturen an den umliegenden Stränden, der Parador innerhalb des meerumspülten Mauerrings des **Castillo de Monterreal** (Spaziergang auf der Mauer tgl. 10–20 Uhr) und der schmucke Altstadtkern ziehen im Hochsommer zahlreiche Gäste an. Über der Stadt thront

Blumenteppiche

Die Fronleichnamsprozession in Baiona schreitet während des Corpus Cristi in den Altstadtgassen der Stadt über kunstvoll angefertigte Blumenteppiche. In der Nacht zuvor malen die Frauen des Orts mit Kreide Muster auf den Asphalt und gestalten sie dann mit Blüten, Kieseln und Sand zu Bildern wie Tauben und Girlanden. Kistenweise Blütenblätter sind dazu nötig, die eine ganze Woche lang vorher gezupft werden. Noch aufwändiger gestaltet sind die Blumenteppiche nur noch in Ponteareas, gut 25 km von Vigo entfernt.

Atlas: S. 234

A Guarda

die romanische Kirche Santa María, um die sich einige Wegkreuze gruppieren. Der interessanteste aber liegt östlich davon auf der **Praza Satísima Trinidade:** Der *cruceiro* aus dem 15. Jh. ist in einem kunstvollen Renaissance-Baldachin eingefasst. Geschmacklich weit weniger gelungen ist die 15 m hohe Statue **Virxe da Roca** (ausgeschildert) auf dem Berg A Grova. In der ›Jungfrau des Felsens‹ aus weißem Marmor und Beton führen Treppenstufen hinauf zu einem Schiff, das die Heilige in der rechten Hand hält: das Steinboot dient als Aussichtsplattform.

 Oficina de Turismo: Paseo de Ribeira s/n, Tel. 986 68 70 67.

 ****Parador de Baiona (auch: Conde de Gondomar): Castello de Monte Real, Tel. 986 35 50 00, Fax 986 35 50 76, www.parador.es. Komfort in über 100 Zimmern innerhalb der weitläufigen Wehrmauer der Burg. Mit Pool, Sauna, Garage. 130 €.
**Villa Sol: Palos de la Frontera 12, Tel. 986 35 56 91, Fax 986 35 67 02, Nov.–April geschl.; sechs Zimmer und ein ansprechender Garten in Meernähe. Garage. 95 €.
*Carabela la Pinta: Carabela la Pinta s/n, Tel. 986 35 51 07. In der Preisklasse erste Wahl, wobei die Zimmer etwas klein sind. 50 €.

 Zahlreiche preiswerte Tavernen liegen in der Straße Ventura Misa.
El Candil: San Juan 46, Tel. 986 35 74 93. Gehobene Küche mitten in der Altstadt, auf tagesfrischen Fisch und Pilze spezialisiert. 15–40 €.

 Arribada de la carabela Pinta: 1. März, das Fest im Stil des Mittelalters erinnert an die Rückkehr des ersten Kolumbus-Schiffs nach der Entdeckung Amerikas; **Wildpferdetreiben** in den Bergen von Baiona und Oia: letzter Sonntag im Mai und erste zwei Sonntage im Juni; **Fronleichnam** (Corpus Cristi): Prozession über Blumenteppiche in den Altstadtgassen. **Patronatsfest Virgen de la Anunciada:** erster Sonntag im August.

 Bus: Halbstdl. nach Vigo, 2 x tgl. nach A Guarda.
Schiff: Ab der Hafenmole mehrmals tgl. zu den Cíes-Inseln.

A Guarda

Atlas: S. 234, A 3
A Guarda (›die Wächterin‹, 6400 Einwohner) liegt direkt am Río Miño, dem Grenzfluss zu Portugal, und hat längst alle Grenzstreitigkeiten hinter sich. Heute widmet sie sich am Hafen mit seinen farbenfrohen Fischerhäusern ganz dem Handel mit Steinbutt, Seeteufel, Wolfsbarsch und Entenmuscheln. Berühmt ist der südlichste Ort Galiciens aber vor allem für seine *langostas*, und so heißt er auch ›Hauptstadt der Langusten‹. Die Delikatesse steht auf fast jeder Speisekarte in den Hafenrestaurants.

Keltensiedlung auf dem Berg Santa Tegra

Keltiberische Stämme bauten ihre Siedlung nicht dort, wo das heutige A Guarda liegt, sondern strategisch

A Guarda ▷

179

Von Pontevedra bis Portugal

Atlas: S. 234

A Guarda

Von Pontevedra bis Portugal

RAPA DAS BESTAS – WILDPFERDETREIBEN

Zwischen Mai und Anfang Juli treiben die Galicier Wildpferde von den Bergen in eine Umzäumung *(curro)*, um den Tieren Schweif und Mähne zu stutzen. Die stämmigen, robusten Tiere werden desinfiziert und bekommen Brandsiegel, bevor die meisten wieder in die Freiheit entlassen werden. Als Mutprobe galt das Zureiten der gedrungenen, starken Tiere schon immer, zumal manche der Vierbeiner noch nie zuvor einen Menschen gesehen haben und sich entsprechend bockig gebärden. Da ist Mut gefragt, mehr noch: Böse Zungen behaupten sogar, bei einer *rapa das bestas* werde die letzte echte Männerdomäne Nordwestspaniens spürbar. Den Rodeo begleitet jedes Mal ein Volksfest mit den drei vitalen Standards Blaskapelle, Landwein und Seekrake. Die meisten *Rapas* finden im Juni statt: 2. Wochenende in Mougás bei Baiona, 2. Wochenende in Morgadáns, ebenfalls nahe Baiona, am Wochenende vor dem 24. Juni in Campo do Oso bei Pastoriza (Provinz Lugo).

A Guarda/Santa Tegra

günstiger auf dem angrenzenden, heute pinienbewachsenen Berg Santa Tegra (kastilisch: Santa Tecla). Aus 340 m Höhe sahen sie auf die Miño-Mündung herunter und weit über den Atlantik, in das südlich gelegene heutige Portugal, nach Norden in die Sierra A Groba und nach Nordosten in das fruchtbare Tal O Rosal, das heute für spritzige, leichte Weiß- und Roséweine bekannt ist. Im 7. Jh. v. Chr. begannen die *celtos* mit dem Bau von über 1000 Rundhäusern, die bis in die römische Zeit (etwa bis 1. Jh. n. Chr.) bewohnt waren. Danach, als friedlichere Zeiten anbrachen, zog es die Kelten an bequemere Plätze gleich am Wasser.

Die Siedlung entdeckten Waldarbeiter erst 1913, als sie einen Forstweg bauen wollten. Dabei machten sie einen der wichtigsten keltischen Funde im gesamten nördlichen Spanien. Erhalten sind bis heute die dicht an dicht liegenden Grundmauern der hüttenartigen Häuser. Archäologen haben die Ergänzungen der Mauern durch schmale, helle Steintafeln sichtbar gemacht und gleichzeitig versucht, zwei komplette Rundhäuser zu rekonstruieren. Mit ihren Strohdächern erinnern sie entfernt an die Pallozas der ostgalicischen Bergregionen Ancares und Courel. Ob die Hütten aber wirklich so ausgesehen haben, bleibt reine Spekulation.

Noch älter sind einige steinzeitliche Felsbilder (Petroglyphen), die neben den Resten keltischer, aber auch römischer Zeugnisse im **Archäologischen Museum** auf dem Gipfel des Bergs ausgestellt sind (Di–Sa 11–14, 16–19 Uhr). Das Museum zeigt Eisen-

werkzeuge, Grabsteine, Münzen aus der Zeit des Augustus und einen keltischen Schwertknauf aus Gold. Bis zum Jahr 1965 gab es auch noch einen bronzenen Herkules, doch ist die römische Statue gestohlen und angeblich in die Dominikanische Republik verkauft worden. Nach ihr wird bis heute gefahndet.

An dem ›heidnischen Ort‹ bauten Christen im Mittelalter eine Einsiedelei (erneuert im 15. Jh.) und widmeten sie der Santa Tegra. Sie ist für die Linderung von Kopfschmerzen zuständig. In der zweiten Augustwoche gibt es deshalb von A Guarda aus eine (schweißtreibende) Wallfahrt über einen Fußweg zu dem kleinen Heiligtum. Bequemer ist der Besuch der Bergspitze aber über die (kostenpflichtige) Autostraße.

Oficina de Turismo: im Kulturzentrum an der Avda. Portugal s/n, Tel. 986 61 18 50.

Am Hafen liegen einige Restaurants, die sich auf Meeresfrüchte spezialisiert haben. Die Köstlichkeiten sind nicht ganz billig, und wer sich lieber preiswert satt essen möchte, findet nur wenige Kilometer Richtung Tui ganz ordentliche Fernfahrerrestaurants mit preiswerten Menüs.
Anduriña: Calvo Sotelo 58, am Hafen von A Guarda. So Abend geschl. Eine sichere Adresse für Liebhaber von Langusten. Nicht überteuert. Rund 25 €.

Der schönste **Strand** bei A Guarda heißt Camposancos und liegt piniengeschützt an der Flussmündung des Miño. Weitere *playas* (Area Grande, Fedorento, Aldramán) gibt es in Richtung Baiona.

Galiciens Inland

Die Altstadt
von Tui

Atlas S. 234–235, 233 und 236

Von Tui nach Ourense

Atlas: S. 234

VON TUI NACH OURENSE

Wenige Besucher verirren sich in diese Gegend am Río Miño, dabei – oder gerade deswegen – sind die mittelalterlichen Klöster und entlegenen Städte besonders anziehend. Ein zusätzliches Plus sind die attraktiven Unterkünfte bei Winzern, in Pfarrhäusern, in Thermalhotels und schmucken Landhäusern.

Tui

Atlas: S. 234, B 3

Heute ist Tui (16 000 Einwohner) ein friedlicher, erdbebensicherer und ausgesprochen attraktiver Ort. Doch das war nicht immer so: Im 9. Jh. ruderten Wikinger und Sarazenen den Miño-Fluss hinauf, um zu plündern. Doch die Stadt Tui zeigte sich wehrhaft, eine Einnahme war ausgeschlossen. Den mutigen Bewohnern blieb indes keine lange Atempause. Denn kaum hatte sich im 11. Jh. Portugal von Kastilien-León getrennt und zu einem eigenständigen Königreich gemausert, wandelte sich der Miño zum umkämpften Grenzfluss zwischen Tui und der gegenüberliegenden portugiesischen Stadt Valença do Minho. Die Kämpfe führten dazu, dass die Kathedrale der galicischen Bischofsstadt immer mehr einer Befestigungsanlage glich. Zusätzlich sorgte eine Naturkatastrophe für eine noch robustere Statik. 1755 erschütterte ein Erdbeben Tui und weite Bereiche an der westiberischen Atlantikküste bis hinunter nach Lissabon. Zahlreiche Stützpfeiler halten seither das Gotteshaus zusammen.

Die etwas abgeschiedene Lage am Miño-Fluss (portugiesisch: Minho) macht Tui zu einem charmanten Ort ohne allzu viel sommerlichen Rummel. Die Stadt treibt Handel mit Portugal, verbessert durch einen neuen Autobahnanschluss, und setzt inzwischen auch auf touristische Infrastruktur. Zu den Sportangeboten gehören Rafting und Fischen, zu den lokalen Köstlichkeiten Glasaale *(angulas)* und Mandelplätzchen in Fischform *(pececitos)*.

Die schmalen, von Treppen durchsetzten Gassen rund um die zinnenbewehrte Kathedrale laden zu Spaziergängen ein. Auf krummem Pflaster geht es vorbei an Kneipen und Kirchen, an mancher Häuserruine und einem großen Schild über einem der Rundbögen. Es zeigt eine knorrige Frauengestalt in einem Baum. Die Aufschrift lautet: »Hexen gibt es in Tui schon.« Auf Anfrage meinte der hier lebende Pfarrer Ramón Vidal Lafuente: »Wer würde das Schild schon abhängen wollen, in Tui glauben viele Menschen noch an außergewöhnliche Kräfte.« Der Geistliche arbeitet in dem nahen Ort Areas und hat sein dortiges Pfarrhaus

Atlas: S. 234

Tui

an der kleinen Kirche in ein Gästehaus umgestaltet.

Sein Vorgesetzter, der Bischof von Tui, wacht indes über die Geschicke der imposanten **Kathedrale**. Ihr dreischiffig angelegter Querhaus-Grundriss orientiert sich an dem der Kathedrale von Santiago. Das Nordportal mit den doppelten Blendarkaden entstand schon im 12. Jh., doch das monumentale Hauptportal an der Westfassade schufen die Baumeister erst im frühen 13. Jh. Unter den Archivolten haben die Steinmetze zahlreiche Skulpturen von Königen, Propheten, Aposteln und Moses zu einem Glanzwerk galicischer Gotik vereint. Das Bogenfeld im Portal (Tympanon) zeigt Herodes, die Verkündigung, Maria im Kindbett und die Heiligen Drei Könige, darüber ist die Silhouette von Jerusalem zu erkennen.

Einhelliges Urteil der Fachwelt: Hervorragend.

Zwei Museen gehören zum Komplex. Im **Kathedralenmuseum** (tgl. 10–13, 16–18 Uhr) in der Kapelle Santa Catalina umfassen die sakralen Kunstwerke auch einen aus einer Kokosnuss geschnitzten Messkelch, der im 15. Jh. nach der Entdeckung Amerikas nach Spanien kam. Dem Museumsbesuch schließt sich die Visite des äußerst schiefen Kreuzgangs und des Wehrturms an, von dem sich ein weiter Blick über Tui bietet. Das **Diözesanmuseum** (tgl. 10–13, 16–19 Uhr) gegenüber dem romanischen Nordportal wiederum beherbergt u. a. einen bronzenen Keltenhelm, Waffen und einen römischen Marmorsarkophag.

Im Schatten der Kathedrale liegt flusswärts die **Capilla de San Telmo,**

Galiciens wasserreichster Fluss: Der Miño

187

Von Tui nach Ourense

Atlas: S. 234

die Kapelle des Schutzheiligen der Seefahrer. Der portugiesisch beeinflusste Zuckerbäcker-Barockbau steht im krassen Gegensatz zu der Strenge des hier Ruhenden. In der Kapelle liegt der gnadenlose Hexenjäger Diego de Torquemada begraben, seines Zeichens Großinquisitor unter den Katholischen Königen: Doch seine Verfolgungen im 16. Jh. blieben offenbar ohne langfristigen Erfolg. Denn geben soll es sie in Tui ja noch immer …

Oficina de Turismo: Ponte Tripes s/n, Tel. 986 60 17 89.

***Parador San Telmo: Tel. 986 60 03 09, Fax 986 60 21 63. Neubau in schöner Lage mit Blick auf Tui und die portugiesische Grenzstadt Valença, Pool und Tennisplatz. 95 €.
**Rectoral de Areas: in Areas 3,5 km Richtung A Guarda, Tel./Fax 986 60 39 86. Von dem jungen Pfarrer Ramón geführtes Gästehaus (ehem. Pfarrhaus von 1688) gleich neben der kleinen Kirche. Sehr schöne Zimmer, guter Service, aber nah an der Straße. Eine Plage können die Mücken sein. 55 €.
*O Buxo: Barrio Cruceiro 3, Currás, Tel./Fax 986 63 35 03, www.agarimo. com, agarimo@ingesco.es. Das attraktive Landhaus von Señora Esperanza liegt 5 km Richtung A Guarda in der kleinen Ortschaft Currás: preiswert, ruhig gelegen, mit Garten, Terrasse, Bibliothek, geschmackvoll eingerichteter Küche (Frühstück mit Selbstbedienung) und ziemlich verschmusten Hofhunden. 45 €.

Einige gute **Tapa-Bars** gibt es nahe der Kathedrale. Wer portugiesisch essen gehen will, überquert die Brücke nach Valença: Um die Verteidigungsanlage gibt es ein paar einfache Restaurants.

O Novo Cabalo Furado: Praza do Concello, Tel. 986 60 12 15, So und zweite Juli-Hälfte geschl. Haben Sie schon einmal Glasaale *(angulas)* oder Neunaugen *(lampreas)* probiert? In Tui sind sie die Spezialität. Aber in dem steinalten Haus gegenüber der Kathedrale gibt es auch schmackhafte Flussforellen und Fleischgerichte. 18–25 €.
Galicia: González Besada 8, Tel. 986 60 00 01. Eigentlich nichts Besonderes, aber die Paella überzeugt. Menüs um 12 €.
Café:
Café Central: Rúa das Monjas. Gemütlich und geräumig.

An der zentralen Straße Calvo Sotelo ist jeden Donnerstag portugiesisch-galicischer **Markt,** und das schon seit 1679.
Die **Konditorei Monjas de Clausura** (Rúa das Monxas s/n) führt *pececitos,* kleine Mandelplätzchen in Fischform.
Im **portugiesischen Valença** auf der anderen Seite des Flusses decken sich die Galicier gerne mit preiswerten Bademänteln, Handtüchern, Tischdecken und Teppichen ein. Beliebt sind auch Portwein und relativ preiswertes Fotomaterial.

Vor allem am Wochenende sind die Bars und Pubs der verwinkelten Gassen hinter der Kathedrale beliebte Anlaufstellen. Eingerichtet sind sie durchweg in alten Gemäuern.

Patronatsfest: In der Woche nach Ostern, mit Verzehr von Glasaalen, Volkstänzen und keltischer Livemusik; **Fest der Kastanie**: Im November (variabel).

Beim Oficina de Turismo Infos zum **Rafting** und **Fischen.** Ein guter Rafting-Anbieter ist z. B. Arrepions, Avda. de la Concordia 31, www.arrepions.com.

Mondariz Balneario

Atlas: S. 234

8 km nördlich von Tui liegt der **Naturpark Monte Alioa**. Spazierwege mit weitem Panorama führen vorbei an keltischen Häuserresten und einem wahrlich pittoresken Forsthaus aus dem Jahr 1921. In dem Park bekommt man mit etwas Glück Wildpferde zu sehen.

Bahn: 3 x tgl. ab dem zentralen Bahnhof nach Vigo. 3 km Richtung Vigo liegt der Bahnhof Guillarei: von hier aus u. a. 7 x tgl. nach Ribadavia und Ourense. Die Bahnstrecke dorthin (entlang dem Miño-Ufer) ist die wohl schönste ganz Galiciens. Bis Ribadavia ist man rund 1 Std. unterwegs.
Bus: Ab Haltestelle an der zentralen Straße Calvo Sotelo stdl. nach A Guarda und Vigo.

Ausflüge von Tui

Atlas: S. 234, B–C 2–3
Ein Abstecher nach Portugal führt in die massiv wirkende, mauerumringte Festungsstadt **Valença do Minho** (17. Jh.). Sie ist von Tui aus über eine von Gustave Eiffel konstruierte Eisenbrücke, per Fähre oder über eine moderne Brücke schnell erreicht. Innerhalb der massiven Stadtmauern fallen zahlreiche Geschäfte auf, die sich vor allem auf Tuchwaren spezialisiert haben.

Fährt man am Miño-Fluss entlang Richtung Ourense, taucht nach 15 km **Salvaterra** auf. Der kleine Ort mitten in Rebenfeldern gilt als die Hauptstadt des Condado-Weins, der ähnlich wie der weiter westlich angebaute Weißwein O Rosal einem guten Rheinhessen durchaus Konkurrenz macht.

Rund 40 km nordöstlich von Tui befindet sich der berühmteste Thermalort Galiciens. Das wunderbar idyllisch gelegene **Mondariz Balneario** entstand 1862, als der heilwasserreiche Brunnen erstmals aus dem Boden sprudelte. Bald speiste dieser Fuente Troncoso das neue Grandhotel, dort badete die aristokratische wie künstlerische High Society Galiciens. Der Karikaturist Alfonso Castelao kam, ebenso die Dichterin Emilia Pardo Bazán. Staatschef Primo de Rivera ließ in dem Nass sogar schon mal seine Ministerrunden tagen. Doch 1973 wurde das Gebäude durch ein Feuer zerstört, und der Ort mit seinen kaum 600 Einwohnern verfiel zusehends. Inzwischen ersetzt das Hotel Tryp Mondariz den ehemaligen Balneario und sorgt wieder für einen

In O Rosal wird Weißwein gekeltert

189

Von Tui nach Ourense

Atlas: S. 234

gewissen Aufschwung am sauberen Río Tea.

Neben dem Heilwasser zeichnet den Ort aber noch etwas anderes aus: Seine Bewohner leben in der kleinsten Gemeinde Spaniens.

Mondariz kann man auch von den Turmspitzen der südwestlich gelegenen Burg **Castillo Sobroso** sehen. Im 15. Jh. hatten Bruderschaften *(Irmandiños)* die Burg bei ihren letztlich vergeblichen Volksaufständen gegen den Adel stark beschädigt, zu einer Zeit, als an eine Französische Revolution noch gar nicht zu denken war. Die Gemächer, die Falltür und der Turm innerhalb der hohen Mauern sind inzwischen wieder sorgfältig restauriert. Die Burg dient immer wieder als Ausstellungsforum für lokale Künstler.

****Hotel Tryp Mondariz: Av. Enrique Peinador s/n, Tel. 986 65 61 56, Fax 986 65 61 86, ccibal@trypnet.com. Luxuriös, mit Pool, Golfplatz, Sauna und vielen Extras. 120–150 €.

> ### Wohnen beim Winzer
>
> Der Pazo Viña Mein ist ein rustikales, gut geführtes Landhaus zwischen Ribeiro-Weinfeldern und gehört zu einer Bodega gleichen Namens. In der Umgebung liegen mehrere Klöster (**Pazo Viña Mein: Lugar de Mein s/n, in Leiro, 12 km von Ribadavia entfernt, Tel. 988 48 84 00, Fax 988 48 87 32. Mit Schwimmbad. Rund 60 €).

 Patronatsfest La Franqueira: am 16. Juli in Mondariz.

Ribadavia

Atlas: S. 234, C 2

Bei der Porta Nova zwischen Praza Maior und dem Miño-Zufluss Avia liegt noch bis heute das hervorragend erhaltene Judenviertel von Ribadavia, dessen Bewohner vor allem vom örtlichen Weinhandel lebten – bis ein Dekret der Katholischen Könige sie 1492 brutal vertrieb. Geblieben sind indes die mittelalterlichen Häuser und Gassen rund um die Synagoge sowie der florierende Handel mit dem Ribeiro-Wein. Benediktinermönche aus den nahen Klöstern Oseiro und San Clodio hatten die Trauben schon im 12. Jh. in der unmittelbaren Umgebung angepflanzt. Am letzten Augustwochenende jeden Jahres gehen die knapp 4000 Bewohner an ihre Verkleidungskoffer. Beim Geschichtsfest *(Festa da Istoria)* zeigen sie, wie sich die jüdischen Einwohner im Spätmittelalter kleideten und erinnern so mit viel Tanz und Spaß an die lange jüdische Tradition des Orts.

Die denkmalgeschützte Stadt am Avia erkundet sich am besten von der zentralen Praza Maior aus. In der **Burgruine** finden im Sommer unter freiem Himmel Theateraufführungen statt. Die von Maltesern gegründete romanische Kirche **Sant Xoan** (12. Jh.) zeigt sich noch im Originalzustand. Und manche der Kragsteine am Dach des gotischen Konvents **Santo Domingo** stellen – wie sollte es anders sein – Zechbrüder und Weinfässer dar. Lebendig werden sol-

Atlas: S. 235

Ourense

In den Gassen von Ribadavia

che Darstellungen in der Bar O Papuxa (Porta de Arriba) mitten im Judenviertel. Sie ist eine der ältesten Tavernen des Ortes, wo man den Spaziergang ganz gut ausklingen lassen kann.

***Arnoia: Vila Termal 1, 3 km außerhalb, Tel. 988 49 24 00, Fax 988 49 24 22. Ruhig gelegenes Thermal-Hotel am Miño mit einigen sportlichen Attraktionen: Ausritte, Bootfahren, Fahrradtouren, Schwimmbad und Sauna. 70 €
**Plaza: Praza Maior 15, Tel. 988 47 05 76. Zentral gelegen, freundlich. Knapp 40 €.

Plaza (s. Unterkunft): Einfache, preiswerte Regionalküche vom saftigen Braten bis zur zartgekochten Seekrake. 25 €.

Mostra Internacional de Teatro: Theaterfestival mit zahlreichen Aufführungen auch unter freiem Himmel in der zweiten Julihälfte.

Feria do Viño do Ribeiro: Weinmesse rund um den Ribeiro Ende April, Anfang Mai; **Festa da Istoria:** Geschichtsfest Ende Aug., Anfang Sept.; **Virgen del Portal:** Patronatsfest Mitte Sept. zu Ehren der Schutzpatronin des Ribeiro.

Bahn: 7 x tgl. nach Ourense und Vigo.

Ourense

Atlas: S. 235, D 2
Um mit dem Charme von Ribadavia und Tui mithalten zu können, ist die Provinzhauptstadt Ourense (100 000 Einwohner) etwas zu groß geraten. Die schöne Altstadt umgibt ein Ring so praktischer wie unansehnlicher Hochhäuser, deren Bewohner z. T. einen herrlichen Blick auf den Stadtkern haben.

Von Tui nach Ourense

Atlas: S. 235

Römische Kundschafter bewogen vor 2000 Jahren zwei Argumente, hier eine Stadt zu gründen und die siebenbogige, 370 m lange Ponte Vello (im 13. Jh. erneuert) über den Miño zu bauen: Goldminen und Thermalquellen. Die Vorzüge der Gegend um Ourense, das kostbare Edelmetall und das 67 °C heiße Schwefelwasser sprachen sich bis zu Kaiser Augustus herum. Aus *aurum* (Gold) wurde Ourense, doch kaum hatten germanische Stämme die Römer aus ganz Spanien vertrieben, versank die ›Goldene‹ mehr und mehr in Bedeutungslosigkeit. Und dies, obwohl sie die Sueben vorübergehend sogar zur Königsresidenz machten.

Seit Beginn des 19. Jh. war die Provinzhauptstadt ähnlich wie das nördlich gelegene Lugo zudem von erheblicher Arbeitslosigkeit und Emigration betroffen. Intellektuelle rund um den Schriftsteller Curros Enríquez (1851–1908), die Ourense vorübergehend den Spitznamen ›das Athen Galiciens‹ einbrachten, machten gerade die wirtschaftliche Not im galicischen Hinterland zum Thema. Heute sieht mancher Besucher aus Dortmund, Frankfurt und Zürich den Namen seiner Stadt in Neonschrift über einer hiesigen Bartür blinken. Denn das bis weit in die 1970er verdiente Geld haben Galicier nach ihrer Rückkehr in die Heimat nicht selten erfolgreich in eine Gastwirtschaft investiert.

Zu dieser Zeit lebten in Ourense auch einige Straßenkinder, die als Gangs die Hinterhöfe unsicher machten. Ein Jesuitenpater schuf Abhilfe: Er gab ihnen eine Unterkunft und gründe-te mit ihnen wenige Kilometer südlich der Stadt den Kinderstaat Bemposta (s. S. 194): mit Zirkuszelt, eigener Währung und Bürgermeister im Teenie-Alter. Die Jungs machten landesweit schon kurz nach ›Staatsgründung‹ Furore, als sie völlig überraschend die spanischen Hockey-Jugendmeisterschaften gewannen.

So arm wie in den 1970ern ist die Stadt heute längst nicht mehr. Subventionen, ein moderner Industriepark und schließlich die Mode waren ausschlaggebend. Vor allem die Kreationen des Ourenser Designers Adolfo Dominguez (»die Falte ist schön«) sind für die Beschäftigungszahlen der Stadt heute einfach ›Gold‹ wert.

Stadtrundgang

Der arkadengesäumte Hauptplatz Praza Maior ist das Herzstück von Ourense. Umgeben ist er von engen, gelegentlich steilen Gassen, in denen es von kleinen Shops und hervorragenden Tapa-Bars nur so wimmelt. Gleich am Platz ist das zum Teil verglaste **Museo Arqueolóxico Provincial** (Di–Sa 9.30–14.30, 16–21 Uhr, So nur vormittags) mit seinen prähistorischen, römischen und mittelalterlichen Funden aus der Umgebung untergebracht. Wenige Schritte von der Praza Maior entfernt liegt die **Kathedrale San Martiño** mit Stilformen von der Romanik bis zum Barock. Nach 1188 entstand an der Westfront das Paradiestor (Pórtico del Paraíso) als eine gekonnte Nachbildung des Pórtico de la Gloria in Santiago. Im etwas düsteren Innern fasziniert zunächst das vergoldete Dekor

Ourense

Praza Maior: Der Hauptplatz in Ourense

der barocken Capilla del Santo Cristo mit der ausgemergelten gotischen Christusfigur. Sehenswert sind aber auch der spätgotische Hochaltar von Cornelis de Holanda (1521) sowie das kleine **Diözesanmuseum** (Di–So 11.30–13, 16–19.30 Uhr) mit dem Kirchenschatz. Ausgestellt ist neben einem Hirtenstab aus Elfenbein und maurischen Schachfiguren aus Bergkristall das älteste in Galicien gedruckte Buch, der ›Misal Auriense de Monterrei‹ (1494).

Am Südwestrand der Altstadt liegen etwas versteckt die **As Burgas-Quellen** aus noch römischer Zeit. An den drei *fuentes* sind noch die von Römern eingemeißelten Danksagungen an das schwefelhaltige Nass zu sehen. Die berühmten, fast 70 °C heißen Burgas-Quellen sehen nicht besonders spektakulär aus, sie gleichen im Grunde schlichten Brunnen. Beachtlicher ist da der Kreuzgang des Klosters **San Francisco** oberhalb der Altstadt. Die immerhin 120 Kapitelle aus dem 14. Jh. machen den *claustro* zu einem der interessantesten Galiciens. Denn keiner der kunstvoll gemeißelten Säulenabschlüsse gleicht dem anderen.

Oficina de Turismo: Curros Enríquez 1, Tel. 988 37 20 20.

****Pazo de Bentraces: Tel./Fax 988 38 33 81, www.pazodebentraces.com. 5 km südlich von Ourense an der N-540 in Bentraces (Barbadás). Das schöne Landhaus mit allem Komfort und Pool war im 15. Jh. ein bischöflicher Sommersitz. 95–130 €.

193

Von Tui nach Ourense

BEMPOSTA –
STAAT DER ZIRKUS-KINDER

Ein Bürgermeister im Stimmbruch, ein Bankier in der Pubertät, eine Apothekerin mit ziemlich guten Schulnoten und ein Tankwart, der vielleicht einmal Rennfahrer werden will. Und dann gibt es da noch den Friseur, den Bäcker, den Koch, den Chef der Töpferei und den Wahlkampfhelfer. Sie alle treffen sich zum Mittagessen in der Kantine. Sie alle verdienen Geldscheine *(coronas)*, wenn sie die selbst gebaute Schule besuchen, und sind schnell pleite, wenn sie schwänzen. Sie haben ein großes Zirkuszelt, und mit dem Zirkus gehen sie auf Tournee. Das ist kein Märchen, das ist der Kinderstaat von Bemposta.

6 km südlich von Ourense, an der alten N-525, liegt das Gebiet der Gemeinschaft, ausgestattet mit Grenzkontrolle, eigener Flagge und Radiostation. Seit den 1970ern leben hier rund 150 Kinder aus 15 Nationen. Dahinter verbirgt sich das Projekt des Jesuitenpaters Silva, der für die Straßenkinder aus Ourense eine selbst organisierte Bleibe schaffen wollte.

Am Anfang waren es nur ein paar rotzfreche, sehr verwegene und reaktionsschnelle Jungs aus der Gegend, die schon kurz nach der Gründung von Bemposta völlig überraschend die spanische Hockey-Jugendmeisterschaft gewannen. Doch längst leben hier auch Diplomatenkinder aus Kolumbien, Ausreißer aus Lissabon und Arzttöchter aus Marokko. Frühe Eigenverantwortung, so das Idealbild, soll aus den Kindern mutige, friedliche und engagierte Menschen machen.

Der Pater hatte als kleiner Junge den Film ›Boy Town‹ mit Spencer Tracy in der Hauptrolle gesehen. Die Idee begeisterte ihn so sehr, dass der damalige Theologiestudent in dem Haus seiner Mutter 15 Waisenkinder aufnahm. Er organisierte einen Lumpenwagen, und mit dem, was sie aufgesammelt hatten, konnten sich die ehemaligen Straßenkinder ihre ersten Peseten in eigener Regie verdienen.

Die Gemeinschaft wurde größer, der Pater übernahm das Sorgerecht und die *muchachos* zogen auf das ehemalige Weinfeld südlich von Ourense. Bis heute sind über 25 000 Kinder in dem Kinderstaat groß geworden. Die drahtigen Kids lieben ihre Tourneen mit Trapez und Menschenpyramide über alles. Dass der Pater hier eine Gemeinschaft nach Grundsätzen der Befreiungstheologie mit einem Zirkuszelt verband, hat übrigens familiäre Gründe: Sein Onkel leitete den berühmten Madrider Zirkus Price.

Wer den Staat besuchen will, kann nach der obligaten Grenzkontrolle in der Staatsbank seine Euros gegen die Landeswährung Coronas tauschen und in den Läden der Kids shoppen gehen. Der Renner sind kleine, getöpferte Don Quijotes.

Ourense

**Zarampallo: Hermanos Villar 31, Tel. 988 22 00 53. Mittelklassehotel mit netten Besitzern. 50 €.
*Barcelona: Avda. de Pontevedra 11, Tel./Fax 988 22 08 00. Einfache Zimmer teils hinter Glasveranden. 35 €.

Zahlreiche Restaurants befinden sich in der zentralen Gasse San Miguel und Umgebung. Schöne, stilvolle **Cafés** findet man in der Straße Coronel Ceano.
San Miguel: San Miguel 12–14, Tel. 988 22 07 95, 10. Jan.–1. Febr. geschl. Traditionelle und innovative galicische Küche zu gehobenen Preisen. Die Auswahl der Speisen fällt so schwer wie die der verschiedenen regionalen Tresterschnäpse. Tagesgerichte um 36 €.
Habana 83: Avda. de la Habana 61, Tel. 988 22 83 19, So und 2. August-Hälfte geschl. Ob Lachs auf Algen in Albariño-Weißwein, gegrillte Seezunge oder selbst gemachte Tiramisú, das Bar-Restaurant mitten im Geschäftsviertel ist gut, lebhaft und preiswert. À la carte um 25 €.
Porta da Aire: Los Hornos (Rúa Fornos) 4, Tel. 988 25 07 49. Von allen Altersklassen frequentiertes, preiswertes Bar-Restaurant mit galicischen Käsesorten, Tortillas und Solomillo. Menü ca. 12 €.

Konditoreien, Modegeschäfte und Antiquitäten liegen rund um den San Lázaro-Park sowie in den Straßen Calvo Sotelo und Habana.
Adolfo Dominguez: Habana 56. Pfiffig designte Damen-Mode vom berühmten gleichnamigen Sohn der Stadt.

In der Calle Santo Domingo und um die Kathedrale gibt es zahlreiche Bars und Tavernen, zu später Stunde geht es in der Straße Valle Inclán weiter.

Os Maios: Tanz und Gesang begrüßen am 3. Mai den Frühling;

Fiestas de Ourense: Stadtfest mit Konzerten, Sport und Blumenschmuck in der zweiten Junihälfte; **El Magosto:** am 11. Nov., Tag des Schutzpatrons der Stadt San Martiño (St. Martin), ziehen die Bewohner in die umliegenden Berge, um Kastanien (magostos) zu rösten und den neuen Wein zu probieren. Feuchtfröhlich geht es danach im Zentrum weiter.

75 km östlich von Ourense liegt bei Pobra da Trives die einzige **Skistation** Galiciens, Estación invernal de Cabeza de Manzaneda.

Die Lokalzeitung ›La Región‹ druckt die Abfahrtszeiten unter ›Servicios‹.
Bahn: Plaza de la Estación s/n, Tel. 988 21 02 02. Bis zu 8 x tgl. nach Vigo, mindestens 2 x tgl. nach Santiago und León, bis zu 4 x über Lugo nach A Coruña.
Bus: Estación de autobuses, Carretera Vigo-Madrid 1, Tel. 988 21 60 27. Bis zu sechs Verbindungen tgl. nach Santiago, Pontevedra und Lugo.

Klöster in der Umgebung

Atlas: S. 234, D 1–3

28 km südlich von Ourense liegt das **Monasterio San Salvador** an der N-540 bei Celanova (S. 234, D 3). Zeitweilig lebten hier seit dem 10. Jh. über 1000 Benediktiner, doch aus ihrer Zeit stammt nur noch die mozarabische Kapelle San Miguel. Kloster und Klosterkirche entstanden im 16. und 17. Jh. neu, hauptsächlich im barocken Stil.

Nach weiteren 20 km ist die Kirche **Santa Comba de Bande** am Stausee Embalse das Conchas (S. 234, D 3) erreicht. Die westgotische Kirche aus dem 7. Jh. mit ihrem Grundriss eines griechischen Kreuzes entstand 200

195

Von Tui nach Ourense

Atlas: S. 235

Jahre später neu, nachdem Mauren sie bei ihren Feldzügen in Schutt und Asche gelegt hatten. Im Innern tragen zwei Säulenpaare mit korinthischen Kapitellen die Hufeisenbögen.

25 km nordöstlich von Ourense liegt das schönste Kloster der Umgebung, das romanisch-gotische **Monasterio de Ribas de Sil** (S. 234, D 2) mit wunderbaren Kreuzgängen in einer grandiosen Landschaft über der Schlucht des Río Sil. Für 6 Mio. € wird derzeit ein luxuriöser Parador angebaut, der mit Fitnessraum und Schwimmbad wohl demnächst in Betrieb genommen wird.

30 km nördlich befindet sich das älteste (12. Jh.) und größte Zisterzienserkloster der Provinz Ourense, das **Monasterio de Oseira** (S. 234, D 1). Ein Großbrand verschonte nur die Kirche, das Klostergebäude entstand im 16. Jh. völlig neu. Heute führen Benediktinermönche durch die Anlage aus dem Übergang zwischen Renaissance und Barock. Solche Ausmaße hat das Kloster, das es den Spitznamen ›Escorial Galiciens‹ bekam, in Anlehnung an den gigantischen Klosterpalast westlich von Madrid (Mo–Sa 9.30–12, 15.15–17.45, So und Fei Eintritt zumeist je um Punkt 12.12, 15.15 und 17.45 Uhr).

Monforte de Lemos

Atlas: S. 235, E 2
Oberhalb der Kleinstadt (20 000 Einwohner) 40 km nordöstlich von Ourense thront schon seit 500 Jahren der ruinöse **Palacio Condal** mit seinem 30 m hohen Wachtturm. Von hier aus konnten die Grafen von Monforte weit

über die Sierra, die Weinberge und Flusstäler sehen, für deren Erkundung die Stadt am Río Cabe ein idealer Ausgangspunkt ist. Monforte ist ein wichtiger Bahn-Verkehrsknotenpunkt, aber sicher kein gut besuchtes Urlaubsziel. Kaum ein Tourist verirrt sich hierher, obwohl die Stadt doch einiges zu bieten hat. Die reichen Grafen stifteten im 16. Jh. u. a. das **Colegio de Nuestra Señora de la Antigua** (auch: Colegio de la Compañía), das in seinem strengen Renaissance-Stil wie das Monasterio de Oseira als ›Escorial Galiciens‹ gilt. Das **Convento de las Clarisas de Monforte** besticht durch seine Sammlung von Sakralkunst aus dem 17. Jh. Zu den über 200 religiösen Kunstobjekten zählen einige makaber anmutende Reliquien. In der Fußgängerzone schließlich gehen die Spezialitäten Monfortes über die Theke und auf die Tische: Forellen, Pilzgerichte, Wild, Eintöpfe und Fleischklößchen.

Oficina de Turismo: beim Colegio de Nuestra Señora de la Antigua, Tel. 982 40 47 15.

Bahn: Praza da Estación s/n, Tel. 982 40 24 96, bis zu 7 x tgl. nach Ourense, 5 x tgl. nach Lugo und 1 x nachmittags nach Santiago.
Bus: San Pedro s/n, Tel. 982 40 26 94, 2 x tgl. nach Santiago und Ourense.

O Courel

Atlas: S. 235, F 1
Ein attraktiver Ausflug führt in das nahezu menschenleere Naturschutzge-

biet O Courel. Innerhalb der 21 000 Hektar zwischen den Kantabrischen Kordilleren und dem Río Sil schrauben sich die Straßen an so manchen verlassenen Dörfern vorbei. Ein idealer Ort also für Wildschweine, Wölfe, Marder und Hermeline, die hier zwischen Eiben, Stechpalmen und Steineichen so gut wie unbehelligt leben. Entsprechend ist das touristische Angebot ganz bewusst gering gehalten.

Einer der wenigen Orte mit kleinem Supermarkt und Restaurant ist **Folgoso do Courel.** Wenige Kilometer östlich liegt das Schutzgebiet Devesa da Rogueira bei dem Ort Moreda. Das kleine Info-Häuschen Aula da Naturaleza ist Ausgangspunkt für eine halbtägige (hin und zurück) Wanderung auf den Berggipfel, von dem man das sattgrüne Courel-Gebiet gut überblickt.

In einem alten Steinofen im Ort Moreda backen die sympathische Bäuerin Dolores Pais Fuentes und ihr Mann Divonso Aida Gallego frisches Brot fürs Frühstück des Gästehauses. »Glauben Sie ja nicht, Sie seien der erste Journalist hier«, erklärt Dolores verschmitzt. Wie sich herausstellt, war vor wenigen Jahren das galicische Fernsehen da. Rechercheauftrag: Filmen, wie einer der letzten galicischen Orte an das Stromnetz angeschlossen wird.

🛏 **Devesa da Rogueira:** im winzigen Dorf Moreda nahe Folgoso do Courel, Tel. 982 15 56 23. Frisch restauriertes Haus mit nur zwei Doppelzimmern, Balkonen, guten Bädern, TV, Waschmaschine und eingerichteter Küche zum selber Kochen. 30 €.

Von Ourense nach Lugo

Atlas: S. 235, 233
Auf dem gut 90 km langen Weg zwischen den beiden Provinzhauptstädten bieten sich drei interessante Abstecher an. Kurz nach Narón biegt ein 12,5 km langer Weg zum östlich der N-540 gelegenen **Portomarín** ab (s. S. 112), einem alten Pilgerdorf am Stausee Belesar. Es versank in den 1960er Jahren in den Fluten und wurde mit der wehrhaften Kirche San Nicolás (13. Jh.) weiter oberhalb Stein für Stein neu aufgebaut.

Wenige Kilometer weiter Richtung Lugo lohnt kurz hinter Lousadela ein 12 km langer Abstecher zu dem kleinen Dorf **Vilar de Donas** an (s. S. 112), in deren Kirche die hier ansässigen Nonnen *(donas)* Fresken mit biblischen Motiven schufen.

Santa Eulalia da Bóveda

Atlas: S. 233, E 3
Folgt man 5 km vor Lugo dem Wegweiser nach Friol, geht es weitere 10 km bis zu der kleinen Pfarrkirche **Santa Eulalia de Bóveda.** Hier haben Westgoten eine Kirche gebaut. 1926 machten Archäologen eine sensationelle Entdeckung: Zum Vorschein kam eine Krypta und an deren Wänden farbige, gut erhaltene Malereien, geometrische Ornamente, Vögel und Girlanden, die aus der Römerzeit stammen könnten. Allerdings sind sich die Archäologen mit der Datierung der Gemälde bislang noch unsicher. Sie vermuten hinter dem geheimnisvollen Bau ein ursprünglich heidnisches Quellheiligtum (Mo–Sa 11–14, 15.30–19, So 11–14 Uhr).

VON LUGO ZUR KÜSTE

Beachtlich, was Architekten hier geleistet haben: Die römische Mauer rund um Lugos Altstadt ist nach 2000 Jahren noch so stabil, dass die Bewohner sie als Joggingpfad nutzen. Aber auch die Natur hat ›gebaut‹: Bei Ribadeo gleichen die bizarren Strandfelsen einem gotischen Gotteshaus. Folgerichtig heißt die Sandbucht dort auch ›Kathedralenstrand‹.

Lugo

Atlas: S. 233, E 3

Im Jahr 2000 erfüllte sich endlich ein lang ersehnter Traum der Lugueños: Die UNESCO nahm ihre vollständig erhaltene römische Stadtmauer in die Liste des Weltkulturerbes auf. Die *muralla* umrundet die gesamte Altstadt. Und auch wenn sie an manchen Stellen immer wieder bröckelt, sie steht. Als die Römer sie im 3. Jh. n. Chr. errichteten, sollte sie ein wichtiges Bollwerk des Imperiums sein: 8–12 m hoch und 4,5–7 m breit ließen die Baumeister sie anlegen, 85 halbrunde Türme verstärkten den Ring. Doch der strategische Wert erwies sich als gering. Im 5. Jh. kamen die Sueben und im 8. Jh. die Mauren. Sie mussten die Mauern nur zum Teil schleifen, und nutzten lieber gleich die zehn Stadttore, um Lugo einzunehmen. Ernsthafte Gefahr drohte dem inzwischen denkmalgeschützten Bauwerk im Grunde erst in den 1930er Jahren. Pläne tauchten auf, sie bei der Stadterweiterung niederzureißen. Doch die Lugenser verteidigten ihren Schutzwall, der sie seinerseits selbst nie wirklich verteidigen konnte. Und so heißt es in Lugo (80 000 Einwohner) auch, die *muralla* schütze allenfalls vor winterlicher Kälte – und vor allzu modernem Zeitgeist.

Stadtrundgang im Mauerring

Der Name Lugo könnte vom keltischen ›Lug‹ stammen, was soviel heißt wie ›heiliger Berg‹. Sicher ist das nicht, doch liegt die oft in Nebel gehüllte Stadt am Río Miño immerhin fast 500 m über dem Meeresspiegel. Damit ist sie nicht nur Galiciens ärmste, sondern auch höchste Provinzhauptstadt. Und die älteste, wie das attraktive **Museo Provincial** [1] zeigt (Juli/Aug. Mo–Fr 11–14, 17–20, Sa 11–14, sonst Mo–Fr 10.30–14, 16.30–20.30, Sa nur bis 20 Uhr). Das Museum ist teilweise in einen spätmittelalterlichen **Franziskanerkonvent** [2] integriert, daher gehören zum Museum auch ein Kreuzgang, Speisesäle und die Küche. Der Kamin ist so groß, dass man in ihm nicht nur

Stadtplan: S. 200 | **Lugo**

kochen, sondern auch zum Essen Platz nehmen konnte. In verschiedenen Sälen sind keltiberische Inschriftsteine, römische Fußbodenmosaiken, pechschwarzer Gagat *(azabache)*, Sonnenuhren, Sargadelos-Porzellan und Gemälde galicischer Künstler ausgestellt. Dazu gehören der Modernist Arturo Souto (1901–1964) und der in Lugo geborene Xesús Corredoyra (1887–1939), dessen finstere Malweise etwas an die tiefreligiösen Porträts von El Greco erinnert. Höhepunkt des Museums und ganzer Stolz der Museumsleitung ist die einzigartige Sammlung keltischer Halsreifen aus Gold (Torques) mit ihren verdickten Enden.

Als Ausgangspunkt für eine Stadtvisite bietet sich die **Porta de Santiago** 3 an, das Jakobstor der Stadtmauer. Über dem Bogen begrüßt die Besucher das Bildnis des Apostels als Maurentöter. Von hier aus geht es entweder eine Rampe hoch zum empfehlenswerten Rundweg auf der Stadtmauer oder geradewegs hinein in Lugos **Kathedrale Santa María** 4. Ihre Baugeschichte reicht vom 12. Jh. bis Ende des 18. Jh., als die Kirche ihre strenge klassizistische Fassade bekam. Der Figurenschmuck an dieser Hauptfassade zeigt neben den Evangelisten auch einen Bischof namens Froilán, den kurioserweise ein Wolf be-

Meisterwerk der Statik: Die römische Stadtmauer von Lugo ist heute Flaniermeile

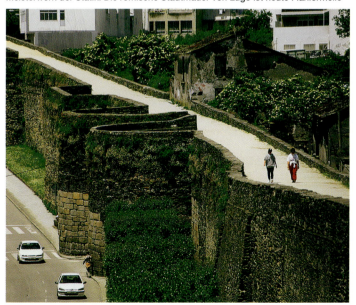

Von Lugo zur Küste

Atlas: S. 233

Sehenswürdigkeiten

1. Museo Provincial (Provinzmuseum)
2. Franziskanerkonvent
3. Porta de Santiago
4. Kathedrale Santa María
5. Bischofspalast
6. Rathaus/Hauptplatz Praza Maior
7. Praza do Campo (Altstadtplatz)
8. Römische Thermen

Unterkunft

9. Pazo de Vilabade
10. Méndez Núñez
11. Paramés
12. Balneario de Lugo
13. Camping Beira Río

Essen & Trinken

14. La Barra
15. Verruga
16. Porta de Santiago

Lugo

Stadtplan: S. 200

gleitet. Die Legende will, dass die Bestie des Bischofs Esel fraß und zur Strafe die Bücherlast von nun an selber tragen musste. Um Jahrhunderte zurückversetzt fühlt man sich beim Betrachten des romanischen eisenbeschlagenen Nordportals, in dessen Tympanon Christus in einem mandelförmigen Heiligenschein (Mandorla) abgebildet ist.

In der barocken Capilla Nosa Señora dos Ollos Grandes verehren die Gläubigen Lugos Schutzpatronin, die wunderliche ›Madonna mit den großen Augen‹. Die wuchtige Kapelle entstand 1726 als Werk von Fernando Casas y Novoa, der die Obradoiro-Fassade der Kathedrale von Santiago de Compostela gestaltete und hier auch den Kreuzgang entwarf.

Gut 200 Jahre zuvor ließ ein anderer Künstler, Cornelis de Holanda, fast sieben Jahre an einer großen Altarwand schnitzen. Sie wich später der opulenten, spätbarock überfrachteten Hauptkapelle und wurde an die Portalwände des Querhauses verlegt.

Entlang dem **Bischofspalast** 5 geht es mitten in die Altstadt mit ihren zahlreichen Tavernen und Restaurants und zum Rokoko-Rathaus mit seinem Uhrenturm an der mit viel Grün aufgelockerten **Praza Maior** 6, laut Stadtpoet Luis Pimentel (1895–1958) Lugos ›Wohnzimmer‹. Der urigste Platz aber heißt **Praza do Campo** 7 wenige Meter nördlich der Kathedrale und umgeben von uralten, schmalen Gassen. Auf dem dreieckigen, arkadenumsäumten Platz aus Pflasterstein thront auf einem Brunnen der Domikaner-Prediger San Vicente Ferrer (18. Jh.).

Darunter speien Engel und Teufelsfratzen Wasser. Früher floss dem Vernehmen nach aber auch schon mal Wein aus den versteinerten Grimassen. Immer dann, wenn die Stadtoberen wieder einmal die Abgaben erhöht hatten und Unruhen befürchteten. Heute treffen sich in den zahlreichen Bars Jung und Alt zum leichten Valdeorras-Wein in Porzellantassen, doch schon damals, zur Zeit des Mauerbaus, war der Platz beliebter Treffpunkt von Legionären, Marktfrauen und Feuerspuckern.

Aus römischer Zeit ist in Lugo sonst nicht viel erhalten. Außerhalb der Stadtmauer führt eine stark restaurierte römische Brücke über den Miño, und daneben sprudelt in den **Römischen Thermen** 8 (Caldas de Lugo) unter einem Hotel noch immer 43,8 °C heißes Nass. Die Bäder, antiken Umkleidekabinen und Rauchöfen sind auf Wunsch auch für Nicht-Gäste zugänglich (tgl. 9–20 Uhr).

Wesentlich interessanter sind indes die einzigartigen, vermutlich römischen Wandmalereien im 15 km entfernten **Santa Eulalia de Bóveda** (s. S. 197).

Oficina de Turismo: Praza de España (auch Praza Maior) 27, Tel. 982 23 13 61.

***Pazo de Vilabade 9: Castroverde, 22 km auf der C-630 Richtung Fonsagrada, Tel. 982 31 30 00, Fax 982 31 20 63. Geschl. 15. Dez.–15. März. Ansprechendes galicisches Landhaus (17. Jh.) mitten im Grünen. 70–100 €.
**Méndez Núñez 10: Raiña 1, Tel. 982 23 07 11, Fax 982 22 97 38. Das komfortable Hotel (19. Jh.) liegt mitten im Zentrum.

Von Lugo zur Küste

Atlas: S. 236

Im Salon verfassten galicische Nationalisten 1918 ihre Manifeste. 80 €.
*Parames 11: Rúa do Progreso 28, Tel. 982 22 62 51, Fax 982 22 74 24. Preiswert, etwas hellhörig und mitten in der Altstadt. 30–40 €.

Hotel über römischen Thermen

Das **Balneario de Lugo** 12 liegt gleich am Ufer des Río Miño und birgt noch Reste römischer Bäder. Hier gibt es preiswerte, einfache Zimmer (TV, Bad) mit Flussblick und auf Wunsch auch die schwefelhaltige Heilwasserkur (Barrio da Ponte s/n, Tel. 982 22 12 28. Rund 37 €).

Camping
Beira Río 13: Tel. 982 21 15 51. Lage 3 km vom Zentrum Richtung Santiago, am Miño-Ufer, Juni–Sept.

Rund um Kathedrale und Bischofspalast gibt es preiswerte Tapa-Bars.
La Barra 14: San Marcos 27, Tel. 982 25 29 20, So geschl. In dem angesehenen, teuren Restaurant geht die politische High Society Lugos speisen. Das Steinhaus liegt gleich gegenüber dem Provinzparlament. Tagesgerichte um 30 €.
Verruga 15: Cruz 12, Tel. 982 22 95 72, Mo geschl. Ein Klassiker unter den Restaurants. Der Thunfisch und die frischen Meeresfrüchte aus eigenen Fanggründen sind nicht billig, aber gut. So gut, dass man den Namen Verruga (zu deutsch: Warze) gleich wieder vergisst. 40 €.
Porta de Santiago 16: Ronda de Muralla 176, Tel. 982 25 24 05. Gegenüber dem gleichnamigen Stadttor nahe der Kathedrale kommen in einfacher Atmosphäre Meeresfrüchteplatten und Fleischvariationen auf den Tisch. Menü um 20 €.

Einkaufsmeile ist im Mauerring die Rúa Progreso, Kunsthandwerker haben sich rund um die Praza de España (Praza Maior) angesiedelt. Sargadelos-Keramik gibt es an der Praza Santo Domingo. Auf der Praza Abastos ist Di und Fr Markt.
Ein traditionell wichtiges **Töpferdorf** ist **Bonxe (Bonge)**, 10 km nördlich der Stadt.

Neben der Weinstraße Rúa Nova sind auch die Straßencafés an der Praza de España (Praza Maior) beliebt.

Neben Karneval, Karwoche und Corpus Cristi sind vor allem die **Stadtfeste Milagrosa** (4.–10. Sept.) und **San Froilán** (4.–12. Okt., der 5. ist der Tag des Patrons) beliebt. **Kinofestival Semana Internacional de Cine de Autor** in der zweiten Septemberhälfte.

Bahn: Praza Conde de Fontao, Tel. 982 22 21 41. 8 x tgl. nach A Coruña, 1 x (außer So) nach Ourense und Madrid. Nach Barcelona 3 x die Woche.
Bus: Praza da Constitución, Tel. 982 22 39 85. 1 x vormittags und nachmittags nach Mondoñedo, an Wochentagen 7 x nach Santiago und 5 x nach A Coruña, an Wochenenden seltener.

Naturschutzgebiet Serra do Ancares

Atlas: S. 236, A 2
Rund 70 km südöstlich von Lugo liegt die Serra do Ancares als natürliche Barriere zwischen Galicien und Kastilien. Ganz im Osten der Provinz Lugo

Atlas: S. 236, 233

Vilalba

haben sich im Schatten der fast 2000 m hohen Berge über Jahrhunderte hinweg kleine Dörfer erhalten, die teilweise sehr versteckt lagen. So versteckt, dass die Greifer Francos ihre Männer im Spanischen Bürgerkrieg (1936–1939) nicht rekrutierten, weil sie keine Ahnung von der Existenz dieser *pueblos* hatten. Inzwischen ist der Bekanntheitsgrad größer denn je.

Die kaum 50 Bewohner des Örtchens **Piornedo** beispielsweise leben heute nicht mehr abgeschieden, sondern sogar ganz gut vom Tourismus. Das haben sie vor allem ihren *pallozas* zu verdanken: Ovale bis quadratische Steinbauten, die mit Stroh gedeckt sind und zwei Eingänge haben – einen für die Menschen, einen zweiten für das Vieh.

Jede kleine Ortschaft in der Sierra hat ihre Reize: **Becerreá** das alte Kloster Santa María de Penamaior und die nahe spitzbogige ›Teufelsbrücke‹ Pontes de Gatín, **Vilarello e Eireixa** das Anwesen der Saavedra, wo angeblich die Vorfahren von ›Don Quijote‹-Autor Miguel Cervantes Saavedra gelebt haben sollen, **Degrada** bietet schöne Wanderwege in der Umgebung, **Campa de Barreira** sein sommerliches Bergfest Ancares und den Brunnen der Verliebten *(fonte dos namorados)*: Wer dreimal daraus trinkt, heißt es, heiratet garantiert in den nächsten zwei Jahren. Überhaupt haben es die Märchen und Legenden aus Los Ancares in sich. Ganze Bücher füllen heute die Erzählungen von Männern, die sich in Wölfe verwandeln, Prinzessinnen, die vom bösen Blick in weiße Hirsche verwandelt werden und Seelen von Toten, die mitten in der Nacht auf Menschenfang gehen. Hirsche und Wölfe jedenfalls leben noch heute in dem 2060 Hektar großen Schutzgebiet. Üppig wachsen hier Kastanienbäume, Haselnusssträucher, Eichen, Birken, Stechpalmen und Pfriemkraut, das dem Wanderer auf Schritt und Tritt begegnet. Aber keine Angst, verzaubern lassen werden Sie sich wohl nur von der Natur …

 Bergfest am 3. So im Juli in Campa de Barreiro nahe Cegrada.

 Wandern: Zum Berg ›Drei Bischöfe‹ (Monte Tres Bispos). Startpunkt ist der Refugio de Ancares nahe Degrada. Für den 24 km langen und nicht sehr anstrengenden Rundweg zum Monte Tres Bispos sollten Sie fünf Stunden einplanen. Eine Karte gibt es in der einfachen Unterkunft Refugio de Ancares, Falda de Fieiró, Tel. 982 36 83 14.

Vilalba

Atlas: S. 233, E 2

34 km von Lugo entfernt liegt der Hauptort des Landstrichs Terra Chá (16 000 Einwohner). Sein in Birkenblättern angeräucherter Käse San Simón ist genauso berühmt wie der alljährliche Kapaun-Markt am 21. Dezember, wenn die Händler die kastrierten Hähne als Weihnachtsschmaus anbieten. Im **Archäologischen Museum** (Di–Sa 11–13.30, 17–20 Uhr) sind einige Funde aus der Umgebung zu sehen. Die eigentliche Attraktion des Ortes ist aber der achteckige Turm der Grafen von Andrade. Darin ist der kleinste Parador Spaniens untergebracht.

Von Lugo zur Küste

Atlas: S. 233

Atlas: S. 233 | Vilalba

Von Lugo zur Küste

Atlas: S. 233

🛏 ***Parador de Vilalba:** Valeriano Valdesuso s/n, Tel. 982 51 00 11, Fax 982 51 00 90. In dem Turm aus dem 15. Jh. ist jedes der acht Zimmer ein Traum. Besser vorbestellen. Mit gutem Restaurant. 115 €.

Mondoñedo

Atlas: S. 233, F 2

Als Schmuckstück zeigt sich die alte Bischofsstadt Mondoñedo (7000 Einwohner) mit ihren weiß getünchten, wappengeschmückten Häusern und den Köstlichkeiten ihrer Konditoreien. Berühmt ist die *tarta de Mondoñedo,* ein quietschsüßer Mandelkuchen aus Biskuit, Blätterteig und kandierten Früchten. Von kunsthistorisch hohem Rang zeugt die **Kathedrale Santa María de la Asunción** mit ihrem Portal aus dem 13. Jh., der gotischen Rosette und den barocken Türmen. Eine Besonderheit sind die gut erhaltenen gotischen Wandmalereien im Innern.

Seit 1969 ist in der Kathedrale von Mondoñedo das größte galicische Museum für sakrale Kunst untergebracht. Ein Pfarrer mit dem klingenden Namen Santos San Cristobál Sebastián hat hier seinerzeit ein kurioses Sammelsurium aus bischöflichen Schuhen, alten Schatztruhen, gregorianischen Noten, westgotischen Goldringen, chinesischen Tischchen und sogar einer Schwarzwälder Kuckucksuhr zusammen gestellt. Bei einem Rundgang geht es durch den Kreuzgang zu einem Bi-

schofsgemach und den Ausstellungsräumen, in denen der Pfarrer es sich nicht nehmen ließ, auch selbst gemalte Ölbilder von Mondoñedo an die Wände zu hängen – die gar nicht so schlecht gelungen sind (Führungen nach Absprache).

ℹ️ **Oficina de Turismo:** Praza do Consello 1, Tel. 982 52 40 03.

🛏 *Montero II:** Cándido Martínez 8, Tel. 982 52 10 41. Kleines, schmuckes Hotel gegenüber der Kathedrale mit TV und Telefon in den Zimmern; eine Hochzeits-Suite. 42 €.
***Mirador de Mondoñedo:** N-634, Tel. 982 50 73 00, Fax 982 50 74 72. Herrlicher Ausblick auf Mondoñedo von den Glasveranden, Terrassen, Garten, Schwimmbad, preiswerte Zimmer mit Bad. 40 €.

🍽 **Montero I:** Eladio Lorenzo 7, Tel. 982 52 17 51. Scheußlich gegenüber einer Tankstelle gelegen, aber beste Adresse vor Ort für Fisch und Meeresfrüchte. Gerichte um 25 €.
Mesón Os Arcos: General Franco 6/Praza Maior, Tel. 982 50 70 12. So Abend geschl. Gute Tapa-Auswahl, wenige Tische, sehr zentral. Preiswert.
Café:
La Alianza: José Antonio 28, an den wenigen Tischen gibt es Köstlichkeiten aus der angegliederten Konditorei.

🏠 Den berühmten Mandelkuchen *tarta de Mondoñedo* bekommt man in den **Konditoreien** O Rei das Tartas, Bispo Sarmiento 2 und La Alianza, José Antonio 28.

🔄 **Bus:** Haltepunkte an der Praza España und vorm Hotel Montero II. 2 x tgl. nach Lugo, Ribadeo und Viveiro.

◁ Der Kathedralenstrand bei Ribadeo

Ribadeo/Kathedralenstrand

San Martín de Mondoñedo

Atlas: S. 233 F 2
Nördlich von Mondoñedo liegt bei dem Hafenstädtchen Foz die ehemalige Klosterkirche San Martín de Mondoñedo mitten auf dem Land. Es wird vermutet, dass hier schon im 6. Jh. ein Bischof residierte, was bedeuten würde, dass San Martín die älteste Kathedrale Spaniens ist. Mönche jedenfalls haben damals schon in dem Kloster gelebt, in dem auch zwei westgotische Säulen am Eingang auffallen. Das heutige Aussehen bekam die nur 27 m lange und 13 m breite Kirche im 12. Jh.

Besonders auffällig sind die fantasievollen Figurenreliefs im Innern des dreischiffigen Baus, darunter nackte Musikanten und originellerweise der Kopf des Herodes auf einem Teller.

Ribadeo

Atlas: S. 233 F 2, 236 A 1
Die geradezu futuristische Brücke des kleinen Grenzorts zu Asturien (9400 Einwohner) kontrastiert mit dem malerischen **Hafen,** dem aus Eisen und Glas konstruierten Jugendstilturm **Torre de los Morenos** und dem klassizistischen Rathaus. So manche Villa erzählt von einem gewissen Luxus der einflussreichen Bourgeoisie. Einer der Händler, Antonio Raimundo Ibáñez, veranlasste den Bau der nahen Sargadelos-Keramikfabrik (s. S. 145) und fand am 2. Februar 1809 einen grausamen Tod. Nackt an ein Pferd gebunden, trieben die Bewohner Ribadeos den Gründer der Keramikfabrik durch den Küstenort, bis er verblutete. Der Grund: Er hatte sich während der napoleonischen Besatzung als Freund der französischen Aufklärung unbeliebt gemacht. Auch manch farbenfroher Krug aus der Fabrik des ›Hochverräters‹ zerschellte an Wänden und auf Steinböden. In jener Zeit sollte das Kastell San Domián noch vor den napoleonischen Truppen schützen. Doch die Festung schossen nicht die Franzosen in Schutt und Asche. Einheimische Soldaten hatten versehentlich ein Pulverfass in die Luft gejagt. Bis heute erinnert die Ruine daran.

Dudelsackfest: Am 1. Augustsonntag, 5 km oberhalb der Stadt auf dem Monte des Santa Cruz, auf dem auch das Standbild eines Dudelsackspielers steht. Keltenmusik mit bester Aussicht.

Der Kathedralenstrand und andere Strände bei Ribadeo

Der Hausstrand von Ribadeo ist etwas zu klein, um mit den westlichen *playas* Richtung Foz/A Coruña konkurrieren zu können. Parallel zur Nationalstraße geht es auf der N-634 am Meer entlang nach wenigen Kilometern zur **Playa Os Castros** (ehemalige Keltensiedlung) und kurz darauf zum herrlichen Sandstrand **Playa As Catedrais.** ›Kathedralenstrand‹ heißt er, weil die Felsen durch Erosion tatsächlich etwas an ein gotisches Gotteshaus erinnern. Besonders gut zu sehen ist das Naturschauspiel bei Ebbe, wenn die Besichtigung durch die spitzen ›Torbögen‹ trockenen Fußes möglich ist, siehe Foto S. 204/205.

REISEINFOS VON A BIS Z

Alle wichtigen Informationen rund ums Reisen auf einen Blick – von A wie Anreise bis Z wie Zeitungen

Extra: Ein Sprachführer mit Hinweisen zur Aussprache, wichtigen Redewendungen, einem Überblick über die nordspanische Speisekarte und die Zahlen

Santiago de Compostela bei Nacht

REISEINFOS VON A BIS Z

Anreise
... Flug 211
... Bahn 211
... Bus 212
... Auto 212
Ärztliche Versorgung 212
Apotheken 212
Autofahren 213
Behinderte auf Reisen 213
Diebstahl 213
Diplomatische Vertretungen 213
Einreisebestimmungen 214
Elektrizität 214
Feiertage 214
FKK 214
Fotografieren 214
Geld 215
Gesundheitsvorsorge 215
Informationsstellen 215
Informationen im Internet 215
Karten 216
Kinder 216
Lese- und Hörtipps 216
Notruf 217
Öffnungszeiten 217
Pilger/Pilgerherbergen 217
Post 218
Radio und Fernsehen 218

Reisekasse und Preise 218
Sicherheit 218
Souvenirs 218
Telefonieren 219
Trinkgeld 219
Umgangsformen 219
Unterkunft
... Hotels/Pensionen 219
... Paradore 220
... Landhäuser *(casas rurales)* 220
... Jugendherbergen 220
... Camping 220
Verkehrsmittel
... Bahn 221
... Bus 221
... Mietwagen 221
Zeit 221
Zeitungen 221

Sprachführer 222

Register 226

Atlas Galicien & Jakobsweg . . . 231

Abbildungsnachweis 240

Impressum 240

Reiseinfos von A bis Z

Anreise

Flug

Iberia, Lufthansa und auch lateinamerikanische Unternehmen bieten von mehreren Flughäfen in Deutschland Verbindungen nach Nordspanien an. Direktflüge sind Mangelware, einen Zwischenaufenthalt in ein bis zwei Flughäfen innerhalb Spaniens muss man einkalkulieren. Relativ preiswerte Flüge verkauft Iberia. Hin und zurück kostet das Ticket zur galicischen Hauptstadt Santiago de Compostela (über Barcelona und Madrid) im August ab 350 € inklusive Flughafensteuer, im Winter sind es rund 40 € weniger. Der dortige Aeropuerto Lavacolla liegt 12 km vom Zentrum entfernt und ist mit Buszubringern gut ausgestattet. Weitere galicische Flughäfen liegen bei Vigo und A Coruña.

Von Frankfurt/Main zum Flughafen Noain, 7 km südlich von Pamplona, zahlt man ganzjährig ab rund 370 €, ebenfalls inklusive Flughafensteuer.

Zum Flughafen Sondika 10 km nordöstlich von Bilbao, gibt es auch Flüge nach Zürich und Frankfurt/Main (Linienbusse ins Zentrum).

Iberia-Büros:
Westendstr. 12
D-60325 Frankfurt/Main
Tel. 069/716 61 11

Opernring 11
A-1010 Wien
Tel. 01/587 82 18

Am Talacker 42
CH-8001 Zürich
Tel. 01 221 14 80

Der Preis für den **Transport von Fahrrädern** beträgt je nach Linie ab 25 € pro Flug, von der Schweiz aus ab 75 sFr. Die Mitnahme im Flugzeug oder auch per Bahn kann sinnvoll sein, denn in Spaniens Norden werden Räder fast nirgendwo vermietet.

Bahn

Tickets für eine Bahnfahrt nach Spanien sind etwas preiswerter als ein Flug, dafür dauert die Anreise deutlich länger. Von Nord- und Mitteldeutschland reist man über Paris. Von den dortigen Ankunftsbahnhöfen Gare du Nord oder Gare de l'Est muss man mit Metro oder Taxi zum Gare d'Austerlitz wechseln. Planen Sie für den Wechsel eine gute Stunde ein. Am Austerlitz-Bahnhof startet u. a. der Hochgeschwindigkeitszug TGV zur französisch-spanischen Grenze.

Von Süddeutschland, der Schweiz oder Österreich aus führt die Strecke über Genf, Lyon, Grenoble, Toulouse und Bayonne.

Genaue Abfahrtszeiten und Preise erfahren Sie im Reisebüro oder unter www.bahn.de, Infos über die Weiterfahrt auf spanischen Schienen, Preise und Tickets unter www.renfe.es.

Wer lieber mit dem **Luxuszug Transcantábrico** von San Sebastián nach Santiago de Compostela entlang der Atlantikküste weiterreist, speist in Parador-Restaurants und wird zwischendurch mit dem Bus in die spektakuläre Bergwelt der Picos de Europa im asturisch-kantabrischen Raum gefahren. Die gesamte Tour ist von Juni bis September möglich und kostet pauschal pro Person und Fahrt ab 1400 €.

Reiseinfos von A bis Z

Infos (auch auf Deutsch) unter www.transcantabrico.feve.es oder bei:
Ibero-Tours
Berliner Allee 22
40212 Düsseldorf
Tel. 0211/86 41 50
Fax 0211/32 86 60

Bus

Von zahlreichen Städten Deutschlands, Österreichs und der Schweiz starten Europabusse nach Spanien, wobei die Fahrt noch um einiges anstrengender ist als die mit der Bahn. Von Frankfurt/Main dauert die Fahrt bis nach Burgos 22 Stunden (hin und zurück 180 €), nach Santiago de Compostela über 30 Stunden (222 €). Weitere Ziele sind A Coruña, Astorga, Bilbao, Burgos und O Grove.
Auskunft bei den Reisecentern der Deutschen Bahn oder direkt bei:
Deutsche Touring Gesellschaft
Römerhof 17
60486 Frankfurt/Main,
Tel. 069/790 73
Fax 069/70 47 14
www.deutsche-touring.com

Auto

Ohne ein bis zwei Übernachtungen ist die Anreise per Auto kaum möglich, sei es bis in die Pyrenäen zum Beginn des spanischen Jakobswegs oder gleich bis nach Santiago. Von Frankfurt/Main bis nach Pamplona sind es gut 1500 km, von dort bis Santiago noch einmal gut 750 km. Etwas kürzer ist die Strecke entlang der nordspanischen Atlantikküste.

Von Norddeutschland erreichen Autofahrer Nordspanien am schnellsten über Paris, Tours, Bordeaux und Biarritz. Von Süddeutschland, Österreich und der Schweiz aus geht es über Lyon, Montpellier, Toulouse und Biarritz.

Pragmatisch und preiswert übernachtet man in den Formule-1-Hotels direkt an den französischen Autobahnausfahrten. Reservierungen sind nicht zwingend nötig, außer in der Hauptsaison und während der Schulferien. Buchen können Sie über www.hotelformule1.com oder über die 24-Stunden-Hotline 0190/532 532.

Vorsicht in Frankreich vor zu schneller Fahrt! Geschwindigkeitsübertretungen werden drakonisch bestraft. Die Höchstgeschwindigkeiten betragen dort auf Autobahnen 130 km/h, auf Landstraßen 90 km/h, in Ortschaften 50 km/h.

Ärztliche Versorgung

Die medizinische Versorgung ist in Nordspanien gut. Deutsche und Österreicher können sich mit einem Auslandskrankenschein kostenfrei behandeln lassen. Die gesetzlichen Kassen übernehmen die Kosten allerdings nach den im Heimatland üblichen Sätzen, weshalb man fallweise draufzahlt. Detaillierte Informationen erhält man von der Krankenkasse. Sinnvoll ist – besonders für Schweizer – der Abschluss einer privaten Krankenversicherung. Die Konsulate informieren über deutschsprachige Ärzte.

Apotheken

Apotheken in Spanien (farmacia) haben als Erkennungszeichen das grüne

Reiseinfos von A bis Z

Neonkreuz. Viele Medikamente sind preiswerter als bei uns.

Autofahren

Autofahrer benötigen den nationalen Führerschein, die nationale Zulassung und die grüne Versicherungskarte.
Höchstgeschwindigkeiten: In Ortschaften 50 km/h, außerorts 90 km/h, auf Schnellstraßen (autovías) 100 bis 120 km/h sowie auf gebührenpflichtigen Autobahnen 120 km/h.
Benzin/Diesel: Ob Diesel (gasolea A) oder bleifrei (sin plomo), der Treibstoff ist etwas günstiger als in Frankreich und Deutschland.
Parken: In den Zentren der größeren Städte ist gebührenfreies Parken so gut wie unmöglich.
Blau markierte Bordsteine = Parken nur mit Parkschein.
Gelb markierte Bordsteine: Parken verboten.
Parkhäuser und Parkplätze sind mit ›parking‹ oder ›aparcamiento‹ gekennzeichnet.
Auf manchen Parkschildern steht ›solo turismos‹, will heißen ›nur für Pkw‹ (nicht, wie man vermuten könnte, ›nur für Touristen‹).
Bei Unfällen: Polizeinotruf 091.
Pannenhilfe: 91 593 33 33.

Behinderte auf Reisen

Mehrere Campingplätze und Hotels sind in Nordspanien behindertengerecht ausgestattet. Vor allem die galicische Regierung hat die Initiative ergriffen, indem sie viele Landhäuser subventionierte, die adäquate Bäder und Zimmer einrichteten. So sind beispielsweise die Häuser (casas rurales) bei Pontevedra (s. S. 172) in ausgezeichnetem Zustand, von der Rampe bis zu sanitären Anlagen.
Infos und Buchung, auch auf Deutsch: www.turgalicia.es
Rollstuhlfreundliche Campingplätze sind im jährlich erscheinenden Führer des Deutschen Camping-Clubs aufgeführt:
Mandlstr. 28
80802 München
Tel. 089/380 14 20
Fax 089/33 47 37

Weitere Infos:
Bundesarbeitsgemeinschaft der Clubs Behinderter und ihrer Freunde e.V.
Eupener Str. 5
55131 Mainz
Tel. 06131/22 55 14
Fax 06131/23 88 34

Vom Verlag FMG stammt der Führer ›Handicapped Reisen Ausland‹:
FMG
Postfach 1547
53005 Bonn

Diebstahl

Parkende Autos sollten vor allem in den Städten besser leer geräumt werden, auch wenn Delikte selten vorkommen.

Diplomatische Vertretungen

Deutsche Botschaft in Madrid:
Calle Fortuny 8
Tel. 91 319 91 00

Reiseinfos von A bis Z

Konsulat in San Sebastián: Fuenterrabia 15, 3. izq., Tel. 943 42 10 10.
Konsulat in Barcelona: Passeig de Grácia 111, Tel. 934 15 36 96.

Österreichische Botschaft in Madrid:
Paseo de la Castellana 91,
Tel. 91 556 53 15.
Konsulat in Barcelona: Mallorca 214,
Tel. 932 17 60 58.

Schweizerische Botschaft in Madrid:
Núñez de Balboa 35, Tel. 91 436 39 60.
Konsulat in Barcelona: Gran Via Calres III 94, Tel. 934 09 06 50.

Einreisebestimmungen

Schweizer benötigen einen gültigen Ausweis für die Ein- und Ausreise, aber auch EU-Bürger sollten den Personalausweis unbedingt dabei haben (Banken, Kontrollen).

Wer unter 16 Jahre alt ist, muss im Reisedokument der Eltern eingetragen sein. Autofahrer benötigen darüber hinaus den nationalen Führerschein, Zulassungspapiere und die grüne Versicherungskarte. Haustiere müssen nachweislich mindestens einen Monat vor Reiseantritt gegen Tollwut geimpft worden sein.

EU-Bürger dürfen Waren für den privaten Gebrauch ein- und ausführen. Die noch akzeptierten Höchstgrenzen in punkto Eigenbedarf liegen beispielsweise bei 800 Zigaretten und 90 l Wein. Schweizer dürfen 2 l Wein, 200 Zigaretten und Souvenirs im Wert von bis zu 200 sFr zollfrei mitnehmen.

Elektrizität

220 Volt Wechselstrom ist üblich, 110 Volt kommen nur noch in wenigen kleinen Pensionen in sehr entlegenen Gegenden vor. In diesem Fall sollte man sich einen Adapter *(adaptador)* im Eisenwarengeschäft *(ferretería)* besorgen.

Feiertage

1. Januar (Neujahr), 6. Januar (Hl. Drei Könige), Karfreitag, 1. Mai (Tag der Arbeit), Fronleichnam (Corpus Cristi), 25. Juli (Jakobstag), 15. August (Mariä Himmelfahrt), 12. Oktober (Nationalfeiertag, Kolumbustag), 1. November (Allerheiligen), 6. Dezember (Tag der Verfassung), 25. Dezember (Weihnachten)

FKK

Nacktbaden ist u. a. an den Stränden Pragueira und Bascuas bei Portonovo/Sanxenxo möglich. Wissenswertes über alle nordspanischen FKK-Strände gibt es auf Englisch und Spanisch unter www.lugaresnaturistas.org.

Fotografieren

Kamerazubehör und Filme sind zuhause günstiger. Fotografieren ist in fast allen Kirchen und Museen untersagt, vor allem mit Blitzlicht. Nehmen Sie für Kirchenräume ein Stativ mit.

Wer seinen Fotoapparat noch nicht gegen eine Digitalkamera ausgetauscht hat: Für das wechselhafte Wetter lohnen Filme mit Empfindlichkeit zwischen 100 ISO (blauer Himmel) und 400 ISO (bewölkt).

Reiseinfos von A bis Z

Geld

Kreditkarten wie Eurocard, MasterCard und AmEx sowie Reiseschecks werden problemlos akzeptiert. Euro-Bargeld benötigt man in kleineren Restaurants und Herbergen.

Gesundheitsvorsorge

Besondere Impfungen vor der Reise sind nicht nötig, die Hygiene und das Gesundheitswesen sind in Ordnung. Was Wanderern auf dem Jakobsweg erheblich zu schaffen macht, sind die Füße. Hervorragendes Schuhwerk ist ein Muss, daran sollte niemand sparen.

Im Hochsommer ist Sonnencreme mit hohem Lichtschutzfaktor vor allem auf der kastilischen Hochebene um Burgos und León sinnvoll, und auch auf eine Kopfbedeckung sollte man nicht verzichten.

In einfachen Unterkünften mit Gemeinschaftsbad sind Badeschlappen ganz nützlich.

Informationsstellen

Spanische Fremdenverkehrsämter

... in Deutschland
Kurfürstendamm 180
10707 Berlin
Tel. 030/882 65 43
Fax 030/882 66 61

Grafenberger Allee 100
40237 Düsseldorf
Tel. 02 11/680 39 80
Fax 02 11/680 39 85

Myliusstr. 14
60323 Frankfurt am Main
Tel. 069/72 50 33.
Fax 069/72 53 13

Postfach 15 19 40
80051 München
Tel. 089/530 74 60
Fax 089/532 86 80

... in Österreich
Walfischgasse 8
1010 Wien
Tel. 01/512 95 80
Fax 01/512 95 81

... in der Schweiz
Seefeldstraße 19
8008 Zürich
Tel. 01 252 79 30
Fax 01 252 62 04

Informationen im Internet

www.xacobeo.es
Pilgerweg mit Streckeninfos und vielen Links.

www.home.t-online/home/compo stela/magazin.htm
Alle zwei Monate erscheinendes Magazin zum Jakobsweg.

www.turgalicia.es
Per Mausklick zu vielen reisepraktischen und kulturellen Infos über Galicien.

www.galiciaonline.es
Guter Server mit Infos zu Galicien.

www.galinor.es
Infos zu Unterkünften am Jakobsweg

und in Galicien auf Englisch und Spanisch.

www.tourspain.es
Hotels, Restaurants und Sehenswertes in ganz Spanien.

www.parador.es
Liste, Beschreibung und Fotos zu allen staatlichen Unterkünften sowie Aktuelles über neue Paradore und solche in der Entwicklung.

Karten

Gut für Galicien und den Jakobsweg sind die Michelin-Karten 441 und 442 (1:400 000).

Wanderkarten vom Instituto Geográfico Nacional (Maßstab 1:50 000) können vor Reiseantritt in Fachbuchhandlungen besorgt werden.

Kinder

Attraktive Badeorte für Familien mit Kindern bieten die Buchten der galicischen Rías Baixas rund um Sanxenxo. Ein Highlight ist sicher das Meeresmuseum in A Coruña (s. S. 137f.), wo auch schon Dreijährige ihren Spaß haben können. Spannend sind für größere Geschwister die Wildpferdefeste und die Burgen am oder nahe dem Jakobsweg wie die von Olite.

Einen Zoo, den einzigen in Galicien, gibt es in Vigo. Er liegt 7 km Richtung Flughafen. Im Zoológico de A Madroa leben Bisons, Wildschweine und Bären auf einem 45 000 m^2 großen Gelände (im Sommer Di–So 10–21, sonst 11–14, 15.15–19 Uhr).

Lese- und Hörtipps

Zum Lesen
Tobias Büscher: Spaniens attraktivste Fiestas. Das Buch stellt von den über 2500 spanischen Festen pro Jahr die schönsten vor. Auch die Highlights in Galicien und entlang dem Jakobsweg kommen nicht zu kurz, vom Stadtfest in Santiago über das Wildpferdetreiben in der Provinz Pontevedra bis zum Feuerfest San Juan in A Coruña. Reise-Know-How/Praxis, 2004.

Paulo Coelho: Auf dem Jakobsweg. Tagebuch einer Pilgerreise nach Santiago de Compostela. Wie viele Brasilianer, die häufig freiwillig einige Wochen in Pilgerunterkünften arbeiten, machte sich auch der berühmte Autor (›Der Alchemist‹) auf den Weg nach Santiago. Herausgekommen ist eine so spannende wie mythische Beschreibung des Pilgerwegs. Diogenes 1999.

Heide Fürböck: Mit Jockl nach Santiago. Die Autorin schildert die Fahrt mit einem umgerüsteten Traktor. Von Österreich fahren sie und ihr Partner im Landmaschinentempo 9000 km bis Santiago und zurück. Star ist der tuckernde Ackerschlepper Baujahr 1968 der Marke Eicher-Panther. Das Buch ist so originell wie brüllkomisch. Frieling 1999.

Klaus Herbers: Der Jakobsweg. In diesem Buch ist der erste mittelalterliche Bericht über den Jakobsweg übersetzt und kommentiert. Um 1150 schrieb diesen Codex Calixtinus der Franzose Aimeric Picaud. G. Narr Verlag 1998.

Cees Nooteboom: Der Umweg nach Santiago. Der Klassiker des nie-

Reiseinfos von A bis Z

derländischen Autors beschreibt in der Tat einen Umweg nach Santiago. Der Protagonist ist fast 30 Jahre überall in Spanien unterwegs, bis er schließlich Santiago erreicht. Suhrkamp 1992.

Manuel Rivas: Der Bleistift des Zimmermanns. Dem Autor aus A Coruña (geb. 1957) ist mit diesem Roman eine packende, schnörkellose Darstellung von Liebe, Intrigen und Bürgerkrieg in Galicien gelungen, die wohl empfehlenswerteste Reiselektüre überhaupt, zumal glänzend übersetzt. Suhrkamp 2000.

Sprachführer
David Casado Neira, Katharina Diestelmaier: Galicisch Wort für Wort. Wer Galicier richtig zum Aufhorchen bringen möchte, sollte einfach ein paar Begriffe aus dem handlichen Band lernen. Das wirkt verblüffend, denn die leicht portugiesisch klingenden Worte der Regionalsprache kann fast kein Reisender. Reise-Know-How 1996.

Zum Hören
Ob per pedes auf dem Wanderweg oder per Bleifuß bei der Anreise auf monotonen Autobahnen, Abwechslung bieten folgende Hörkassetten und CDs:

Camino de Santiago: Musik auf dem Pilgerweg zum Heiligen Jakob, Ensemble für frühe Musik, Augsburg 1991, 17,89 €.

Las mejores obras del canto gregoriano (Die Meisterwerke des gregorianischen Chorals): Coro de Monjes del Monasterio Benedictino, Santo Domingo 1994, 19,99 €.

Paolo Coelho: Auf dem Jakobsweg. Das Buch des brasilianischen Au-

tors (›Der Alchemist‹) wird gesprochen von Schauspieler Christian Brückner, der auch schon Robert de Niro seine Stimme lieh (zwei Hörkassetten), Steinbach 2001, 18 €.

Javier Marías: Mein Herz so weiß Auf vier Hörkassetten ist der Roman des meistübersetzten Gegenwartsautors Spaniens erschienen. Er hat mit dem Buch ein hervorragendes Psychogramm über Liebe, Treue und Seitensprünge verfasst. Hörverlag 1997, 32 €.

Notruf

Polizei, Feuerwehr und **Notarzt** landesweit: 091.
ADAC-Notruf aus Spanien: 00 49/89/22 22 22.

Öffnungszeiten

Es gibt in Spanien kein striktes Ladenschlussgesetz, auch die Öffnungszeiten von Ämtern variieren. Die Regel:
Geschäfte: Mo–Sa 9.30–13.30, 16.30 bzw. 17–20 Uhr, im Sommer oft bis 22 Uhr.
Banken: Mo–Sa 9–13.30 Uhr
Postämter: Mo–Fr 9–12 und 16–18, Sa 9–14 Uhr. In kleineren Orten nur vormittags.
Museen: meist 10–13, 16–19 Uhr, Mo geschlossen.
Restaurants: Viele schließen So Abend und Mo.

Pilger/Pilgerherbergen

Gelbe Pfeile weisen auf die **Herbergen** hin, die am Jakobsweg im Abstand von höchstens 25 km voneinander

Reiseinfos von A bis Z

entfernt liegen. In den sehr einfachen *refugios* (oder: *albergues de peregrinos*), die zum Teil mit Küchen ausgestattet sind, kann man die Nacht nicht reservieren. Der Preis ist sehr niedrig, manche Unterkünfte erwarten auch nur eine Spende.

Reisepraktische Infos zum Jakobsweg

… in Deutschland:
Deutsche St. Jakobus-Gesellschaft
Harscampstr. 20
52062 Aachen
Tel. 0241/479 01 27 (Mo–Fr 9–12 Uhr)

Fränkische Sankt-Jakobusgesellschaft
Haus Hirsch
97769 Bad Brückenau,
Tel. 09741/33 76,
Fax 09741/33 74

… in der Schweiz:
Freunde des Jakobswegs
Schützenstr. 19
8702 Zollikan

Hier wie dort gibt es den **Pilgerausweis,** der für die Übernachtung in den Pilgerherbergen obligatorisch ist. Bei der Deutschen Jakobus-Gesellschaft kann er auch online beantragt werden: www.home.t-online.de/home/jakobus pilger/ausweis.htm
Die **Pilgerurkunde** bekommt in Santiago, wer mit dem Ausweis belegen kann, mindestens 100 km zu Fuß oder 200 km mit dem Fahrrad unterwegs gewesen zu sein.

Post

Briefmarken (*sellos,* ausgesprochen ›seios‹ mit scharfem s am Anfang) gibt es in den Tabakläden *(estancos)* mit der gelben Aufschrift Tabacos oder auch bei der Post *(correos).*

Radio und Fernsehen

Die Deutsche Welle sendet rund um die Uhr unter der Frequenz 6075 kHz.
Viele Hotels verfügen über Satellitenfernsehen, RTL oder ZDF lassen sich so auch in Logroño oder Santiago sehen.

Reisekasse und Preise

In Spanien sind die Preise für Hotels, Restaurants, Kleidung und Benzin relativ günstig, teuer sind Elektrogeräte sowie Film- und Fotomaterial.
Die in diesem Buch verwendeten **Preiskategorien der Restaurants**:

Teuer	über 15 €
Moderat	10–15 €
Preiswert	8–12 €

Sicherheit

Nicht alle Strände sind bewacht. Vorsicht vor den Strömungen an der galicischen Todesküste (Costa da Morte)!
Es gehen kaum Gefahren von Tieren aus. Giftige Schlangen wie die in den Pyrenäen heimische Aspis-Viper und die Wölfe in den Wäldern Galiciens sind außerordentlich menschenscheu.

Reiseinfos von A bis Z

Souvenirs

Als Souvenirs lohnen sich neben einer Vielzahl kulinarischer Genüsse wie Schafskäse, Rioja-Weine und Kräuterschnäpse auch handgemachte Decken sowie Keramik. Einfache Töpferware gibt es in dem galicischen Ort Buño, gute Rotweine in der Rioja-Hochburg Haro nahe Logroño, und in Burgos reifen Schafskäse wie der Queso Zamorano. Daneben, das muss hier einfach mal gesagt werden, bieten Souvenirshops am Jakobsweg und in Santiago auch Barbiepuppen und Donald Ducks im Pilgerkostüm. Mit Augenaufschlag, versteht sich.

Telefonieren

Auslandsvorwahlen von Spanien nach
… Deutschland 00 49
… Österreich 00 43
… in die Schweiz: 00 41
Von Deutschland/Österreich/Schweiz nach Spanien: 00 34

Innerhalb Spaniens telefoniert man mit Münzen, ansonsten auch mit Telefonkarten, die es in den Tabakläden (estancos) gibt.

Überregionale und lokale Telefonnummern immer inklusive der 9 wählen. Mobilnetznummern beginnen mit der 6. Billigtarife: Sa, So ab 14, sonst 22–8 Uhr.

Trinkgeld

Es ist standardmäßig üblich, die Rechnung um rund 5 % aufzurunden.

Umgangsformen

Rechnungen werden in Restaurants gerne kollektiv beglichen, um den Kellner zu entlasten. Dabei ist es unter Spaniern Ehrensache, vor allem bei Barbesuchen selber die Runde zu zahlen.

Vor der Kathedrale von Santiago gibt es gelegentlich Wächter, die leicht bekleidete Touristen in Shorts und mit freien Schultern höflich am Einlass hindern. Kleineren Kirchen am Jakobsweg fehlt das Geld für solche Aufseher, was man vielleicht besser nicht ausnutzen sollte …

Unterkunft

Hotels/Pensionen

Hotels werden offiziell in fünf Sterne von einfach bis Luxus eingeteilt. Allerdings verbirgt sich hinter manch einem Vier-Sterne-Hotel ein Betonklotz mit scheppernder Klimaanlage und reparaturbedüftigem Fußboden, während einige kleinere Hotels und Landhäuser keine Wünsche offen lassen.

Buchen sollte man Zimmer höchstens in der Hauptsaison, vor allem an der südlichen Küste Galiciens und in den Städten während der Feste: z. B. während des Stiertreibens in Pamplona (6.–14. Juli), dem Jakobsfest in Santiago (16.–31. Juli) und der Fiesta de María Pita in A Coruña (im gesamten August).

Preise für Ein- bis Fünf-Sterne-Hotels: (pro Doppelzimmer)

*****	ab 120 €
****	60–180 €
***	50–120 €
**/*	18–70 €

Reiseinfos von A bis Z

Die im Buch angegebenen Preise beziehen sich auf den teuersten Monat August. In der restlichen Zeit des Jahres können die Doppelzimmerpreise bis um ein Drittel niedriger sein.

Schilder Hotels/Pensionen:

H	Hotel
HR	Hotel ohne Restaurant
HS	Herberge (Hostal)
HSR	Herberge ohne Restaurant
P	Pension

Paradore

Die gehobenen Hotels unter staatlicher Leitung sind zum größten Teil in historischen Gebäuden wie Klöstern und Adelshäusern untergebracht. Info:
Ibero-Tours
Steinstr. 21
40210 Düsseldorf
Tel. 02 11/86 41 50
Fax 02 11/864 15 29
Infos im Web: www.parador.es (auch auf Deutsch)

Landhäuser *(casas rurales)*

Am Jakobsweg und vor allem in Galicien gibt es ein breites Angebot an Landhäusern *(casas rurales)*. Die Übernachtungskosten sind für den Standard meist niedriger, die Häuser oft wesentlich schöner gelegen und komfortabler als ein Hotel. Broschüren über regionale Landhäuser gibt es bei den Tourismusämtern. In Galicien sind Buchungen (auch von normalen Hotels) möglich über Turgalicia, wo man außerdem eine kostenlose Broschüre (auch auf Deutsch) bekommt:
Ctra Santiago-Noia km 3
15896 Santiago de Compostela

Tel. 00 34/981 54 25 00
Fax 00 34/981 53 75 88
turgalicia@xunta.es, www.turgalicia.es
Dort erhält man auch Informationen über Preisermäßigungen an so genannten ›grünen Tagen‹ *(días verdes)*, an denen in Landhäusern ein Preisnachlass von 20 % gewährt wird.

Einige gute Landhäuser werden in Südgalicien auch im Internet vorgestellt (auf Spanisch und Englisch):
www.agarimo.com

Jugendherbergen

In den *albergues juveniles* schläft man für rund 8 € die Nacht. Ausweis und Leinenschlafsack nicht vergessen.
Info:
Deutsches Jugendherbergswerk
Bismarckstr. 8
32756 Detmold
Tel. 052 31/740 10
www.djh.de

Camping

Insgesamt haben die Campingplätze einen hohen Standard, allerdings stehen einige Plätze nur im Sommer zur Verfügung.

Wildcampen ist verboten. Wer sich erwischen lässt, muss sich auf eine Geldstrafe und einen unfreiwillig langen Sprachkurs bei der Polizei gefasst machen.

Jedes Jahr neu erscheint ein detaillierter Campingführer bei:
Deutscher Camping-Club
Mandlstr. 28
80802 München
Tel. 089/380 14 20
Fax 089/33 47 37

Reiseinfos von A bis Z

Verkehrsmittel

Bahn

Bahnfahren auf dem Schienennetz der RENFE ist preiswerter als bei uns. An der galicischen Nordküste verkehrt zudem die private Eisenbahngesellschaft FEVE. Infos über Kosten, aktuelle Fahrtzeiten zwischen den verschiedenen Orten usw gibt es im Internet auf Spanisch und Englisch unter: www.renfe.es

Bus

Die Verbindungen entlang des Jakobswegs und in Galicien sind relativ gut, die Preise nur geringfügig höher als für den Zug. Besonders kleinere galicische Küstenorte sind nur mit Bussen erreichbar, weil nicht an das Schienennetz angeschlossen. Wer in das galicische Hinterland oder zu entlegenen Fischerorten am Atlantik möchte, benötigt für das Busfahren Zeit, die Verbindungen sind nicht häufig. Da kann ein Mietwagen je nach Budget eine Alternative sein. Busabfahrtszeiten stehen in fast allen Lokalzeitungen, jeder größere Ort verfügt über einen Busbahnhof *(estación de autobuses)*.

Mietwagen

Büros gibt es in allen größeren Städten und an den Flughäfen von Pamplona und Santiago de Compostela. Voraussetzungen sind der nationale Führerschein, der Personalausweis, eine Kreditkarte und das Mindestalter von 21 Jahren. Die Tagesgebühren für den Verleih sind relativ hoch, daher lohnt die Nachfrage nach günstigeren Wochen(end)-Tarifen.

Zeit

Wie bei uns gilt die Mitteleuropäische Zeit.

Zeitungen

Deutsche Tageszeitungen treffen in den kleineren Touristenorten und großen Städten oft mit einem Tag Verspätung ein.

SPRACHFÜHRER

Spanisch (Kastilisch) ist die Landessprache, in Navarra wird zusätzlich auch Baskisch und in Galicien Galicisch gesprochen. Während sich das Baskische deutlich vom herkömmlichen Spanisch unterscheidet, klingt *galego* dem *castellano* sehr viel ähnlicher. So heißt Strand auf galicisch *praia* statt *playa*, der Platz *praza* statt *plaza*.

Die spanische Aussprache ist nicht ganz ohne Schwierigkeiten. Hier ein paar Beispiele: Die Muschel, *la concha*, spricht sich ›konscha‹. »Lass uns zum Strand gehen«, *vamos a la playa*, lautet ›bamos a la plaia‹. Und bei Bier, *cerveza,* klingt das ›c‹ etwa so nuschelig wie beim englischen ›th‹, das ›e‹ wiederum fast wie ein ›ä‹: ›thärwätha‹. »Zwei Bier bitte« klingt also so: ›dos thärwäthas por fawor‹. Und als ob das noch nicht alles wäre, sollte das ›r‹ ein Zungen-›r‹ sein. Nicht einfach, den Spaniern geht es mit Fremdsprachen aber auch nicht besser. Deutsch, Englisch und Französisch verstehen meist nur die Angestellten größerer Hotels.

Hier ganz kurz die wichtigsten **Ausspracheregeln:** c vor a, o, u wie k, z immer und c vor e, i wie engl. ›th‹; ch wie tsch; qu wie k; j und x wie ch in dt. »Bach«; ll wie lj; ñ wie nj.

Wichtige Abkürzungen

Av./Avda.	avenida
Ctra	carretera
G./Gral.	general
s/n	sín número (ohne Nummer)
Pza.	praza/plaza

Wörterbuch

Allgemeines

Ja/Nein/Vielleicht	sí/no/quizás
Guten Morgen	buenos días
Guten Tag /Abend	buenas tardes
Hallo	hola
Wie geht's	qué tal
Danke, gut	gracias, bien
Auf Wiedersehen	adiós
Tschüss	hasta luego
Bitte	por favor
Danke	gracias
Keine Ursache	de nada
Entschuldigen Sie	disculpe
Entschuldige	perdón
Wie bitte	cómo
Ich verstehe nicht	no entiendo
Sprechen Sie deutsch	habla Usted alemán
Ich heiße	me llamo
Bitte geben Sie mir ein Pfund …	quisiera medio kilo de …

Verkehr

rechts	a la derecha
links	a la izquierda
geradeaus	recto
Bitte, wo ist	perdone, dónde está
Wie viel kostet die Fahrkarte	cuanto cuesta el billete
Ein Ticket nach	un billete a
Wann fährt er	cuándo sale
Wann kommt er an	cuándo llega
Auto	coche
Tankstelle	gasolinera
Ich möchte … Liter	…litros, por favor
Diesel/bleifrei	diesel/sin plomo

Sprachführer

Volltanken bitte	lleno por favor
Werkstatt	taller
Bahnhof	estación
Bus	autobús
Zug	tren
Flugzeug	avión
Verbindung	enlace

Einkaufen/Service

Was kostet	cuánto cuesta
Supermarkt	supermercado
Geschäft	tienda
Bäckerei	panadería
Metzgerei	carnicería
Konditorei	pastelería

Sightseeing

Aussichtspunkt	mirador
Bauernhof	finca
Berg	monte
Brücke	puente
Burg	castillo
Gebirge	sierra
Dorf	pueblo
Fluss	río
Gutshof	pazo
Hochebene	meseta
Höhle	cueva
Kapelle	capilla
Kirche	iglesia
Kloster	convento
Kreuzung/ Gabelung	cruce
Küste	costa
Landstraße	carretera
Meer	mar
Mühle	molino
Pfad	sendero
See	lago
Stadtviertel	barrio
Strand	playa
Tal	valle

Wald	bosque
Weg	camino

Unterkunft

Ich suche ein Zimmer für ... Personen	busco una habitación para … personas
mit Bad	con baño
mit Balkon	con balcón
mit Dusche	con ducha
Für eine Nacht	para una noche
eine Woche	una semana
Wie viel kostet es	cuanto vale
mit Frühstück	con desayuno
Schlüssel	llave

Post/Bank

Wo finde ich	dónde hay
… eine Bank	… un banco
… Post	… correos
Briefmarke	sello
Postkarte	postal

Im Notfall

Ich brauche einen Arzt/ Zahnarzt	necesito a un médico/ dentista
Rufen Sie einen Krankenwagen	llame a una ambulancia
… die Polizei	… la policía
Hilfe	socorro
Ich bin bestohlen worden	me han robado
Ich hätte gern	quisiera
ein Medikament gegen …	una medicina contra …
Durchfall	diarrea
Fieber	fiebre
Schmerzen	dolor
Halsschmerzen	dolor de garganta
Kopfschmerzen	dolor de cabeza

Sprachführer

Magenschmerzen	dolor del estó-mago
Zahnschmerzen	dolor de muelas

Zahlen

0	cero
1	un(o)
2	dos
3	tres
4	cuatro
5	cinco
6	seis
7	siete
8	ocho
9	nueve
10	diez
11	once
12	doce
13	trece
14	catorce
15	quince
16	dieciséis
17	diecisiete
18	dieciocho
19	diecinueve
20	veinte
30	treinta
40	cuarenta
50	cincuenta
60	sesenta
70	setenta
80	ochenta
90	noventa
100	cien
200	doscientos
1000	mil
1/2	un medio
1/4	un cuarto

Im Restaurant

Haben Sie einen Tisch für … Personen	tiene una mesa para … personas
Ich möchte zahlen, bitte	la cuenta, por favor
Auf Ihr Wohl	salud
Frühstück	desayuno
Mittagessen	almuerzo
Abendessen	cena

Speiselexikon

tapas/raciones	Tapas/kleine Tellergerichte
bocadillo	Baguette, belegt
… de jamón	… mit Schinken
… de queso	… mit Käse
… de lomo	… mit Schweine-fleisch (Lende)
bonito con tomate	Thunfisch mit Tomate
boquerones	Sardellen/Anchovis
champiñones	Champignons
chorizo	Wurst
gambas	Krabben
pan	Brot
pincho	kleiner Happen
queso manchego	Schafs-/Kuh-käse (mild)
setas	Pilze
… al ajillo	… in Knoblauch
tortilla	Omelette
… de patata	… mit Kartoffeln
… de gambas	… mit Krabben
… a la francesa	… nur mit Eiern

entremeses	**Vorspeisen**
sopas	**Suppen**
caldo	Fleischbrühe
caracoles	Schnecken
empanada	Pastete
ensalada mixta	gemischter Salat
espárragos	Spargel
espinacas	Spinat

Sprachführer

judías (verdes)	(grüne) Bohnen
sopa de cebolla	Zwiebelsuppe
sopa de pescado	Fischsuppe
sopa de verduras	Gemüsesuppe
pescado	**Fisch**
marisco	**Meeresfrüchte**
ahumado	geräuchert
almejas a la marinera	gedünstete Venusmuscheln
dorada	Goldbrasse
langosta	Languste
mejillones al vapor	gedämpfte Miesmuscheln
merluza a la romana	gebackener Seehecht
mero	Barsch
nécora	Schwimmkrabbe
ostras	Austern
parillada de marisco	Grillplatte aus Meeresfrüchten
percebes	Entenmuscheln
pez espada	Schwertfisch
rape	Seeteufel
salmón	Lachs
sepia	Tintenfisch
trucha	Forelle
zarzuela	Fischtopf
carne	**Fleisch**
aves	**Geflügel**
poco hecho	blutig
bien hecho	durchgegart
medium	medium
carne de vaca	Rind
cerdo	Schwein
conejo	Kaninchen
cordero	Lamm
faisán	Fasan
hígado	Leber
jabalí	Wildschwein
jamón	Schinken

pollo	Hähnchen
pato	Ente
riñones	Nieren
queso	**Käse**
postres	**Nachspeisen**
arroz con leche	Milchreis
flan	Karamellpudding
frutas	Früchte
helado	Eis
macedonia de frutas	Fruchtsalat
manzana	Apfel
melocotón	Pfirsich
naranja	Apfelsine
queso de cabra	Ziegenkäse
tarta	Kuchen
turrón	eine Art Türkischer Honig
bebidas	**Getränke**
café solo	Kaffee schwarz
café con leche	Kaffee mit Milch
café cortado	Kaffee mit wenig Milch
tee con limon	Tee mit Zitrone
agua mineral	Mineralwasser
agua potable	Leitungswasser
con/sin gas	mit/ohne Kohlensäure
leche	Milch
zumo	(Frucht-)Saft
cerveza (del barril)	Bier (vom Fass)
caña	Glas Fassbier
vino tinto	Rotwein
vino blanco	Weißwein
rosado	Rosé
vino del país	Landwein
jarra de vino	Weinkrug
cava	Sekt
digestivo	Schnaps
orujo	Tresterschnaps
un vaso	ein Glas

REGISTER

A Coruña   39, 54, 55, 56, **130–139**
– Leuchtturm (Torre de Hércules)
    15, 24, 43, **136**
– Meeresmuseum   52, 53, **137f.**
A Estrada   40, 56
A Guarda   179–183
A Toxa   56, 165
Abd ar-Rahman II   81
Almanzor   25, 114
Ampudia   97
Andrade, Graf Fernán Pérez de
    140
Ansó   17, 67
Aragón-Weg   62–68
Area Blanca   150
Arousa-Insel   s. Illa de Arousa
As Neves   39
Astorga   39, 43, 52, **105–108**
Augustus, Kaiser   24

Baiona   25, 39, 45, **178f.**
Bares (O Porto de Bares)   144
Becerreá   203
Bemposta   192, **194**
Betanzos   39, **140f.**
Bilbao   45, **83–85**
Blanca von Navarra, Königin   86
Bonxe   202
Briones   **85f.**
Buño   48, **148**
Burgos   39, 44, 52, **88–95**

Cabo Corrubedo   159
Cabo de Home   174
Cabo Vilán   150
Calatrava, Santiago   84
Calixtus II., Papst   25
Camariñas   148–150
Cambados   39, 37, 49, **162–165**

Camino francés   62, 77
Campa de Barreira   203
Campo do Oso   182
Canfranc-Estación   62
Cangas   175f.
Carballiño   40
Carlos I, König   93f.
Carlos III el Noble, König   72f., 76
Carnota   21, 45, 54, 154
Carral   40
Carrión de los Condes   98
Casas y Nóvoa, Fernando   116, 122,
    201
Castelao, Alfonso Daniel   123, 189
Castillo de Javier   68
Castillo Sobroso   190
Castrillo de los Polvazares   109
Castro A Cida   148
Castro de Baroña   42, 159
Castro, Fidel   28, 114
Castro, Rosalía de   41, 123, **161f.**
Castrojeriz   97
Catoira   39, 161
Cebreiro   42, **111**
Cedeira   143
Cee   40, 41, 154
Cela, Camilo José   160–161
Cervantes Saavedra, Miguel   203
Cervo   40
Chillida, Eduardo   123
Cid, El   89, 90, **93f.**, 98
Cíes-Inseln   s. Islas Cíes
Cirauqui   77–78
Clavijo   81
Cluny   66, 162
Combarro   45, **167**
Corcubión   154
Corme   40, 48, **147**
Cornelis de Holanda   193, 201
Corredoyra, Xesús   199
Costa da Morte   19, **146–151**
Cruz de Ferro   109

Register

Decius Junius Brutus   24
Degrada   203
Dolmen de Axeitos   159
Dolmen de Dombate   148
Doña Mayor   77
Drake, Sir Francis   27, 28, 130, 136
Dunas de Corrubedo   159

Eisenman, Peter   45, 124
Embalse das Cunchas   195
Embalse de Yesa   68
Estaca de Bares   19, 21, **144**
Estella   78
Eunate, Ermita de   52, **76**

Ferrer, San Vicente   201
Ferrol   142
Fisterra (Finisterre)   52, 151
Folgoso do Courel   197
Foster, Sir Norman   84
Fraga Iribarne, Manuel   15, 28, 29
Fragas de Eume, Naturpark   141
Franco, General   27, 28, 90, 94, 142
Franz Xaver, hl.   68
Froilán, Bischof   199–201
Frómista   44, 52, **96**

Gallego Jorreto, Manuel   135
García, König   86
Garzón, Baltasar   164
Gaudí, Antoni   52, 102, 105–108
Gehry, Frank O.   45, 83

Hans von Köln   90, 94, 108
Haro   40, 49, 82, 83
Hecho   17, **67**
Hemingway, Ernest   70, 71, 73, 74
Herrera, Juan de   142
Hío   45, 174

Ibañeta-Pass   69
Ibáñez, Antonio Raimundo   207

Iglesias, Julio   165
Ignatius de Loyola, hl.   25, **71**
Illa de Arousa   40, **162**
Iruña   s. Pamplona
Isabella die Katholische   94
Isidro, hl.   103, 104
Isla de Ons   29, 167
Islas Cíes   19, 29, **174f.**
Islas Sisargas   146
Isozaki, Arata   138

Jaca   39, 63–65
Jakob, hl.   25, **26f.,** 83, 113–114,
   117, 120, 160
Javier, San Francisco   68
Jimena, Doña   90
Johannes Paul II., Papst   114
Joseph Bonaparte, König   28

Karl der Große   25, 69, 70f.
Kathedralenstrand   s. Playa As
   Catedrais
Kolumbus, Christoph   25, 94, 178

La Toja   s. A Toxa
Laguna de la Nava   98
Laguna de Pitillas   17f., 76
Lanzada Strand s. Praia A Lanzada
Las Médulas   43, **110**
Leo XIII., Papst   28
León   35, 44, 52, 55, **100–105**
Leyre   68
Lizarra   s. Estella
Logroño   39, 40, **80f.,** 82
Lomme, Janin   73
Louro   54
Lugo   15, 24, 29, 43, 52, **198–202**

Maeztu y Whitney, Gustavo de   78
Malpica   146
Martin von Logrofio   78
Mateo, Baumeister   25, 117, 124

227

Register

Mirador de los Pirineos   66f.
Monasterio de Monfero   142
Monasterio de Oseira   196
Monasterio de Ribas de Sil   196
Monasterio San Salvador   195
Monasterio de Suso   87
Mondariz Balneario   189
Mondoñedo   52, **206**
Monforte de Lemos   196
Moore, General John   135
Moreda   197
Morgadáns   39, 182
Morrazo, Halbinsel   53, **174**
Mougás   39, 182
Muria   109
Muros   154f
Muxía   39, **150**

Nájera   **86f.**
Napoleon   28
Navarra-Weg   68–95
Navarrete   86
Naveira, Juan García   140
Noia   45, 56, **155–158**
Nooteboom, Cees   100
Núñez, Carlos   41

O Cebreiro   s. Cebreiro
O Courel   183, **196f.**
O Grove   56, 165
O Rosal   40, 189
Olite   44, 53, **76**
Onceta-Insel   167
Ons, Insel   s. Isla de Ons
Ordesa, Nationalpark   18, 53
Ordoño II, König   100
Oroel, Parador de   65
Ourense   15, 43, **191–195**

Padrón   48, **160–162**
Palencia   52, **96f.**
Pamplona   28, 39, 52, 69, **70–75**

Pardo Bazán, Emilia   163, 189
Pardo de Figueroa, José   163
Parador de Oroel   s. Oroel
Pazo de Oca   124
Pedra do Mouro   s. Dolmen de Acei-
    tos
Pedrayo, Otero   146
Pelayo   25, 26, 122
Peñalba de Santiago   110f.
Pérez Lugín, Alejandro   123
Picaud, Aimeric   40, 78
Pinochet, Augusto   164
Piornedo   203
Pita, María   28, 130
Playa As Catedrais   54, 207
Playa Os Castros   207
Poio, Monasterio   167
Pompeius Magnus   70–71
Ponferrada   109f.
Ponteareas   39, 178
Pontedeume   141
Pontevedra   15, **168–173**
Porto do Son   159
Portomarín   **112,** 197
Praia de Aguete   174
Praia A Lanzada   54, 57, **166**
Praia de Melide   174
Puente la Reina   77
Puerto de Somport   s. Somport-
    Pass

Rabanal-Pass   108, 109
Ramiro I, König   81
Razo-Strand   57
Ribadavia   190–191
Ribadeo   207
Ribeira   159
Rioja   18, **79–83**
Rivas, Manuel   120
Rodríguez, Ventura   72–73
Roland   69, 78
Roncesvalles   25, 39, **69**

228

Register

Sada   40
Sahagún   44, **98–100**
Salvaterra   189
Samos   112
San Andrés de Teixido   39, **144**
Sancha, Doña   64
Sancho der Starke, König   69
Sancho Garcés III, König   77
Sancho Ramírez, König   64, 78
Sangüesa   68
San Juan de Caaveiro   141
San Juan de la Peña   52, **65–66**
San Julián   112
San Martín de Mondoñedo   207
San Miguel de Breamo   141
San Millán de Cogolla   82, **87**
Santa Comba de Bande   195
Santa Cruz de la Serós   67
Santa Eulalia da Bóveda   197, 201
Santa María la Real de Irache   79
Santa María de Eunate   s. Eunate
Santa Tegra   24, 40, 42, 148,
   179–183
Santa Uxia s. Ribeira
Santiago de Compostela   25, 27, 28,
   29, 35, 39, 45, 52, 55, 56, **113–127,**
   161–162
– Kathedrale   **116–121,** 201
– Carballeira de Santa Susana   123
– Centro Galego de Arte Contem-
   poránea   123
– Ciudad de la Cultura de Galicia
   45, 124
– Hostal dos Reis Católicos   116
– Markthallen   122
– Museo das Peregrinacións   123–124
– Museo do Pobo Galego   123
– Pazo de Raxoi   15, **116**
– Pazo de Xelmírez   116
– Pórtico de la Gloria   25, 40, 114,
   116–120, 124, 157, 193
– Praza da Quintana   122

– Praza das Praterías   121f.
– Praza do Obradoiro   115
– San Martiño Pinario   122
– Santa María la Real de Sar   124
– Santo Domingo de Bonaval   123
Santo Domingo de la Calzada   39, **87**
Santo Domingo de Silos   40, **95**
Sanxenxo   53, 55, 57, **167**
Sargadelos   **145,** 207
Seivane, Susana   41
Serra da Capelada   19, **143f.**
Serra de Barbanza   159
Serra do Ancares   19, 42, 183, **202f.**
Servius Sulpicius Galba   100
Simon von Köln   93, 94
Soirana, Federico   84
Somport-Pass   62
Souto, Antonio   169
Souto, Arturo   199

Torquemada, Diego de   188
Torres del Río   79
Toulouse   120
Touriñan-Kap   151
Tui   52, 57, 186–189

Valcarlos   69
Valença do Minho   189
Viana   79–80
Vigo   15, 21, 48, 57, **176f.**
Vilalba   203–206
Vilar de Donas   **112,** 197
Vilarello e Eireixa   203
Villafranca de Bierzo   111
Viveiro   144

Xelmírez, Erzbischof   25

Yesa, Stausee von   s. Embalse de
   Yesa

Zuriza   67

229

ATLAS
GALICIEN & JAKOBSWEG

LEGENDE

1 : 850.000　　　　　　　　　　**1 : 1.200.000**

0　　　　　　30 km　　　　　　0　　　　　　30 km

- Autobahn mit Nummer
- Schnellstraße mit Europastraßen-Nr.
- Fernstraße mit Nummer
- Hauptstraße mit Nummer
- Nebenstraße
- Straße in Bau
- Straße in Planung
- Fähre
- Staatsgrenze
- Nationalparkgrenze
- Verlauf Jakobsweg

- Flughafen
- Yachthafen, Sporthafen
- Badestrand
- Burg, Schloss
- Kloster
- Kirche
- Sehenswürdigkeit
- Höhle
- Naturpark
- Aussichtspunkt
- Berggipfel; Höhenpunkt

GALICIEN

A **B** **C**

1

Oceano Atlántico

Cabo Prior
Cova

Sera
A Caba

O Mugar

Sera
Sde B

Cabo de San Adrián
 Enseada de Barzo
Punta de Nariga
Enseada da Barda
Punta do Rocundo

2

Costa da Morte

Ría de Corme e Laxe

Enseada de Arou

Cabo Toste

Cabo Vilán

Ría de Camariñas

Enseada de Cuño

Cabo Touriñán

Praia Maior
Malpica
A CORUÑA
Riazor Orzán
Bastiagueiro
Mera
Serantes
Perillo
O R
Cambre
Cat

Ría de Betanzos
Ría de Coruña

Barizo
Razo
Caión
Pastoriza
Oseiro
Viñas
Sigrás
Arou
Xavina
A Ponte do Porto
Baio
Cambre
A6

Graña
Cores
Razo
Vilela
Arteixo
Lourcido
Tarrío

Corme
Ponteceso
Pazos
Oza
A55
E70
N 550

Camelle
Cándaos
Tella
Cabana
Cero
Cabovilaño
Bertoa
A Laracha
402
Carral
San Ma

Camariñas
Boaño
Cesullas
Carballo
595 m

Muxia
Traba
San Roque
Cerdeda

Moraime
San Martiño de Ozón
Calo
Agualada
Erbecedo
Queixas

Morquintián
552
Vimianzo
Zas
Xesteda
Ardemil

Touriñán
Coucieiro
Castrelo
Xallas de Castriz
Anxeriz
Pontepedra
Ordes
E1

Nemiña
Berdeogas
Bazar
Viaño
Pequeno
Abella
224

3

Lires
Ría de Lires

Pereiriña
Bainas
402
569 m
N 550

Cee
Buxantes
Dumbría
Santa Comba
Bembirre
A9
San Ama

Corcubión
Brens
Río Xallas
Oleiroa
Pereira
Po
Ca

Redonda
Arcos
403
San Vicezo
Río Tambre
N 634

Fisterra
Cabo Fisterra/
Cabo Finisterre
A Picota
Portomouro
Sigüeiro
Jakobswe

O Pindo
Piño do Val
545
N 547

Quilmás
Caldebarcos
403
Encoro Barrié
de la Maza
Negreira
Labacolla
O Pedrouzo

550
Outes
Santo Ourente
de Entíns
Brión
Pedrouzos
**SANTIAGO
DE COMPOSTEL**

Carnota
O Freixo
de Sabardes
A Serra
de Outes
Bertamiráns
Ortoño
E1
N 550
Turces
Sales

Lira
Sarres
550
San Cosme
de Outeiro
San Salvador
de Bastavales
543
A Ramallosa
Avenida de Mestre
Manuel Gómez
Duxame
Carbia

Louro
Esteiro
Portobravo
Dices
Caracia
Cira
Balboa

Muros
Golans
Lousame
Padrón
Oca
N 525

Club Náutico de Portosín
Noia
Noal
Tállara
Tallós
Pontecesures
Ponta Valga
A Estrada
Silleda

Porto do Son
Serra do Barbanza
685 m
Crespón
Araño
541
Santa Lucía de Moraña

4

Xuño
Lampón
Rianxo
Catoira
640
Zuntis
Forcarei

Oleiros
Boiro
Leiro
550
Caldas de Reis
Saians

Oliveira
Corrubedo
A Pobra do
Caramiñal
O Carril
Sobrán
Vilanova
de Arousa
Vilagarcía
A Lagoa
Cachafeiro
Souteló

Ribeira (Santa Uxía)
Vilar
Castiñeiras
Aguiño
Illa de Arousa
Illa de Arousa
Cambados
Bajón
Curras
Vilariño
A9
S. 234
eiro
Santo Antoniño
Cerdedo

Illa de Sálvora
O Grove
Ría de Arousa

232

D
E
F
1
2
3
4
Enseada de San Andrés
Ría de Cedeira
Cabo Ortegal
Ría de Ortigueira
Punta de Estaca de Bares
Ría do Barqueiro
Ría de Viveiro
Cariño
Morouzos
Esteiro
Vila de Bares
Xilloi
O Vicedo
Chimparra
San Andrés de Teixido
Céltigos
Loiba
A Pedra
Serra da Capelada
Sacido
Esteiro
O Torno
Cubelas
Portocelo
Cedeira
Ortigueira
Espasante
Porto do Barqueiro
Faro
Morás
Lieiro
San Cibrao
A Marosa
Portelo
646
A Vila da Igrexa
Mera
Cuiña
Covas
Celeiro
Xove
Burela
Aviño
Vilaboa
Campo del Hospital
Caión
Viveiro
Cervo
Lago
N 642
Chavín
N 642
646
Val
Sedes
Abade
Grañas
640
Rúa
Cangas
Gandara
Avenida do Marques de Figueiroa
Ourol
Vilacampa
Nois
Llas
San Bartolo-Altar
Baleo-Benquerencia
As Pasadas
S. Miguel de Reinante
As Catedrais
Os Castros
Xubia
Neda
641
A Igrexa
Encoro da Ribeira
Budián
Foz
Fene
Muras
Ferreira
A Seara
San Cosme
Frexulfe
San Martín de Mondoñedo
N 634
E 70
Ribadeo
As Neves
640
Xistral
Cabañas
San Juan de Caaveiro
As Pontes de García Rodríguez
1033 m
Viloalle
Lourenzá
Pontedeume
Rio Eume
Cabreiros
Vilanova
Montouto
Porto da Xesta
Mondoñedo
Trabada
N 640
152
Encoro do Eume
Xermade
545 m
Rebordelo
641
Abadín
Momán
Consistorio
Santabaia
Betanzos
Coirós de Arriba
Pazo de Irixoa
N 634
Touzas
Úbeda
As Rodrigas
A Pontenova
101
Vilalba
S. 236
Buriz
N VI
Ponte Arango
Alba
Moncelos
Pastoriza
Castellana
E 70
N 634
A Feria do Monte
Muimenta
Rio Eo
Rio Ladra
641
A6
Castro de Rei
Teixeiro
N 634
Guitiriz
Baamonde
Trobo
Parga
Rio Miño
Meira
Santa Maria de Lurdes
Begonte
Rixoán
O Chao de Pousadoiro
Quintela
Seixón
Mosteiro
Serra de Meira
841 m
Castro
Rábade
101
Martín
Sobrado
Roimil
630
Outerio de Rei
A Fonsagrada
N VI
N 640
Pradairo
1029 m
Corredoiras
Friol
Cotá
Carballo
Fonteo
Dormeá
Branas
Ombreiro
Santa Eulalia da Bóveda
Paradavella
Condes
Alta
Castroverde
A Lastra
540
Souto
Lugo
630
Burgo
Melide
Merlán
Ferreira
A Retorta
N 540
O Cádabo
Salaia
Nadela
Monte de Meda
Vilar de Doñas
O Corgo
Penarrubia
A Proba
N 547
Palas de Rei
Guntín de Pallares
546
Serra do Ancares
Rio Miño
Gonzar
Baralla
540
Monterroso
N 640
Trebolle
A Pobra de San Xiao
San Román
Piornedo
Becerrea
Narón
Antas de Ulla
Portomarín
876 m
Galegos
Vilaesteva
N VI
Ventosa
Pacios
Sarria
535
Zoó
Couto
535
Toldaos
As Nogas
Ansar
Taboada
Aldosende
Vilamaior
Triacastela
Nullán
Portela
Insua
Encoro de Belesar
Teivilide
Lamas
Porto de Pedrafita
Pedrafita do Cebreiro
1109 m
Rodeiro
Arcos
San Julián
Samos
Jakobsweg
Oural
Currelos
Freixo
O Cebreiro
Argozón
Segán
Rubián
Gundriz
Liñares
Chantada
S. 235
Goo
O Castro
Santa Maria la
Bóveda
A Cruz do Ingio
Vilarxoán
Escairón

1 cm = 8,5 km   1 : 850.000

0   30 km

D · E · F

ortodemburg
Palas de Rei
Cruces
Vilar de Donas
N 547
Guntín de Pallares
S. 233
N 640
O Corgo
546
Serra do Ancares
A Proba
Monterroso
Antas de Ulla
540
Narón
Gonzar
Trebolle
A Pobra de San Xiao
Baralla
Becerrea
San Román
Piornedo
olada
Portomarín
Pacios
876 m
Galegos
Vilaesteva
N VI
As Nogas
1
40
Ventosa
Portela
Ansar
Couto
Taboada
Insua
535
Sarria
Vilamaior
535
Zoó
Toldaos
Triacastela
Tamas
Samos
Lamas
As Nogas
Millán
Pedrafita do Cebreiro
Porto de Pedrafita 1109 m
22
Rodeiro
Argozón
Arcos
Segán
Currelos
Oural
San Julián
Freixo
Jakobsweg
Gundriz
O Cebreiro
Liñares
go
O Castro
Santa María la Real de Oseira
Chantada
Escairón
Rubián
Bóveda
Goo
A Cruz do Incio
Vilarxoán
Seoane
Vilarxoán
Vega
Piñor
Cea
A Barrela
Encoro dos Peares
O Castro de Ferreira
22
546
652
Fornelas
Parque Natural O Courel
Folgoso de Courel
Devesa da Rogueira 1607 m
Visuña
A
rballino
Maside
N 540
A Peroxa
Vilarchao
Monforte de Lemos
Brence
Barxa de Lor
Quiroga
Fisteus
Seara
N 541
N 525
A Forxa
maro
N 120
Gargantas del Sil
Ribas de Sil
Aguasmestas
San Clodio
Rubiá
2
Barbadás
uro
N 120
Toen
Ourense
O Pereiro de Aguiar
Luintra
Parada de Sil
A Teixeira
O Castro de Caldelas
San Xoán de Río
Vilamartín
Larouco
606
A Rúa de Valdeorras
O Barco
Sobra
La
N 540
N 525
Paderne de Allariz
Taboadela
Maceda
Esgos
Alto do Couso 701 m
Xunqueira de Espadanedo
Alto do Rodicio 943 m
Montederramo
A Pobra de Trives
606
Freixido
O Bolo
Encoro de Prada
S. 236
A Merca
A Bola
Allariz
Río Amoia
Baños de Molgas
Manzaneda 1778 m
Manzaneda
533
Alto de Covelo 1052 m
A Veiga
P
San Salvador
Sandiás
531
Xunqueira de Ambia
Vilar de Barrio
Sarreaus
Seixo 1707 m
Embalse de Bao
Viana do Bolo
Vilariño de Conso
Embalse de San Sebastián
San
Cas
3
Vilae de Santos
Verea
ande
Río Limia
Xinzo de Limia
Forxa
Embalse das Portas
Porto de Estivadas 849 m
Laza
Peña Nofre
A Gudiña
Portela de la Cand 1262 m
Ribad
Pador
jueimes
Os Blancos
Cualedro
Baltar
A52
Catrelo do Val
1291 m
Monterrei
Alto do Cañizo 1085 m
Ríós
A Mezquita
N 525
m
Maurem
Padornelos
Larouco 1525 m
Oimbra
Verín
N 532
Vilardevós
Cisterna
Quiras
Gestosa
Momenta
Landedo
Cerra
1276
Montalegre
Meixedo
Gralhós
Soutelinho da Raia
Pedrario
Meixide
Vila Verde da Raia
103-5
Feces
Paradela
São Vicente
Faióes
Río Tua
Erdosa
Vinhais
P O R T U G A L
103
4
Nova
103
311
Boticas
Arcos
Sapiaos
Barragem do Alto Rabagão
Chaves
103
São Julião de Montenegro
Lebuçaõ
Boucoães
Curopos
Rebordelo
Juntas
Penhas
Juntas
206
103
Bragança
Viveiro
Pinho
2
Videla do Tâmega
Río Tâmega
Vidago
213
Alverelhos
Sonim
Torre de Dona Chama
Agrochão
Celas
1318 m
E 82
IP4
235

JAKOBSWEG

236

1 cm = 12 km 1 : 1.200.000
0   40 km

D   E   F

Mar Cantábrico

1

Lastres
Colunga
Berbes
Ribadesella
Prado
Santianes
Hontoria
Barro
Llanes
Andrín
Pendueles
San Vicente
Resués
de la Barquera
Comillas
Costa de Cantabria
Cueto
Cabo
Mayor
SANTANDER
Suances
Santillana
del Mar
El Astillero
Pedreña
Ajo
Hoznayo

Mirador del Fito
N 632
N 260
E 70
A 8
N 634
Margolles
Posada
Colombres
Unquera
E 70
La Revilla
A 8
A 67
Solares
Liérganes
Sáron
A 8

Collía
Arriondas
Sevares
Nueva
Benía
de Onís
Carreña
1315 m
de Cabrales
Panes
**CUEVAS DE
ALTAMIRA**
Tanos
Torrelavega
Las Caldas
de Besaya
Puente Viesgo
Villacarriedo
Puerto de
Bragüia
720 m

Cangas
de Onís
Torño
Covadonga
N 625
N 634
Arenas de
Cabrales
La Hermida
**Desfiladero de
la Hermida**
Puentenansa
Cabezón
de la Sal
Los Corrales
de Buelna
Corvera de
Toranzo
N 611
Ontaneda
Alceda

**Parque Nacional de la
Sierra de Covadonga**
Sierra de Cuera
Picos de Europa
N 621
Peña Sagra
2046 m

**Desfiladero
de los Beyos**
Soto de
Sajambre
2648 m
Santa
Marina
Camaleño
Potes
Peña Sagra
Arenas de Iguña
N 611

Puerto del
Pontón
1290 m
Oseja de
Sajambre
Mirador de
Espinama
1290 m
Pico de Tres Mares
2175 m
Puerto de
Palombera
1260 m
Puerto del
Escudo
1011 m
Puerto de las
Estacas de Trueba
1154 m
Espino
los Mon

2

Mampodre
2190 m
Puerto de San Glorio
1609 m
Portilla de
la Reina
Alto
Campóo
Espinilla
Fontibre
N 183
N 171
Corconte
Arija
Cilleruelo
de Bezana
Soncillo
N 623
N 232

Embalse
de Riaño
N 621
Riaño
Peña Prieta
2536 m
San Salvador
de Cantamuda
Valdecebollas
2136 m
Brañosera
Barruelo de
Santullán
Cervatos
Reinosa
Puerto Pozazal
987 m
*Embalse
del Ebro*
S 238

Las Salas
N 625
N 611
Espigüete
2450 m
Velilla del
Río Carrión
1835 m
**Cervera de
Pisuerga**
Dehesa de
Montejo
Aguilar
de Campoo
Ruerrero
Escalada
San Felices
Sedano

Sabero
Cistierna
Prado de
la Guzpeña
La Vega
de Almanza
Guardo
Santibáñez
de la Peña
Cantoral
N 624
N 212
N 611
Castrillo
de Valdelomar
Sargentes
de la Lora
Tubilla
del Agua

Cebanico
Villalba
de Guardo
Congosto
de Valdavia
*Embalse
de Aguilar*
N 627
La Riba
de Valdelucio
Basconcillos
del Tozo

3

Villamartín
de Don Sancho
Villaverde
de Arcayos
Almanza
N 615
Buenavista
de Valdavia
N 624
Báscones
de Ojeda
Prádanos
de Ojeda
Alar del Rey
Amaya
1373 m
Humada
Barrios
de Villadiego
Coculina
La Nuez
de Arriba
Puerto de
Páramo de Mas
1050 m
N 627

Saldaña
Villarrodrigo
de la Vega
N 611
La Vid
Herrera de
Pisuerga
N 627
Sotresgudo
Villadiego
N 629

Burgo
anero
Cea
N 611
Castrillo de
Villavega
N 611
Osorno
la Mayor
Naveros
de Pisuerga
Melgar de
Fernamental
N 120
Villanueva
de Argaño
Sotopalacios
N 623
N 1
E 5

Sahagún
N 120
Ledigos
A 231
Calzadilla
de la Cueza
Villasarracino
N 615
Villalcázar
de Sirga
Río Valdavia
Villasandino
Hornillos
del Camino
Tardajos
Jakobsweg
Burgos
Rubena
N 120

Melgar
de Abajo
Villada
Cervatos
de la Cueza
N 120
Carrión de
los Condes
901 m
Itero
del Castillo
Frómista
N 611
Castrojeriz
Pedrosa
del Príncipe
Jakobsweg
N 620
**Las Huelgas
Reales**
E 80
Miraflores
N 120

Villalón
de Campos
N 610
Cisneros
Villoldo
Piña de
Campos
Támara
Boadilla
del Camino
Arcos
Sarracín
N 1
E 5
N 234

Fuentes
de Nava
Frechilla
Paredes
de Nava
Ribas de
Campos
N 615
Amusco
Astudillo
Pamplíega
Santa María
del Campo
Cuevas

4

Villarramiel
N 610
Villamartín
de Campos
*Laguna
de Nava*
N 611
Monzón
de Campos
N 617
Torquemada
N 620
Fuentes de
Valdepero
N 611
Río Arlanzón
N 622
Villahoz
Espinosa
Cerrato

Ampudia
Palencia
Magaz
N 610
E 80
Quintana
del Puente
Lerma

237

JAKOBSWEG